臺灣歷史與文化 研究輯刊

十五編

第 25 冊

賴聲川戲劇研究

胡志峰 著

花木蘭文化事業有限公司

國家圖書館出版品預行編目資料

賴聲川戲劇研究／胡志峰 著 — 初版 — 新北市：花木蘭文化
事業有限公司，2019〔民 108〕
序 4+ 目 4+224 面；19×26 公分
（臺灣歷史與文化研究輯刊十五編；第 25 冊）
ISBN 978-986-485-627-5（精裝）
1. 賴聲川 2. 劇場藝術 3. 表演藝術
733.08   108000403

ISBN-978-986-485-627-5

9 789864 856275

臺灣歷史與文化研究輯刊
十五編　第二五冊　　　　　　　ISBN：978-986-485-627-5

賴聲川戲劇研究

作　　者　胡志峰
總 編 輯　杜潔祥
副總編輯　楊嘉樂
編　　輯　許郁翎、王筑　美術編輯　陳逸婷
出　　版　花木蘭文化事業有限公司
發 行 人　高小娟
聯絡地址　235 新北市中和區中安街七二號十三樓
　　　　　電話：02-2923-1455／傳真：02-2923-1452
網　　址　http://www.huamulan.tw 信箱 hml 810518@gmail.com
印　　刷　普羅文化出版廣告事業
初　　版　2019 年 3 月
全書字數　193147 字
定　　價　十五編 25 冊（精裝）台幣 60,000 元

賴聲川戲劇研究

胡志峰　著

作者簡介

　　胡志峰，女，1979 年出生，山東青島人，副研究員，文學博士。畢業於北京師範大學文學院中國當代文學方向，師從張健教授。在北京師範大學的育人崗位上，由戲劇出發，結合教育學和心理學，聚焦戲劇教育與戲劇治療的實踐與研究。將戲劇元素融入大學心理課堂，帶領戲劇體驗團體，教授療愈性戲劇。

　　曾任北京師範大學學生心理諮詢與服務中心常務副主任，北京高教學會心理諮詢研究會副會長。曾獲「全國高校輔導員年度人物」、「北京高校心理健康教育優秀標兵」、「北京師範大學弘德輔導員」榮譽稱號，曾獲北京高校就業指導與生涯規劃課程比賽第一名，北京師範大學青年教師基本功比賽二等獎、最佳語言表現獎。

提　　要

　　在中國現當代戲劇的發展史中，賴聲川及其表演工作坊的創作，具備值得反思的多重價值。在跨東西方文化和全球化語境下，其戲劇超越了對東方和西方的桃花源和烏托邦想像，將東西方藝術有機結合。賴聲川的戲劇成就和戲劇策略，為東方戲劇的現代發展提供了良好的研究和示範案例。

　　《賴聲川戲劇研究》嘗試理清賴聲川的三十年戲劇創作的發展與演變，嘗試探究其創作的三個十年中，不同的文學和文化思潮的影響與戲劇創作的呼應。聚焦主要代表作品，分析其不同階段的戲劇創作特質，以及在歷史鏡象下的創作思想潛流。

　　同時，結合賴聲川創作中的「相聲劇」、「集體即興創作方法」、「悲喜劇觀念」、「意象與母題」等元素，展開論述。結合七部相聲劇的創作，分析作為論壇藝術和缺席藝術結合體的相聲劇，其所具備的相聲性和戲劇性依據；討論賴聲川所倡導的導表演平等的集體即興創作方法近三十年的發展與革新，以及方法背後的創作精神；談論賴聲川創作多數的喜劇作品，以及作品所透射出的悲劇和喜劇觀念的「悲喜同體」、「一體兩面」；關注賴聲川戲劇中反覆出現的四大意象，以及生死叩問、終極追尋兩大母題，探討佛教思想對戲劇創作產生的「真、善、聖」的美學思想，以及美學思想和原型意象之間的互動關係。

　　最後，嘗試指出賴聲川戲劇的價值、定位與局限。從戲劇史上看，賴聲川戲劇是百年中華戲劇中港澳臺地區的傑出代表，也是當代亞洲戲劇創作和導演實踐的翹楚，因其獨特的戲劇形式和創作方法，使戲劇創作超越了時間和空間的束縛，展開著立足臺灣、展望人類、超越個體、跨越東西方的集體戲劇敘事。

謹以此書，
獻給我的母親徐振香、父親胡世愛，
丈夫陳節淞，以及我親愛的女兒陳薈聞！

序

張　健

　　中國內地對於臺灣當代話劇的系統研究，因爲眾所周知的原因起步較晚。改革開放以來，隨著兩岸經濟、文化、文藝、學術交流的日見活躍，近些年來，臺灣話劇問題已然得到了越來越多的大陸學人和戲劇人的關注。

　　賴聲川，作爲 20 世紀八九十年代崛起於臺灣劇壇的新銳戲劇家當中的重要代表，他的創作與理念、他的表演工作坊的種種探索和實踐，不僅對當時的臺灣劇壇構成了歷史性的衝擊，而且在大陸的戲劇界以及世界華文戲劇圈也產生了重要的影響。事實上，他已經成爲了臺灣當代話劇領域中的一個令人矚目、難以繞過、不可多得、值得探究的蘊藉豐厚的所在。

　　胡志峰的《賴聲川戲劇研究》，2010 年底之前確定了選題並且完成了開題，2013 年 6 月最終完稿並且順利通過了教育部學位中心組織的匿名評審和本校學位論文答辯委員會的評審，是內地高等教育中最早出現的以賴聲川戲劇研究爲主旨的博士論文之一。另外，據我所知，不僅如此，它也是大陸學界和戲劇界最早出現的初具規模、比較系統的賴聲川戲劇研究的長篇專論之一。經過了五年的沉澱，作者理性地再次檢視了自己當年的博士論文，並在此基礎上又下了一番真功夫，不僅重點充實了臺灣方面這些年的新文獻，而且也調整了某些觀點，反覆打磨了文字表達。有鑑於此，我以爲這樣的一部書稿最終得以正式、公開地出版、發行、面世，對於包括臺灣地區在內的整個中國的戲劇界及其相關的學術領域都是一件很有意義的事情。

　　在我看來，統合性應該是這部專書的最大價值所在。

　　很顯然，就相對的意義而言，無論是注重分類、專題、中觀或微觀性質的研究還是講求綜合、整體、宏觀性質的研究，對於賴聲川戲劇研究來說，

都同樣具有重要價值，同樣都是不可或缺的。這是因為它們之間實際上存在著一種相互依存的互動關係。而就賴聲川研究的歷史與現狀的實際情況觀之，前一類的研究較多，而後一類的研究過少。胡志峰的研究之所以要定位在統合性上，主要是基於其自身對於這兩類研究之間不平衡狀態的現實感知。

老實說，統合性的定位無疑是一種自我挑戰。它的難度在於，兩類研究是一種相互依存相互促進的關係，這也就意味著，想做好後一類研究，必須首先盡可能豐富和深入地瞭解、把握前一類研究諸多成果的意義和局限，這樣其總的工作量就會變得很大。事情的難度遠不止如此，這是因為研究者還需要在上述這一點的基礎上，在多種分類、多種維度、多種層面、多種專題的多種具體成果的綜合總攬過程中，發掘和建構起某種可以關聯整體與大局的統一性。只有如此，賴聲川的其人其作其活動，才有可能在一個大的時空背景下得到系統性和整體性的審視與觀照。這自然也就提高了分析和研究的難度。除了眾多研究成果的充分佔有與吸納、相對統一性的尋找與建構以外，統合性定位的第三重難度，還來自研究方法上，需要在合理有效的大前提之下，做好統籌安排與綜合運用。這勢必會對研究者的知識結構、理論功底、綜合素養提出了更高的要求。

我並不認為胡志峰的研究能夠在三難的情況下完成其全方位的突破，一般來說，這種「全方位的突破」是不大可能通過一己之力一蹴而就的，它需要的是一批具有定力的有志有識之士長期彙聚而成的研究「合力」。但在另一方面，胡志峰在其著作當中所體現出來的那種對於「統合性」三維度的自覺追求卻又是值得肯定的。這是因為，正是在這種努力將歷時性研究與共時性研究、微觀研究與宏觀研究、觀念研究與創作研究、文本研究與演出研究、個案研究與共案研究、工具理性的分析與形而上的沉思等等加以統籌兼顧、有機整合的探究過程中，專書的作者為人們對於賴聲川戲劇多維度、多層次的審視和總體性的把握提供了一系列具有借鑒和啟示意義的新思路、新見解、新材料。

專書的第 1 章（「鏡像與潛流」），是對賴聲川三十年來戲劇創作之路階段性發展演化的總體考察。在這裡，研究既是分階段的，同時又是總體性的，時間維度為「統合」提供了統一性的基礎。在歷史片段向歷史總體的延展過程中，作者試圖返回歷史現場，探討創作發展、理念更新、思潮嬗變之間複雜而密切的關聯，並且發現了賴氏戲劇與社會啟蒙之間微妙的互文影響。

專書的第 2～4 章，作者站在跨文化的大背景下，分別集中審視了賴氏相聲劇藝術、賴氏集體即興創作方法以及賴氏喜劇等論題。表面上看，這是一種被切分開來的分門別類的專題性研究，但是深究底裡不難發現，這裡的專題性研究並非一般意義上的專題性研究。它們的選題是作者在對於賴聲川戲劇已然具有了整體性把握的基礎上確定的，並且指歸在於通過對這三個帶有賴氏特殊標識的關鍵性問題的討論，去進一步豐富和深化這種「已然具有了」的整體性認識。在這種情況之下，統合性則更主要地體現為，對於相關專題的選擇性生發與整合。

在這三章當中，作者結合賴聲川的東西方雙重文化積累的實際情況，將自己的思考重心置放在賴氏戲劇究竟是如何吸納西方文化和東方傳統，又是如何實現對於兩者的深度融合的問題上。她在討論賴氏相聲劇的時候，重點從東方文化與東方傳統的影響入手考察了這類作品的「相聲性」與「戲劇性」；而在討論「集體即興創作」的時候，則側重從西方影響出發考察其本土化的過程；到了討論賴氏喜劇的時候，作者則又從中西古今藝術融合的角度關注了戲劇觀念、手法以及改編策略等層面的問題。正是這種胸有成竹而又用心結構的結果，為這三章之間以及這三章與總論之間建構了可貴的相關性和統一性。

專書的第 5 章（「戲劇意象與母題分析」）考察了賴聲川戲劇中反覆出現的天使意象、人生如夢的夢意象、此岸彼岸意象、本尊分身意象等四大意象，以及生死叩問和終極追尋這兩大母題，並且藉此進一步探討了佛教思想對賴聲川「真、善、聖」美學思想所產生的影響，以及這種美學思想與原型意象之間的互動關係。不難看出，這章的內在理數仍然與統合性有關。在這裡，作者似乎是想通過工具理性的分析與形而上的沉思兩者間的統合，從一個更深的層次──人類的精神現象層面，為搖曳多姿的賴聲川戲劇世界找尋到一條可以作為統一性和整體性基礎的帶有貫穿性質的精神線索。

作者立足於賴聲川戲劇的實際，在專書中統籌運用了傳統的戲劇學研究方法和戲劇敘事學理論、跨文化劇場理論、原型與鏡像理論、烏托邦想像等多種研究方法，是統合性在研究方法層面的具體體現。

除此之外，需要特別強調的，還有統合性在研究文獻方面的特別要求。內地學人要想真正做好賴聲川戲劇的研究，在過去很長的一段時間裡，往往會遇到一個技術性的瓶頸，那就是臺灣方面相關資料的收集難。胡志峰在這

方面付出了很大一部分的精力、心力以及財力。除了通過學習生活在台港澳地區的同學和友人們幫助其查找材料以外，她本人還曾先後兩度赴臺交流，一次在開題前，一次在寫作中，收集到了臺灣及海外大量的一手影像資料和學位論文、期刊論文、報刊文章等方面的資料。這種建立在統合兩岸文獻基礎上的支撐材料的豐富性，以及對於兩岸差異性視角的眞切體察，不僅奠定了胡志峰的賴聲川戲劇研究的扎實根基，而且爲那些後續跟進的賴聲川戲劇的研究者們提供了有力的文獻支持。

我跟胡志峰的初次見面是在 2003 年，那年她報考了我的研究生，從那時開始到現在，我們相識已有 15 年了。2006 年她畢業留校，在文學院做學生工作，我們除了師生關係之外，又多了一重同事關係。這些年來，她在學業和工作上的進步與發展，我都看在了眼裡。雖然很少當面表揚過她，但她一直是我內心所器重的年輕人之一。你在她身上很快就能感受到一種積極向上的活力，她的不懼工作壓力和勇於迎接挑戰的品性應該與此有關，她相信自己克服困難解決問題的能力。我想，她之所以能夠在在職研修的情況下，用了將近四年的時間，其間克服了多種不利因素，最終高質量地完成了其具有挑戰性和相當難度的博士論文的寫作，顯然和她那種銳意進取的個性特徵直接相關。

除了性格特點以外，她讓我印象頗深的還有一點，那就是她的戲劇「情結」。當年，胡志峰在青島大學讀本科的時候，在中國現當代戲劇學者袁泉教授的引導下，開始形成其對於戲劇的興趣，而且很快成爲了該校學生社團——源泉劇社的活躍分子。今天看來，袁先生對於志峰的戲劇啓蒙教育是相當成功的。她的學士學位論文、碩士學位論文、博士學位論文的選題，無一例外，都與戲劇有關。對於戲劇，她有一種發自內心的喜歡，一種不計功利的眞愛。我願這種眞愛能夠伴其一生，給她和她的家人帶來綿長久遠的快樂人生！

2019 年 1 月 20 日

目次

導　論

一、賴聲川戲劇的研究價值

　　賴聲川，1954 年 10 月 25 日出生於美國華盛頓，其父親爲臺灣當時駐美外交官賴家球，籍貫江西會昌，客家人。賴聲川幼年在美國成長，12 歲時因父親工作調整回到臺灣，就讀於大安國中、建國中學。1972 年，賴聲川開始就讀於天主教輔仁大學英語系，同時在臺北一家餐廳從事民歌演唱和演奏長達 5 年。1978 年，賴聲川申請到美國加州伯克利大學攻讀戲劇藝術博士學位，在伯克利學習期間，深受歐美戲劇傳統和西方先鋒實驗戲劇的影響。1983 年，29 歲的賴聲川取得博士學位後選擇回臺灣，決意在當時的戲劇沙漠地——臺灣墾荒，赴國立臺北藝術大學戲劇學院任教師。1984 年，賴聲川帶領學生開始戲劇實驗和探索，演出第一部作品《我們都是這樣長大的》，後與臺灣蘭陵劇坊成員合作，創作戲劇《摘星》，開始集體即興創作的戲劇生涯。1984 年 11 月，賴聲川與李立群、李國修創立劇團「表演工作坊」，自此賴聲川每年推出新的戲劇演出和戲劇實驗，不斷在臺灣創造各種演出紀錄。

　　從 1984 年 1 月《我們都是這樣長大的》上演時，劇場裏只有 100 多人，到 1984 年 11 月「表演工作坊」成立，再到 1985 年賴聲川將中國傳統的曲藝相聲和舞臺劇相結合創作出《那一夜，我們說相聲》，賴聲川的創作吸引了越來越多關注的目光，也使得瀕臨滅絕的臺灣相聲起死回生。

　　如今，賴聲川代表作《暗戀桃花源》已成爲經典舞臺劇，演出上百場，成爲百年戲劇發展中的一部代表作品；長達八小時的類史詩劇《如夢之夢》，

不僅挑戰了觀影習慣，還創造了新的戲劇舞臺演出模式、新的當代戲劇人文關懷的高度與寬度；電影《暗戀桃花源》獲東京影展銀櫻獎、柏林影展卡里加里獎、金馬獎、新加坡影展最佳影片等。《如夢之夢》獲香港舞臺劇獎 2003年「最佳整體演出」等三項獎項。賴聲川現爲臺灣地區知名舞臺劇導演，臺北藝術大學教授、美國斯坦福大學客座教授及駐校藝術家，「表演工作坊」藝術總監，曾二度獲臺灣文藝大獎。

賴聲川至今編導舞臺劇 60 多部（《如夢之夢》等），電影 2 部（電影《暗戀桃花源》、《飛俠阿達》），電視作品 300 集（《我們一家都是人》、《我們兩家都是人》），其他劇場導演作品 22 部（莫札特歌劇 3 部等），出版書籍《賴聲川的創意學》，翻譯藏傳佛教和戲劇書籍 5 部（《頂果欽哲法王傳》、《覺醒的力量》、《僧侶與哲學家》、《快樂學》和《一個無政府主義者的意外死亡》）。

臺灣文學作爲中國文學的一部分，進入大陸文學研究者的視野，是從 70年代末期開始的〔註1〕。自 1982 年，青年藝術劇院上演臺灣戲劇家姚一葦的《紅鼻子》開始，臺灣第一批劇作家姚一葦、張曉風、白先勇、馬森等率先在大陸有了一定的享譽度，臺灣戲劇劇本和劇作在 80 年代逐漸爲大陸戲劇評論界所熟悉和關注〔註2〕。90 年代以來，臺灣的劇團逐漸開啓了來陸演出、與大陸劇團合作的步伐。1999 年賴聲川受邀與北京人民藝術劇團演員共同演出大陸版《紅色的天空》以來，隨著《千禧夜，我們說相聲》、《他和他的兩個老婆》、《暗戀桃花源》、《這一夜，Women 說相聲》、《如影隨形》、《陪我看電視》、《十三角關係》、《那一夜，在旅途中說相聲》、《如夢之夢》等戲劇在大陸的火熱巡演，賴聲川和表演工作坊已經成爲臺灣戲劇和劇團的代表，活躍在中國、乃至世界戲劇舞臺，並吸引了戲劇評論界的持續關注。

賴聲川被日本 NHK 電視臺譽爲「臺北劇場最閃亮的一顆星」，被《亞洲週刊》〔註3〕譽爲「亞洲劇場導演之翹楚」，被《美國橘郡記事報》（Orange County Register）稱爲「臺灣現代劇場的創造者，世界上很少劇場藝術家有賴聲川如

〔註 1〕 1979 年北京人民文學出版社出版的《當代》創刊號，登載了臺灣作家白先勇的短篇小說《永遠的尹雪豔》。這爲大陸文學研究界開闢了臺灣作家作品研究的新天地。
〔註 2〕 1985 年南京話劇團上演臺灣戲劇家馬森的《弱者》，中央話劇院演出張曉風的《和氏璧》。1988 年廣州話劇院演出白先勇的《遊園驚夢》。1990 年四川省人民劇院演出貢敏的《蝴蝶蘭》。
〔註 3〕 《亞洲週刊》，Yazhou Zhoukan，簡稱 YZZK，創刊於 1987 年 12 月香港，是全球第一本、且是目前唯一一本國際性中文時事週刊。

此廣遠的成就」，被《遠東經濟評論》〔註4〕稱道爲「中國語文世界中最精彩的戲劇」。美國三大新聞類週刊之一的《新聞週刊》（Newsweek）評論他的作品印證了「臺灣正創造著亞洲最大膽的中國藝術」。新加坡主要華文綜合性日報《聯合早報》認爲賴聲川的戲「爲世界華語劇場創造了一種嶄新的悲喜劇經驗」。

　　拋去這些社會媒體的讚譽，在東西方文化交融、碰撞的當今戲劇發展藍圖中，如何將多元文化的精華融會貫通，並在本土紮根發芽，確實值得思考。賴聲川及其表演工作坊的創作，從一定意義上講，是既跨越東西、古今、時空、陸島的阻隔，又獲得了戲劇批判界與市場的雙重考驗的一個典型代表。賴聲川和他所創作的戲劇中的精神世界、戲劇藝術、劇場運行機制等諸多方面，都蘊含著值得我們思考的價值。

　　賴聲川戲劇內蘊具有多義性、豐富性和複雜性，他將東西方藝術形式、藝術手法整合在一起，製造出一種難以被清晰界定的藝術風格。有的研究者用「七寶樓臺的光華」來形容賴聲川舞臺多重的美學特質〔註5〕。所有的藝術嘗試，對政治的批評，對人生的思考，對平民生活的關注，都是賴聲川及其戲劇的精神世界的一種鏡象。賴聲川和他的戲劇創作，在三十年的歷程中，面臨如何的社會、歷史情境，處於何種戲劇和文化氛圍，經由了怎樣的挫折，甚至破碎與後來的重建，都是值得我們思考的問題。在凝結東西方、跨越古今、突破個體等藝術探索過程中，賴聲川所秉持的戲劇觀念、創作理念、人生哲學、生命倫理等深層次精神世界問題，同樣值得深思。林克歡在《消費時代的戲劇》中，提醒戲劇創作要清醒認識流行文化、消費文化的媚俗、庸俗甚至低俗的一面。更重要的是要思考戲劇在成爲消費性商品的同時，戲劇創作如何同時保有自身的藝術性和探索性〔註6〕。面對這份叩問，我認爲將藝術價值和市場價值、國際影響均具有代表性的賴聲川話劇作爲案例進行剖析，能夠得到一些值得思考和反思的參考答案。

〔註4〕 《遠東經濟評論》，Far Eastern Economic Review，簡稱 FEER，1946 年 10 月 16 日於香港創刊，英文時事雜誌，專門報導亞洲時事政經內容。

〔註5〕 何明燕，《七寶樓臺的光華──賴聲川舞臺劇的多重美學特徵》，胡志毅指導，浙江大學傳媒與國際文化學院美學博士論文，2012 年。

〔註6〕 林克歡，《消費時代的戲劇》，臺北：書林出版社，2007 年 9 月版，第 16 頁。

二、賴聲川戲劇的研究綜述

（一）賴聲川戲劇在臺灣的研究總體情況

在臺灣，最早關注賴聲川戲劇的是兩篇訪談文章，分別登載在 1985 年 4 月和 5 月的《新書月刊》和《自由青年》上﹝註7﹞。對其戲劇藝術最早開始探討的，是亮軒發表在 1986 年 3 月 12 日《聯合報》第八版的《一層套一層的夢》。此文從對《暗戀桃花源》的討論，提出了「戲劇該有什麼形式」、「悲喜劇」等問題，認爲「這樣一層套一層的夢，最能說明如《暗戀桃花源》的一層一層形式的問題，這齣戲可以說是『在同一個舞臺上兩個劇團搶排他們自己的戲而發展出來的一齣戲』」，並在此基礎上提出「後設劇場」的戲劇理論，反思喜劇悲劇成分的拿捏不當可能「顛倒混論了預期的情緒效果」的舞臺表演問題，從而正式拉開對於賴聲川戲劇的深層次藝術問題的研究和探討。

1997 年賴聲川指導郭佩霖的碩士論文《作爲劇場語言的即興創作》，是第一篇專門探討賴聲川的集體即興創作手法及其劇場經驗的碩士論文。2000 年馬森指導蔡宜眞的碩士論文《賴聲川劇場集體即興創作的來源與實踐》，則是專門論述賴聲川戲劇的集體即興創作始末與發展的論文。從 1997 到 2009 的 20 年間，有 11 篇碩博士論文；而 2010 年以來，臺灣高等研究機構又有 10 餘篇碩士及博士研究生的論文，以賴聲川的《暗戀桃花源》等某具體劇作，或者「相聲劇」等專論爲研究議題展開探究。由此看見，賴聲川及其表演工作坊的創作，日益進入到研究者的視野。

訪談錄、對話錄等形式的藝術探討頻繁見於各類刊物和雜誌，記錄下賴聲川對於戲劇創作的片段性思考。早時有 1986 年 12 月臺灣《中央月刊》刊登的謝蓉倩採訪撰文，《來自「傑出表演藝術獎」的肯定：林懷民、郭小莊、賴聲川談他們的表演工作》，以及 1991 年 10 月臺灣《幼獅文藝》刊登丁丁採訪整理稿，《劇場生態結構——洞燭機先開創劇場生命力：訪賴聲川劇場生態結構》。近十年的訪談與對話錄更加頻發，比如 2001 年 5 月臺灣《文化視窗》第 29 期刊登的楊莉玲採訪文章《時局暗夜　賴聲川說相聲——專訪賴聲川談劇場藝術理念》，2005 年 4 月臺灣《表演藝術》第 148 期刊登的傅裕惠、田國

[註 7] 　鄭寶娟，《那一夜，他們說相聲：訪賴聲川、李立群、李國修談「表演工作坊」的實驗心得》，（臺）《新書月刊》第 19 期，1985 年 4 月，第 26～33 頁。楊雅彬採訪，《爲傳統相聲注入新血：訪表演工作坊負責人賴聲川》，（臺）《自由青年》，1985 年 5 月刊，第 30～36 頁。

平整理採訪稿《〈如夢之夢〉答案問——專訪表演工作坊導演賴聲川》，2005年 7 月臺灣《戲劇學刊》第 2 期刊登的鍾欣志、王序平提問，簡秀芬記錄的採訪稿《〈如夢之夢〉和劇場創作——賴聲川訪談》。2007 年 1 月臺灣《戲劇學刊》第 5 期刊登了五篇採訪和研究賴聲川的文章，其中對話文章有兩篇，包括王世信主持、王楡丹整理的《賴聲川劇場藝術國際學術研討會：賴聲川與藝術群座談》、鄭宜蘋記錄整理的《「導演的工具箱」：賴聲川與楊世彭對談》。2007 年 11 月臺灣《印刻文學生活誌》刊登了黃筱威記錄整理的《我們是這樣長大的——紀蔚然對談賴聲川》，2009 年 12 月臺灣《明道文苑》第 405 期刊登了李加尉的《聽奧煙火下的文創觀照——訪「表演工作坊」賴聲川導演》。

　　2007 年 1 月臺灣《戲劇學刊》第 5 期的文章，多來自於 2006 年 9 月 30 日臺北藝術大學主辦的賴聲川劇場藝術國際學術研討會論文。學術研討會共設有六場，研討主題包括「賴聲川作品論」、「修行、劇場與創意」、「文化思潮與劇場映像」、「《如夢之夢》的空間與結構」、「《如夢之夢》的歷史、回憶與生命」、「電影、語言、相聲劇」。研討會的宣傳材料中寫道，「從歷史上看，他肯定是臺灣戲劇發展不可或缺的一章，從地理上看，他同時也在當代世界劇場的版圖裏佔有特殊的位置，絕對值得我們藝術地、美學地、政治地、社會地、經濟地、歷史地對其作品價值、導演方法、生命哲學、歷史定位等諸多面向，進行一番縝密的研討、論述、書寫、檢視與反思。研討會的論文子題特規劃有：『賴聲川作品論』、『賴聲川的導演藝術』、『賴聲川生命、修行與劇場』、『賴聲川與臺灣戲劇發展』、『世界劇場中的賴聲川』」。此次研討會聚集了來自各地的學者，發表了關於賴聲川作品的十四篇論文。這是一次對賴聲川話劇進行專門性研究的交鋒，更是一次集中性地展示和熱點總結。隨著賴聲川戲劇在大陸兩岸和海外的不斷翻新、創新，賴聲川和他的戲劇創作顯然已成為戲劇界和戲劇研究界的一大熱點。

（二）賴聲川戲劇在大陸的研究總體情況

　　1988 年賴聲川在《中國戲劇》上發表第一篇導演美學文章《無中生有的戲劇——關於「即興創作」》。這是賴聲川話劇在大陸戲劇研究舞臺的第一次主動亮相。至 1995 年，曹明在《臺聲》雜誌和《世界華文文學論壇》發表了兩篇文章《活躍在臺灣劇壇的兩大表演團體》、《賴聲川及其表演工作坊》，才將賴聲川話劇研究又向前推進了一步。1996 年田本相在《臺灣現代戲劇概況》

的下編「臺灣現代戲劇人物」中，將《賴聲川：「集體即興創作」的倡導者》作為一部分專門論述，介紹了「集體即興創作」手法、戲劇反映的社會矛盾題材，並對當時產生巨大影響的《暗戀桃花源》、《回頭是彼岸》和《西遊記》等作品進行了逐一分析，指出《暗戀桃花源》的題旨在於，「古今人人求桃源，只是有人身在其中偏到他處尋」〔註8〕，《回頭是彼岸》的隱喻性和《西遊記》中的原型意象性。

之後，宋寶珍、胡星亮、陳世雄、周寧、王者也、王曉紅、林婷、陶慶梅等戲劇研究者也紛紛對賴聲川的創作進行專題或者專節的論述。2001 年 11 月《千禧夜·我們說相聲》在北京和上海同期上演，2002 年春節聯歡晚會上表演工作坊參與演出後，不論是大眾媒體還是戲劇評論界，都展開了對賴聲川話劇及以其為代表的臺灣當下話劇的關注和評析。

總的來看，近十年來大陸的評論和研究文章百餘篇，相比臺灣地區高校在 2000 年前即出現以賴聲川話劇導演藝術等主題的碩博士論文，稍顯滯後，深度、廣度和靈活度上稍遜一籌。大陸高等科研機構開始出現以賴聲川或者臺灣話劇為主題的碩博士論文，主要開端於 2008、2009 兩年間，其中碩士論文共約 3 篇，博士論文涉及一章。〔註9〕賴聲川研究的客觀限制在於地緣上的距離，使得資料收集和觀演成為推進深入研究的瓶頸問題。而近幾年來，隨著《暗戀桃花源》北京版在 2006 年全國數個大城市上演並火爆，《賴聲川的創意學》在大陸出版發行、銷售一空、再版又熱銷，2007 年《這一夜，Women 說相聲》大陸版的誕生，《賴聲川劇場劇本集》的陸續面世，以及《寶島一村》在大陸演出的繼續飄紅，賴聲川及其表演工作坊的活動場域向大陸持續深入。這種現象，相對於 2000 年以前賴聲川及其表演工作坊的演出重心集中在臺灣、香港、新加坡、美國而言，給大陸的評論界和研究界帶來了便利，也帶動了各界對其話劇的聚焦。在 2010 之後，關於賴聲川及其戲劇創作的研究，

〔註8〕 田本相，《臺灣現代戲劇概況》，北京：文化藝術出版社，1996 年 8 月版，第 169 頁。

〔註9〕 包括：王曉紅，《多元文化與臺灣現代戲劇》，第三章《當代文化反思與臺灣現代戲劇的多元發展》：第三節《文化盛宴：賴聲川的戲劇創作》，陳世雄指導，廈門大學博士論文，2008 年；楊燦燦，《「移植」中的創新——試論賴聲川的話劇意識與藝術實踐》，白楊指導，吉林大學文學院碩士論文，2008 年；邊遠，《賴聲川的舞臺劇論》，張健指導，北京師範大學文學院碩士論文，2009 年；艾枕，《〈暗戀桃花源〉的互文性研究》，上海戲劇學院戲劇戲曲學碩士論文，2009 年。

越來越進入當代文學與戲劇研究的關注熱點區。2010～2018 年，大陸科研單位的碩博士論文就有 14 篇之多，其中包括本文在內的博士論文 4 篇，碩士論文 10 篇。研究議題也涉及到，賴聲川戲劇創作的舞臺美學、人文價值、集體即興創作方法、喜劇創作、相聲劇創作、悲喜觀念等賴氏戲劇的特色所在。

（三）賴聲川戲劇研究的橫向維度

　　總結賴聲川話劇藝術的研究文章，研究多是跟風戲劇演出所做的單篇評述，或者在一定時間內對相聲劇、社會論壇劇等主題的研究。而將其話劇納入一定思潮和世界背景下，進行綜合性專論的文章尚少。總體而言，評論和研究內容主要集中體現出在以下六個方面：

　　其一、對《那一夜，我們說相聲》、《這一夜，誰來說相聲》、《又一夜，他們說相聲》、《千禧夜·我們說相聲》、《這一夜，說相聲》為代表的相聲劇研究，講解相聲劇這一獨特的話劇形式，闡釋其創新之處。論述認為「相聲劇」是賴聲川的發軔之作、成名作。相聲劇的出現，和賴聲川鍾情傳統藝術、又在從美國返回臺灣後看到了相聲的隕落，希望可以通過喜劇形式振興當時的劇壇，沒有想到的是，這一行動還拯救了臺灣相聲界。相聲劇，是話劇舞臺的一次文體性變化，一種文體的融合。相聲劇不僅僅是一種形式的創新，在時間和空間的轉換上，在評論的肆無忌憚、逆「批共反俄主流」方面，都顯示了大膽的反叛性。相聲劇中充滿了對政治的諷刺和探討，社會問題是相聲劇語言所鍾情的重點。

　　其二、對經典話劇《暗戀桃花源》的探討，多採用互文性理論、傳統與現代的結合、後現代表徵等多個方面進行細緻地分析和闡釋。隨著《暗戀桃花源》百場演出的持續火爆，對《暗戀桃花源》的研究和解讀也進入到一個白熱化的地步，甚至有碩士論文專門以此作品的研究來透視賴聲川話劇的特點。論述認為，《暗戀桃花源》成功地融合了精緻藝術和大眾文化，在三個方面突破了傳統戲劇，一為它的兩戲並置、戲中戲的複式敘事結構，二是它出現了拼貼、戲謔、能指與所指錯位等後現代主義特質，三為悲劇和喜劇結合的雙重戲劇氣質。

　　胡星亮在《胡星亮講現當代戲劇》〔註 10〕一書中，概述中國現當代戲劇發展的現實主義——浪漫主義——現代主義——後現代主義戲劇的歷

〔註10〕　胡星亮，《胡星亮講現當代戲劇》，長沙：湖南教育出版社，2011 年 7 月版。

程，並細說了包括現代部分的曹禺和《雷雨》、夏衍和《上海屋簷下》等，和當代部分的陳子度、徐曉鐘等和《桑樹坪紀事》等十位代表劇作家和十部作品，其中當下的戲劇家和創作代表就是賴聲川和《暗戀桃花源》。將賴聲川和曹禺、夏衍等現當代戲劇家劃位一列，可以看做是作者對於賴聲川及其創作的戲劇史地位的高度評價。上海戲劇學院艾栐以互文性理論細讀《暗戀桃花源》，分別從加繆存在主義戲劇觀念出發，尋求《誤會》和《暗戀》的互文；對應皮蘭德婁的元戲劇，分析「尋找作者的劇中人」和「爭搶舞臺的演員們」的互文；從審美烏托邦的角度，尋找《桃花源》對《桃花源記》進行「重複」中的互文性意義；從荒誕派戲劇情景特徵出發，比較《暗戀桃花源》中的「劉子冀」與貝克特中的「戈多」二者的異同。論文從嶄新的角度，對文本進行細讀，令人耳目一新，吸引研究者對戲劇及文本的進一步研讀渴望。華南師範大學甘小二的《語言的織體——〈暗戀桃花源〉分析》中，通過臺詞語言、舞臺語言和電影語言的分析來看電影中三種語言的奇妙織體，細讀戲劇文學、戲劇表演、戲劇記錄三個層面的不同景觀。

其三、對賴聲川導演與創作藝術的探討，主要集中在「集體即興創作」方法方面。不少論文結合具體作品，對集體即興創作方法的來歷、形成、依據及其具體應用進行文本細讀。介紹即興創作的方法最早來源於文藝復興時期意大利的即興喜劇。賴聲川是在美國伯克萊博士生學習階段，師從荷蘭阿姆斯特丹工作劇團導演雪雲‧史卓克（Shireen Strooker）學習到集體即興創作方法。後將此導演「刺激」下的集體即興創作方法應用到臺灣戲劇舞臺的創作過程中。儘管在臺灣他不是使用集體即興創作方法的第一人，卻是他將集體即興創作這個舶來的方法加以本土化應用和推廣，並產生更廣泛的影響。這種創作方法把劇場還給了導演，把感覺、情緒、想像、對話、節奏還給了演員，讓演員不再籠罩在劇本無形的大綱和脈絡的牽纏中。對此導表演方法和戲劇教學方法具體細緻和深入剖析的研究論文不多見，但已有多篇對集體即興創作方法的介紹文章。

其四、結合西方戲劇理論，給予賴聲川「社會論壇劇」的稱號，結合其話劇緊密結合當時當地、針砭時弊、搞笑之餘發人深省、「笑和哭結合的藝術」等特質論述其戲劇的社會論壇性質。「社會論壇劇」是部分評論者給予賴聲川話劇的一個稱呼，認為其戲劇玄妙的結構背後、深刻隱喻的正是最精華的人

生感悟、最隱秘的體驗、最精彩的傳說。正如陶慶梅在《剎那中——賴聲川的劇場藝術》裏所提出的，他能夠把各種社會力量凝聚在劇場中，以劇場形成的強大社會效應來介入臺灣的社會生活。賴聲川的話劇中看似荒誕幽默搞笑的橋段處處顯示出針砭時弊的功能，或者可以說，正是因爲戲劇語言針砭敏感的、隱晦的、不適合公開談論的社會問題和時事，才能夠更大程度上引起人們的共鳴。這些社會問題和時事，包括臺灣政府的腐敗、傳統價值的消逝、兩岸開放的障礙、人際關係的隔膜、經濟發展的怪象、兩性關係的混亂、女性境遇的尷尬……

評論者認爲，賴聲川戲劇的社會論壇功能體現在它反映了臺灣社會問題和政治狀況，探討現代社會中人的自我意識覺醒，以及反映女性意識和平民意識等方面。並認爲正是因爲賴聲川戲劇中呈現出社會的病態問題，同時給予了觀衆一個「社會療傷論壇」的空間，才使得他的戲劇作品被兩岸三地的觀衆迅速認同。

其五、個別評論者將賴聲川話劇放在「現代主義戲劇」或者「後現代主義戲劇」的大潮中進行評述，將戲劇中具備的現代主義或者後現代主義特質的要素挑選出來，加以歸類。

王曉紅在《上海戲劇學院學報》發表的《賴聲川劇作的後現代傾向》中，分析了戲劇存在的四方面「後現代」傾向：對情節整一性原則的解構、對時空一致性原則的解構、對劇作家主體性原則的解構、對修辭風格統一性原則的解構。論文對賴聲川話劇的「主義」問題進行歸位的自我圓說顯得牽強。如同論者在最後所承認的，賴聲川話劇還不符合後現代的「高標準」——對精神家園的摧殘、對尋找世界意義使命的放棄等等。可以從另一個角度說，賴聲川話劇爲什麼不斷反思社會問題、抨擊政治時事，就是因爲要追尋和扣問人與人生的意義，就是要追求根本的、超乎物質之外的本質。在這一點上，賴聲川話劇相當地不後現代。

其六、長達近八個小時的《如夢之夢》的內涵及藝術特質研究。2006 年臺北藝術大學主辦的賴聲川劇場藝術國際學術研討會，六場主題研討會中有兩個主題與《如夢之夢》密切相關：一個主題是「《如夢之夢》的空間與結構」，另一個是「《如夢之夢》的歷史、回憶與生命」。這也足可見《如夢之夢》在賴聲川劇場發展歷程中，佔有特殊的一席之地。

　　2002 年臺灣高校出現以《如夢之夢》爲研究主題的碩士論文〔註11〕，論文通過戲劇後設劇場形式，探索生命形態的集體重複、反覆的創傷記憶和歷史軌跡的再現，從而審視曼陀羅生命旅行的架構。論文歸納《如夢之夢》揉合的各式各樣的議題，包含宗教、生命、政治、歷史、創傷記憶和文化認同等，從而樹立賴聲川劇場生涯的里程碑。而重複循環的意象也意味著這場表演，象徵一個永無止盡的曼陀羅生命旅行。葉根泉則認爲，這場史詩性劇作滲透著佛學精神與儀式，探討的是關於生與死的命題，將佛教中的無常、皆苦、涅槃等思想在戲劇中的滲透進行分析，從而試探賴聲川提及的「病與藥」的創作動機〔註12〕。這種創作動機，與賴聲川對佛教的傾心研究、對人生的感悟與思考都有緊密的聯繫。賴聲川對於藏傳佛教的潛心修持，在他的劇作中露出的印記越來越明顯。貫穿《如夢之夢》數層故事、使其成爲一個整體的內核，就是賴聲川在體悟佛教思想的修行中得來的。

　　如果將《如夢之夢》與史特林堡的《夢幻劇》，以及彼得‧布魯克的《摩柯婆羅多》、日本的夢幻能劇進行比較，那麼對這部有一定創舉的戲劇研究，一定會有更多有趣的發現。臺北藝大的林於竝就在《賴聲川的〈如夢之夢〉與日本的「夢幻能」關係之分析》〔註13〕中，將《如夢之夢》與日本能劇的對應關係進行了細緻地對應分析。從而分析日本能劇「夢幻能」對賴聲川戲劇的結構、舞臺、生命哲學的影響。

　　從總結和反思賴聲川研究現狀情況來看，研究者往往重視對在多元文化背景下，賴聲川戲劇對東方與西方、悲劇與喜劇、傳統與現代的融合，重視《暗戀桃花源》、「相聲劇」、「如夢之夢」等經典作品的細讀，重視賴聲川導演藝術之集體即興創作的解釋與說明，重視賴聲川話劇內容方面的「社會論壇劇」特質，也同樣重視將賴聲川戲劇納入到現代主義／後現代主義的範圍中加以歸類與評說……總的來說，賴聲川戲劇已經引起臺灣研究界的關注，並正在、也將繼續擴大在大陸研究界和評論界的影響。

〔註11〕　張文誠，《曼陀羅的生命旅行：賴聲川〈如夢之夢〉裏的集體重複、創傷記憶、與歷史再現》，楊莉莉指導，臺灣：國立清華大學外國語文學系碩士論文，2002年。

〔註12〕　葉根泉，《櫥窗與道場：賴聲川戲劇創作裏佛法的顯與不顯》，（臺）《戲劇學刊》第 5 期，2007 年 1 月，第 7～24 頁。

〔註13〕　林於竝，《賴聲川的〈如夢之夢〉與日本的「夢幻能」關係之分析》，（臺）《戲劇學刊》第 5 期，2007 年 1 月，第 55～68 頁。

（四）賴聲川戲劇研究的可能空間

經過對賴聲川文本的閱讀和賴聲川研究的總結，在以下幾個方面，可以嘗試進行深入的探討，以期得出更多的啓發和研究成果。

第一，對賴聲川三十餘年的創作軌跡、創作分期、創作流變等方面的脈絡梳理，鮮有人進行總結和歸納。

第二，賴聲川戲劇中投射出的生命哲理、人性關懷，與其修行佛教、戲劇理念的關係，以及如何在戲劇細節中進行體現，也少有人論及。這個問題沒有談透，就不容易對戲劇創作以及戲劇藝術進行深層次的挖掘，往往會陷入浮在表層的狀態。

第三，借助一定的理論視角，避免散談戲劇藝術，使得賴聲川戲劇研究渾然成爲一個整體。這樣就需要將關照賴聲川戲劇的視點落在東方文化與西方文化、傳統性與現代性、全球化與本土化、大陸視角與臺灣視角等的多元文化、多種力量的交織、矛盾的視域當中。

第四，對於賴聲川和孟京輝、高行健、田沁鑫等當下著名戲劇創作及理念的差異，如果可以進行一定層面的比照，或許可以爲中國當下戲劇發展提供另外一種交互影響後的可能，點亮另外一盞明燈。

第五，孤立地看賴聲川的戲劇，會消解其具備的諸多特質，所以需要將它放在世界戲劇範圍內、多元文化交織中、鄉土思潮行進時，以及現代主義和後現代主義影響下進行審視。通過對文本語言、舞臺語言的細讀和分析，反覆琢磨，嘗試進行歷史和地緣上的定位，才能在比較當中發現其特有的戲劇藝術品質。

以上五方面問題，其內在邏輯爲，知曉賴聲川話劇的發展脈絡和沿革變化；探索戲劇背後的創作深層面旨趣和理念；通過恰切的視角，研討其戲劇在怎樣的背景下進行探索和創新。同時，比較當下活躍的幾位戲劇探索者與其的區別和共通處，從而發現部分普遍規律和個性特徵，爲戲劇的進一步發展提供參考和借鑒。

三、研究方法、創新點和不足之處

在結合傳統戲劇研究方法的基礎上，行文綜合運用了戲劇敘事學理論、跨文化劇場理論、原型與鏡象理論、烏托邦想像等多種文化研究、戲劇研究的方法，力求從多個角度、側面進入賴聲川的戲劇，展現其內在的豐富性。

在運用這些方法的過程中，本文不是生搬硬套，而是從劇目內容的實際出發，結合文本分析的需求，運用適合的理論。

第一章在面對賴聲川三十年的創作歷程分析中，嘗試探索賴聲川的敘事立場及其變化，從而理清賴聲川三十年戲劇創作與戲劇啓蒙的起、落、轉向變化之間的互動關係。近幾年來，戲劇研究者常常從敘事角度、敘事者、敘事方式、敘事觀念等入手，關注文本敘事和舞臺敘事兩個藝術層面，開啓了一個不同的戲劇理論分析空間。這對賴聲川戲劇的研究也有很好的啓發意義。現代敘事理論的形成與發展，脫胎於二十世紀初的俄國形式主義，又與二十世紀結構主義文論有著直接的關係。敘事學早期致力於探索敘事作品內部所存在的、帶有某種共通性的科學的敘事特徵。二十世紀七十年代，伴隨敘事在文化傳播和闡釋中的使用，敘事學研究出現了人文科學轉向。到八十年代中後期和九十年代以來，隨著文化研究的盛行，敘事學研究開始強調對作品的內在研究之外，也要關注文本與其外部關聯的研究。敘事學一邊延續著自身的理論特徵和理論模式，一邊和其他的研究方法想結合，包括女性主義批評、精神分析理論、讀者反映批評理論、話語細讀分析等，從而形成了豐富多元、縱橫交錯的研究局面。八十年代以來，尤其是美國學者華萊士‧馬丁的《當代敘事學》發佈以來，不少研究者逐漸打破敘事學研究領域的單一通道，除了研究敘事的「情節結構」、「人物與手法」、「敘事交流」、「敘事視角」、「敘事時空」等傳統考察對象之外，還創造出複合式敘事學研究工具，比如「修辭性敘事學」、「女性主義修辭學」、「敘事學與文體學的互補性」、「非文字媒介敘事」等。

而戲劇敘事研究，就屬於非文字媒介敘事研究範疇。人類歷史上形成的口頭敘述、文字敘述、舞臺敘述和鏡頭敘述等不同的藝術，分別造就了豐富多彩、相對獨立的敘事形態。本書所涉及的戲劇敘事學，以戲劇的敘述性作爲主要研究對象。它包括敘事的本體機構（即指敘事主體、敘事客體和敘事文本），戲劇敘事的構成要素（包括內容要素和形式要素），戲劇的基本敘事方式（隱性敘事和顯性敘事），戲劇敘事的時空控制機制，戲劇敘事的修辭特徵（諸如敘述與諷刺、與幽默），戲劇敘事的美學追求等諸多方面。

同時，還要挖掘在戲劇敘事歷史背後的眞相。因爲不論是戲劇的文本敘事還是舞臺敘事，在它們的身後總站著共同的操作者，一個隱含的劇作者／導演。對賴聲川戲劇進行敘事研究本身不是根本目的，而是通過敘事研究，

更加清晰地看到賴聲川戲劇的敘事立場、敘事美學、敘事方法等。從而在跨文化戲劇交流的大背景下，更加準確地把握支撐戲劇長足發展的策略，更深刻地理解賴聲川戲劇的戲劇觀念。

　　第一章和第二章，在探討賴聲川戲劇對於西方文化和東方傳統的融合問題上，用理想狀態的「烏托邦」和「桃花源」來隱喻西方與東方。具體的說，「烏托邦」是對於西方啟蒙精神、西方現代文化以及後現代藝術的認同與追求；「桃花源」，則是對東方哲學、傳統文化與藝術的繼承與發展。跨文化劇場背景中，如何實現對兩者的追求、超越與融合，同是全球化時代的戲劇發展理想。同時，第二章中也運用了敘事理論中的顯性敘事與隱性敘事，分析相聲劇中顯性的說法藝術和隱性的現身藝術。從而用「論壇」與「缺席」兩個關鍵詞，概況相聲劇的相聲性與戲劇性。

　　人類從誕生之日起，就沒有停止過對於完美世界的想像和憧憬。從理想國到新耶路撒冷，從烏托邦到桃花源到香格里拉……1516 年英國人托馬斯·莫爾將心中的理想社會凝聚在《烏托邦》中。作為空想社會主義思潮的前奏，《烏托邦》預言了一個嶄新時代的到來。伴隨著經典馬克思主義、西方馬克思主義種種流派的發展，在 20 世紀的西方馬克思主義者看來，對「烏托邦」的詮釋，出現不同於馬克思主義、也有別於傳統烏托邦主義的社會革命理論。法蘭克福學派就對烏托邦理論進行了拓寬：「烏托邦」上升為一個中性的哲學概念，「烏托邦的」可以用來形容一種心理期盼或精神傾向。學派所關注的文化主題，包括人本主義、文化工業批評、自律的美學和藝術等，都蘊含了豐富而真切的改造社會的衝動。在法蘭克福學派代表人物恩斯特·布洛赫看來，烏托邦意識也可以叫做烏托邦期盼（anticipation）或烏托邦精神，泛指對更好更完美未來的期盼、預感和預顯（pre-appearance），它「包含著一種可以預先推定成功的強烈願望」〔註 14〕，同時烏托邦「既不是悲觀主義及其虛無的否定性，也不是樂觀主義及其全有的肯定性」〔註 15〕，存在兩種烏托邦的交疊。另一位代表人物阿多諾則主張「對現實說『不』、嚮往美好未來的主觀性態度，將烏托邦的要素帶進了否定的辯證法中，從而使社會烏托邦存在於批評和拒絕當中，而非簡單存在於對於社會藍圖的美好幻想中。

〔註14〕〔德〕恩斯特·布洛赫，夢海譯，《希望的原野·第一卷》，上海：上海譯文出版社，2012 年 12 月版，第 165 頁。

〔註15〕〔德〕恩斯特·布洛赫，夢海譯，《希望的原野·第一卷》，上海：上海譯文出版社，2012 年 12 月版，第 370 頁。

　　「批評立場」的豐富，拓寬了烏托邦思想的含義和表達方式。法蘭克福學派的理論具有鮮明的歐陸知識分子意識的性質。德國社會學家卡爾・曼海姆在《意識形態與烏托邦》的第四章中詳細闡釋了「烏托邦」的含義。簡要說，「一定的秩序的代表，會把從他們觀點來看的在原則上永不能實現的概念叫做烏托邦。根據這種用法，『烏托邦』這個術語的當代含義，主要是一種原則上不能實現的思想。」〔註16〕曼海姆在《烏托邦思想結構的變化》一節中介紹了烏托邦思想的四種形式：再浸禮教徒的狂熱的千禧年主義、自由主義──人道主義的思想、保守主義思想、社會主義──共產主義的烏托邦。其中自由主義──人道主義的思想，產生於與現存秩序的衝突，它通過建立「正確的」理性概念來與邪惡的現實來對抗。它與希臘傳統的靜態的柏拉圖思想不同，後者是事物的一種具體的原始模型，是一種最初模式。而相對來說，自由主義──人道主義的思想是被設想爲「投向無限未來的正式目標，它的作用是在塵世事務中僅僅作爲制約手段而活動。」〔註17〕烏托邦思想延伸出的批判意識和自由主義──人道主義的思想，都包含通過建立「正確的」理性概念來對抗邪惡現實的理念。當人們將完美願望的設想講出來，有助於用願景和美好搭建而成象牙塔，而不是拘泥於現實世界。

　　烏托邦和桃花源的夢想，同指對於理想社會的憧憬與嚮往，分別寄予著西方和東方的夢想。同時，也可以用來理解力圖批判灰暗的、不合理的、荒謬的現實存在及其背後的創作動機。因爲社會矛盾被現實地消除之前，藝術的理想必須一直保持質疑的成分，而不是簡單地歌功頌德、粉飾太平。巧合的是，我們看到在戲劇創作和批評領域中，知識分子話語對於主流意識的間離、對政治的批判態度，以及對民間話語的借鑒、對世俗的人本關懷，統統體現在賴聲川戲劇的始終。從八十年代對於傳統文化、相聲文化衰敗的擔憂和扶持開始，賴聲川一直秉承著對時代表述和人本關懷的心靈悸動，標示著在大眾文化時代中知識分子的位置。

　　第四章借鑒了悲喜劇理論，對賴聲川的悲喜劇觀念進行梳理，同時結合跨文化劇場理論，考察賴聲川戲劇的跨文化戲劇改編策略。跨文化劇場理論，

〔註16〕〔德〕卡爾・曼海姆，黎鳴、李書崇譯，《意識形態與烏托邦》，上海：上海三聯書店，2011年1月版，第196～197頁。

〔註17〕〔德〕卡爾・曼海姆，黎鳴、李書崇譯，《意識形態與烏托邦》，上海：上海三聯書店，2011年1月版，第219頁。

在賴聲川的戲劇博士論文《現代西方戲劇中的東方逆流》(Oriental crosscurrents in modern Western theatre) 〔註18〕已經在使用。文中提到純粹的日本風格的能劇，也同樣是一個大的綜合體，由「可能來自西巴利亞內部的民間薩滿活動、農業舞蹈和音樂、佛教，以及日本本土宗教伸到教組成」〔註19〕。跨文化劇場，用謝克納的定義，是「不同文化間融匯、碰撞、合作和／或衝突的展現、具化，以及藝術性的表達形式」〔註20〕。耶日・格洛托夫斯基、彼得・布魯克等戲劇家和理論家都是跨文化劇場的探索者和踐行者。

　　臺灣國立交通大學段馨君在著作《跨文化劇場：改編與再現》中也提及賴聲川的跨文化改編和創作問題。她對於跨文化劇場理論進行了梳理，涉及法國帕維的跨文化劇場定義、德國布萊希特的「史詩劇場」理論、法國阿爾托的「殘酷戲劇」理論、英國駐法導演彼得・布魯克的「第三世界文化的連結」的跨文化理念，波蘭的耶日・格洛托夫斯基的「環繞劇場」、丹麥的尤金・巴爾巴的戲劇人類學觀念，以及美國「環境劇場」謝克納提出的「烏托邦的夢想」和「選擇性的文化」跨文化理念。而這些戲劇都曾經對賴聲川的戲劇創作產生影響。

　　賴聲川的跨文化成長、求學、藝術探索背景，以及他三十載的多文化創作實際，恰好可以在跨文化戲劇的範疇中進行一定的探討和認知。本文認為，跨文化戲劇是在當今地球村的文化交融和衝擊的背景下，對於表演準備、演出創作、演出過程等諸多環節中，有意或者無意地對於多種文化進行融合和借鑒的一種心理狀態，或者一種工作方式。賴聲川《圓環物語》的戲劇結構和奧地利劇作家亞瑟・施尼茨勒（Arthur Schnitzler）的《圓舞》，有著類似的環形結構。《暗戀桃花源》如同意大利戲劇家皮蘭德婁的《六個尋找劇作家的人物》一般，舞臺上人物在戲劇內外穿梭，舞臺虛實結合。賴聲川的長達八小時的類史詩劇《如夢之夢》和英國駐法導演彼得・布魯克的《摩柯婆羅多》，都是兩位劇作家的跨文化戲劇代表作。他們都嘗試用多國的演員來探索和演繹戲劇，在劇中人物穿梭在東西方的時間和空間中。彼得・布魯克的《摩柯婆羅多》走得更遠

〔註18〕　Lai, Stanley Sheng-Chuan, *ORIENTAL CROSSCURRENTS IN MODERN WESTERN THEATRE, University of California, Berkeley*, PH.D. 1983.

〔註19〕　謝克納，《跨文化表演的「是」、「不是」和「但是」》，《人類表演學系列：謝克納專輯》，北京：文化藝術出版社，2010 年 4 月版，第 211 頁。

〔註20〕　謝克納，《跨文化表演的「是」、「不是」和「但是」》，《人類表演學系列：謝克納專輯》，北京：文化藝術出版社，2010 年 4 月版，第 212 頁。

一些，他借用印度史詩《摩柯婆羅多》改編成的戲劇三部曲「骰子戲」、「放逐森林」、「大戰」，呈現給觀眾濃烈的具有跨文化主義特色的「儀式劇場」般的氛圍。而賴聲川則用「浮生若夢，如夢之夢」的禪佛理念，貫穿《如夢之夢》的戲劇結構，跨越上世紀二三十年代、四五十年代、九十年代和新世紀等多個時間，穿越了臺北、上海、法國等多個空間的敘事當中。

在西方出生、東方成長，又回到西方接受戲劇教育和戲劇導演啓蒙的賴聲川，其自身必定受到多元文化的影響和浸潤，其創作也已然體現出跨文化的特質。而借由跨文化戲劇理論的闡釋，有利於我們將賴聲川放在世界戲劇的大背景當中，體會他的歷時性發展、多元的地緣文化，尤其是西方戲劇對東方創作的影響。

在第五章，結合原型理論，分析賴聲川戲劇中較少爲人所道的原型意象與母題。並在此基礎上，提煉受宗教思想影響的戲劇美學觀念，和兩者之間的互動關係。

韋勒克、沃倫在《文學理論》中提出，意象是一個既屬於心理學，又屬於文學研究的題目〔註 21〕。榮格則提出了藝術的價值在於超越了創作者自身的經驗，而深入到「集體無意識」層面的觀點。對「集體無意識」的挖掘，使得藝術作品有了永恆的、有生命力的價值。母題是文學作品中反覆出現的人類精神現象和基本行爲。母題研究通過追根溯源的方式、以宏觀的研究視角和系統的研究方法探求這種反覆出現的人類精神現象和基本行爲的原初形態及其在文學史中的歷時性流變與整合。

原始意象或原型母題都是一種形象，無論這種形象是魔鬼，是一個人，還是一個過程，它們都在歷史進程中不斷發生並且顯現於創造性幻想自由表現的任何地方，因此它本質上是一種神話形象。從這個意義上講，夢境，實際也可以作爲戲劇拿來傳達對「自我」認識的一種途徑與工具。通過做夢、在夢裏講故事、一個套一個的故事、一層套一層的夢，串聯起所有的「他者」，從而才能更清晰地認識做夢人，也就是「自我」想要傳達的思考與認識。這部分理論，可以用來分析賴聲川戲劇中典型的「彼岸」、「岸」、「天使」、「夢」、「分身」等意象與「叩問生死」和「終極追尋」的母題，通過原型反觀戲劇理念與劇作家、導演的思想。

〔註 21〕〔美〕勒內·韋勒克、〔美〕奧斯汀·沃倫，劉向愚、邢培明、陳聖生、李哲明譯，《文學理論》，南京：江蘇教育出版社，2005 年 8 版，第 211 頁。

在研究的過程中，努力體現三個方面的創新點：其一是論文在結構的總體性上有比較強的自覺意識，問題意識比較明顯。在全球化語境、跨文化戲劇背景下，切入賴聲川戲劇如何融匯東西方，如何超越個體抵達集體無意識，如何從現實人生抵達哲學反思層面等問題。文章嘗試結合賴聲川的創作實際探索中國戲劇的發展路徑，能夠切中當下戲劇發展所面臨的熱點和難點問題展開。

其二，對賴聲川的三十年戲劇創作的總體情況進行梳理，並且努力進入創作世界的底部，探索創作之於社會的啓蒙動機和創作特徵。並對三十年歷史的集體即興創作進行分階段梳理，通過文本細讀，大膽提出階段劃分觀念。這兩部分的整理與分析，是要基於對賴聲川創作的整體把握和深刻體察，具有一定的難度和創建性。

其三，論文當中的資料詳實，論文期間曾兩度赴臺搜集臺灣地區的研究資料，書稿整理期間又通過友人幫忙補充近五年信息，其中包括臺灣地區的期刊論文材料、影碟光盤、劇本和相關書籍等，這些都爲繼續深入研究提供了資料基礎。在細讀文本的基礎上，有專章對少有人涉獵的戲劇原型意象與母題問題進行研究，分析其戲劇美學及宗教思想對戲劇的影響，具有創新的可能性。

當然本文尚有很多不足之處，對單一文本的解讀還可以繼續深入和細緻，可能會發現更多新鮮的問題和獨特的見解。近五年的資料補充尚可，但如何深入地進入研究文本，還很不充分。同時，如果採用一以貫之的理論，進入一個小切口進行分析，論文會更加具有整體性。當然賴聲川戲劇內涵十分豐富和多元化，用一個合適理論來解讀確有困難。賴聲川戲劇的整體性研究和價值挖掘的持續深入，可以推動賴聲川在戲劇史的定位進一步清晰、其藝術價值進一步彰顯。同時，也期待在未來研究中，深入研究戲劇創作面臨的內外部問題，以供戲劇界共同探討與思考；戲劇作品的專題研究，比如《如夢之夢》的夢功能解讀、女性主義視角解讀，戲劇與宗教，當下戲劇與商業環境等有趣議題，還有待於進一步發掘。

第一章　鏡象與潛流

第一節　打破與重建：1984～1989 年的賴聲川戲劇創作

一、解禁前的打破：不只是「社會論壇」

　　八十年代的臺灣是一個轉型劇烈的時代，臺灣社會經歷了解除戒嚴、開放大陸探親、蔣經國逝世等重大事件，社會風氣漸趨開放、政治結構走向民主化。到八十年代末，「報禁」、「黨禁」、「法禁」（「戒嚴法」）、「陸禁」（隔絕與大陸交流）被開放，國民黨權威統治的合法性開始鬆動，國民黨在臺灣的一統、正統的意識形態也面臨著嚴峻的質疑和挑戰，過去長期被壓抑的「臺灣意識」開始得到翻轉。這種變化反映在文化上，就是言論自由的大幅度開放，對執政黨及執政者的批評和指責已不再是所謂的禁區。於是，文學與戲劇表演的自由和形式的多元化、多樣化有了一個合適的環境，臺灣本土文化與歷史記憶的重建工程，在一連串風起雲湧的社會運動浪潮中起步。1986 年臺灣「民主進步黨」衝破政治阻力在臺成立，不久「戒嚴法」被取締，黨禁解除。1988 年元旦開始解除報禁，1989 年正式迎來充滿矛盾和活力的多元時代。這個時期各思想文化界的打破傳統、大膽探索的行動，已經在試探性進行，正所謂「頂天花板」行爲。

　　與此同時，大陸的文化思想界也出現了文革後的一次藝術實驗井噴。尤其是 1985 年以後，青年人參與到新藝術的創作中。在最激動人心的歲月中，

思想的活力、創作的活躍、批判的勇氣、理想主義的光輝，都在當代文化思想和藝術史上留下了光輝的一頁。有評論者認爲，同時期出現的「85 美術運動」與其說是一種藝術實驗，不如說是一種社會實驗，它主要以藝術創作的方式檢驗社會和公眾對藝術自由乃至思想解放的反映程度。同時，它也是一種自我身份重建的開始，青年藝術家以知識分子的個體性、獨立性、自我性得以實現身份的確認。他們的身份不再是文藝工作者而是藝術家，也不再是社會批判者而是獨立的知識分子。他們的藝術不再是單純的自我獨白，而是自我與社會關係的訴說。〔註1〕

八十年代，同樣也是臺灣文學思潮在經歷孕育放開和逐漸轉型的時期。這時期的文學創作，呈現出和大陸文學同時代的姿態。正如古繼堂先生評析臺灣小說界的八十年代面貌時，陳述了六個特點：「1，政治小說大量湧現。2，新女性主義小說崛起。3，『鄉土爲體現代爲用』型小說的創造。4，後現代小說的實驗。5，魔幻現實主義小說的引進。6，科幻小說成爲氣候等」〔註2〕。從八十年代的小說創作風貌中，也可以體會到八十年代臺灣戲劇思潮發展的背景。八十年代政治戲劇大量湧現，戲劇創作中呈現出鄉土爲體、現代爲用的戲劇面貌。

從 1980 年開始的五年間，在擔任臺灣「中國話劇欣賞委員會」主任委員的姚一葦的主推下，「實驗劇展」共舉辦了五屆。劇展造就了不少優秀的編、導、演戲劇人才，也帶動小劇場和戲劇實驗如火如荼地發展。「從 1985 年到95，這十年間，最活躍，也最能贏得觀眾口碑的是一批比較認同大眾口味且善於經營的小劇團漸漸升格爲半職業性的中劇團，遂後成爲今日臺灣現代戲劇演藝界的中堅。」〔註3〕馬森評論了三家在 80 年代已嶄露頭角的劇團，它們是賴聲川的表演工作坊、李國修於 1986 年創立的「屛風表演班」（因 1985年與表演工作坊聯合《那一夜，我們說相聲》演出而名聲大噪），以及梁志民（畢業於國立藝術學院）於 1988 年創辦的「果陀劇場」（果陀，大陸一般翻譯爲「戈多」）。

〔註1〕 參見 2013 年中國美術館，「群英薈萃──全國十大美術館藏精品展」，中央美術學院對 80 年代代表作品的解釋詞。

〔註2〕 古繼堂，《激盪的文學旋流──臺灣文藝思潮辨析》，《臺灣文學與中華傳統文化》，北京：九州出版社，2010 年 12 月版，第 41 頁。

〔註3〕 馬森，《臺灣戲劇：從現代到後現代》，臺北：秀威諮詢科技，2010 年 12 月版，第 58 頁。

　　大陸在 80 年代中後期開始突破傳統、大膽試驗的戲劇探索，與此同時，臺灣在 80 年代後期出現了「政治劇場」、「前衛劇場」或「另類表演」，或大陸所謂「探索戲劇」、「先鋒戲劇」。而臺灣出現的「政治劇場」則不同於「政治宣傳劇」，後者是為執政掌權的人搖旗吶喊的，前者喊出的是對政治的質疑、批評的聲音。從這個角度上說，「政治戲劇」的出現標誌著政治的比較民主、社會的更加多元、公民意識的相對自覺。而這樣的作用，並非來自本土意識，而主要是西潮湧來的影響。這類政治戲劇的特質，和當時的政治小說如出一轍，臺灣青年文評家林耀德在談到政治小說時，講到書寫不在於要選擇什麼政治組織、陣營，而在於透過書寫行為洞悉政治互動關係與歷史發展下權利控制的悲劇，有時這種悲劇以喜劇的外衣上演。這類拋開了二元選擇慣性思維、對政治社會進行淋漓盡致地批駁、又具有深邃思考的戲劇創作，在賴聲川 80 年代的創作中，顯得格外突出。

　　這種超越社會論壇的啟蒙思想，早在 70 年代中後期的民歌運動，就已經深深感染賴聲川。民歌運動在那個沒有開放和解禁的年代，是一種被壓抑的啟蒙思想，通過民歌這種民間、鄉土的形式進行抒發。賴聲川也是當時民歌運動的一份子。這種影響直到 80 年代初，從伯克利回歸臺北的賴聲川初期創作作品上，仍然有所延續。《我們都是這麼長大的》動用了普通學生的生活經驗、《圓環物語》用了無序連接的底層故事做串聯來反映圓環的歷史，……80 年代中的拓荒，是拓開啟蒙思想的荒地，是 70 年代知識分子啟蒙思想借助戲劇藝術和技術的力量而創造的一次次舞臺綻放。80 年代的賴聲川戲劇創作是一次全方位的探索和開放，對歷史、用個體經驗、對自我、對人生、對東西方、對政治的一次集體叩問。

　　賴聲川從伯克萊大學戲劇博士畢業，回到國立藝術學院（後來改名為臺北藝術大學）的 1983～1989 年，正處於一個「大打開」的時代。他這一階段的戲劇創作中，對於個體經驗的言說、對藝術手法的大膽嘗試、對政治的警覺與批評和理想主義的光芒顯現無遺。同時，其創作也經歷了一個從自我言說到知識分子啟蒙的一個過程。

　　賴聲川 1983 年回到臺灣的第一個戲劇創作，是由命題表演「你生命中重要的一個經驗」生發出來的。15 個生活經驗故事演繹、凝結出 10 個故事構成了《我們都是這樣長大的》。戲劇反映的是年輕小我的生命經驗和內心歷程，

用賴聲川的話說，「我們看到的不只是一個戲，我們看到一個社會現象、一個文化現象、一群人，在向另一群人做一次深度溝通。」〔註4〕

賴聲川的相聲劇也在這一段時間中，有了比較集中的產出。1985 年《那一夜，我們說相聲》開啟了賴聲川獨特的「相聲劇」創作，之後 1989 年的《這一夜，誰來說相聲？》、1991 年的《臺灣怪譚》都是相聲劇的代表作品。馬叔禮在《用相聲來說「相聲的祭文」》〔註5〕中提出，賴聲川用「為相聲寫祭文」的形式重振了臺灣相聲。相聲劇閃爍其詞又明目張膽地批評時政，直言不諱兩岸問題，嘲諷傳統文化在商業社會世俗文化夾擊中頹敗等等社會問題和文化衰落問題，常被冠以「社會論壇劇」稱號。

1984 年《摘星》劇組深入啟智中心完成了第一部關於智慧不足兒童的戲劇，啟發觀眾關注智慧不足兒童獨特的表達和交流方式，他們的成長家庭，以及在他們的映襯下普通人不能自我覺察的自私、醜陋與無知。

1986 年悲喜劇《暗戀桃花源》中，「暗戀」和「桃花源」兩個劇團在同一個舞臺上爭奪、分割舞臺進行排列，從而形成了悲喜交加、現代古代穿越、傳統和現代融合、大眾文化和精英文化交織起來的戲劇，成為百年話劇史上又一座刻碑。

1989 年 5 月 4 日，多幕劇《回頭是彼岸》創造出戲劇舞臺的三分場結構。這是繼《暗戀桃花源》的二分場、《田園生活》田字格四分場之後的又一次舞臺藝術嘗試。三分場包括石老先生的公寓、石老先生的兒子用小說創造的武俠世界，以及兒子情人的小公寓。作品再一次將現代與傳統、現實與虛構、展現與反思相凝結。

縱觀 80 年代賴聲川的創作，代表作包括《那一夜，我們說相聲》、《暗戀桃花源》等關注社會現象、表達社會認知的「社會問題劇」。但從深層次來講，賴聲川戲劇在開展轟轟烈烈社會論壇的同時，已經顯現出「自我追尋」的母題創作傾向，而這種母題背後的無意識，是基於對於社會、文化和自我存在的三重焦慮所得出的選擇。只不過這些選擇的呈現方式，是以一種憤然的不「爽」呈現出來而已。

〔註4〕 賴聲川口述，黃靜惠整理，《草創時期的創作模式》，《戲劇家屬：國立藝術學院戲劇系演出實錄》，邱坤良、李強，臺北：書林出版社，1997 年版，第 9 頁。

〔註5〕 馬叔禮，《用相聲來說「相聲的祭文」》，《那一夜，我們說相聲》，臺北：皇冠，1986 年。

二、不「爽」──用戲劇的批判敍事進入社會論壇

「爽」字，《說文》中釋爲「明也」，現代漢語中有了心理「痛快」的、「舒服」〔註6〕的意思，具體說，可以理解爲人在情感得到淋漓酣暢地宣洩或滿足後，體驗到的心理愉悅感。在賴聲川戲劇的 80 年代創作中，「爽」字與「不爽」的情緒，俯首皆是。其實，這種情緒，是賴聲川戲劇人物的情緒表達，也透露出戲劇的批評敍事對於社會、政治、文化等現象的介入。中國的儒學傳統歷來是有「問世」之心，這個傳統使得知識分子有很濃烈的政治情結，他們的救國啓民之心甚強。對於 80 年代解禁之前的相對封閉、壓抑的現實，賴聲川戲劇樹立的是「批判」的啓蒙立場。如果我們將戲劇的敍事立場劃分爲主流意識形態立場、知識分子立場和大眾文化立場／民間立場三種的話，那麼賴聲川所站立的戲劇敍事立場就是有良知的知識分子立場，甚至是有意與意識形態立場保持一定距離、與大眾文化立場保持一定曖昧的立場。

《暗戀桃花源》的主要靈感來自於臺灣的混亂環境，現實來源是陳玉慧導演《謝微笑》時的一次境遇。「《謝微笑》下午彩排，晚上首演，中間兩個小時就被安插了一場畢業典禮。但是彩排根本還沒完，小學生已經坐在臺下了。……這反映的其實是我們這個大環境的混亂無序。如果說劇場管理不得其法，都已經講得太深入了──根本是沒有人在乎、也沒有人知道我們做劇場的在幹什麼。」〔註7〕爭搶舞臺的劇情，折射出社會與文化現場的混亂無章。

《田園生活》中扮演歸家歸先生的梁志民，在回憶文章《謂有源頭活水來》中，用宋代程頤的詩歌來說明賴聲川戲劇對於生活的汲取：「半畝方塘一鑒開，天光雲影共徘徊，爲渠哪得清如許，唯有源頭活水來。」〔註8〕這正如佛家所悟的「一沙一世界，一葉一菩提」，又如文學界稱道的「一沙一世界／一花一天堂」。賴聲川的戲劇正像在戲劇舞臺的半畝方塘中，採擷塵世間的一沙、一葉、一花，用藝術的手法將他們濃縮，從而讓小小的戲劇舞臺微縮出整個臺灣社會的眾生相。

《田園生活》中歸家的北一女高中生歸美川，是戲劇中唯一一位積極反

〔註6〕《現代漢語詞典》，北京：商務印書館，1986 年 4 月，第 1074 頁。

〔註7〕鴻鴻、月惠，《舞臺劇〈暗戀桃花源〉的誕生》，《我暗戀的桃花源》，石家莊：河北教育出版社，2003 年 12 月版，第 7 頁。

〔註8〕賴聲川，《賴聲川：劇場2》，臺北：元尊文化公司，1999 年 1 月版，第 309～310 頁。

抗而不甘於在混亂社會中過隱遁的「田園生活」的人物。她參加的「狂飆社」關注和反抗社會環保出現的種種問題——她們把家裏的垃圾拿到客廳讓大家看看一天扔了多少垃圾。到市立美術館前拿著大牌子，上面寫著「哀悼基隆河的死亡」，在那裡靜坐抗議。把家附近宣傳各項房地產的招牌拆下來放到家裏：

〔歸家。歸美川辛辛苦苦的搬一堆大型路邊房地產招牌進門。〕

歸太太　美川啊，這麼晚了，你又去搬了這麼些牌子回來！

歸美川　媽，你來看看！你看他們又搞了什麼東西！

歸太太　我不要看了，我也不想聽了。

歸美川　媽，你看嘛！你會贊成我拆的啦！

歸太太　你在哪里弄出來這些東西啊？

歸美川　它們就掛在安全島上啊！

歸太太　〔指其中的一張牌子〕這個是什麼啊？

歸美川　〔拿起牌子〕你看看這個，什麼廣告詞？！
　　　　「一二三趕快買」，簡直就是智慧污染嘛！

歸太太　〔翻出另一張選舉候選人的牌子〕那，這一張是幹嘛的？

歸美川　喔，那是選舉的，現在還不准掛。這些人，自己都犯法，
　　　　還選什麼議員？

歸太太　〔念出招牌上的字〕「創造更美好的明天」。

歸美川　簡直是公害嘛！

歸太太　你說這些都掛在什麼地方啊？

歸美川　就是我們家轉到信義路那裡，整條安全島掛的都是，你都
　　　　沒有看到？

歸太太　就是我每天早上買菜要經過那條巷口啊？

歸美川　對啊？！

歸太太　我根本都沒有發現。

歸美川　所以這就證明我的理論：一個東西已經亂了，你再給它加
　　　　幾個亂源，根本沒有人會發現，都麻木掉了！

　　歸太太　哎呀，這個東西掛在那個地方又不礙事，不要那麼敏感啦！

　　　　〔註9〕

家長歸太太對於女兒歸美川的種種反抗和聲討，沒有發出共鳴。除了簡單詢問招牌上的內容，就是以「我不要看了，我也不想聽了」、「掛在什麼地方」、「我每天早上買菜要經過那條巷口」、「我根本都沒有發現」、「不要那麼敏感」等中性詞語搪塞，以漠不關心、事不關己的態度來回覆女兒對於社會改造的熱忱追求。戲劇以這種方式暗示我們，積極強烈的入世手段，在現實生活中得不到多數人的支持與參與。

　　《臺灣怪譚》第一幕中，獨角戲的主角，有著明顯的神經質及人格分裂傾向的、無法停止說話的主持人／說書人李發，對觀眾介紹今天到場的貴賓，他們「這些廚師們，〔快速更正自己〕不是，這些宦官們，〔快速更正自己〕不，這些政府官員們最近都很關心文化，今天都會到現場。〔搖頭自語〕這句話太難記，與事實不符。」〔註10〕借著誇他們的機會，痛快地罵官員是宦官和廚師，毫不真正關心問候。李發一再強調自己「不談政治」之後，說起了朋友「范政治」帶他去一家名叫「總統府」的 Disco，旁邊有一家酒廊兼 piano bar 兼卡拉 ok 的 club，名叫「立法院」：

　　　　多正派的感覺！感覺就是一個正人君子去泡妞的地方。不過裏面
　　　　真沒氣質，男的都像流氓，女的都像潑婦，裏面每天為了唱卡拉 OK
　　　　搶麥克風，一直鬧事，真無聊。最近發展成一群人在那邊打，打得也
　　　　不好看，剛剛身體太虛了，打來打去打不成傷。我說你打架想出來秀
　　　　一下也應該在家練一下嘛！演什麼就要像什麼嘛！以前打得比較好
　　　　看。以前有一個矮矮胖胖的常出來打，現在不打了，好可惜。聽說他
　　　　最近自己要開一個 party，希望他合唱團請屌一點的。〔註11〕

聲稱不談政治的主持人，一再提起政治時局的混亂與糟糕，每每「岔題」談了政治，都扯開身上的襯衫，露出襯衫裏面的 T 恤衫上大大「爽」字，或者轉身朝向觀眾猛掀衣服，露出背後 T 恤上另一個大大的「爽」字！

〔註 9〕　賴聲川，《田園生活》，《賴聲川：劇場 2》，臺北：元尊文化公司，1999 年 1
　　　　月版，第 289～290 頁。

〔註 10〕　賴聲川，《臺灣怪譚》，《賴聲川：劇場 3》，臺北：元尊文化公司，1999 年 1
　　　　月版，第 328 頁。

〔註 11〕　賴聲川，《臺灣怪譚》，《賴聲川：劇場 3》，臺北：元尊文化公司，1999 年 1
　　　　月版，第 331 頁。

「爽」字背後，透露出的是賴聲川戲劇中鮮明的政治立場和自由精神。戲劇同情弱者，關心百姓，投筆向暗，剖析社會，揭露腐敗，批評殘暴與虛偽。而憑藉的戲劇形式則呈現出狂歡化的風格，用英國戲劇家屈萊頓的話說，這類諷刺家的真正目的是以矯正的方式使罪惡感得到匡正〔註12〕，好比醫生是病人的敵人──用嚴酷的手術給病人去除毒瘤。所以比起用一位智者的傳教或者一位美麗姑娘的優美歌聲，賴聲川更願意選擇有明顯的神經質及人格分裂傾向的主持人李發一頓神經兮兮的空談、與自己對談，來反映這個同樣滑稽和分裂的社會。在這當中，凝聚著一種愛與恨交織的感情，那些從戲劇表演中傳達出來的骯髒不堪，實際都是劇作藉以影響大眾、影響世界的工具而已，都是希望社會和人類更加完善、更加美好、更加健康。歸根到底，作為諷刺者的賴聲川，是一位戲劇理想主義者。

所以，縱使面對社會的種種不堪、混亂、荒唐和不公，賴聲川的戲劇敘事毅然採取「直面」的姿態。一位輾轉於東西方之間的知識分子，對於傳統文化存亡危機的覺醒，對意義和信仰危機的擔憂，對荒誕、無聊、甚至骯髒的政治遊戲的批判，對社會亂象的揭示，都歷歷在目。這位有良知的知識分子所秉持的批判立場，也是有意與意識形態保持一定距離的立場。

三、啟蒙的焦慮：集體記憶・重述傳統・自我追尋

深入一步思考賴聲川的種種批判與反思行為的根源，就不得不提到「焦慮」的影響與「啟蒙」的反作用。焦慮（anxiety）來源於印度語中的「angh」，意思與「狹窄」、「受束縛」有關係，是一種典型的心理學現象。它幾乎反映在每個人身上，只不過焦慮的對象和程度表現不同。上世紀三十年代中國現代傑出戲劇家曹禺的戲劇中，就充溢著一種現代性焦慮，一種具有普泛意義和精神反思性質的存在意識。〔註13〕「啟蒙」，也就是英語中的「Enlightenment」，意思為啟迪蒙昧。八十年代賴聲川處於從西方返回、進入東方的歷史結點，他的焦慮來源和戲劇展現自然與曹禺有所差異，但劇作中都有一種反思與叩問的力量。

〔註12〕〔美〕吉爾伯特・哈特，萬書元、江寧康譯，《諷刺論》，廣西人民出版社，1990年5月版，第207頁。

〔註13〕宋寶珍，《殘酷：曹禺戲劇的現代性解析》，田本相，《偉大的人文主義戲劇家──曹禺》，北京：中國傳媒大學出版社，2012年9月版，第49頁。

布魯姆在《影響的焦慮》（The Anxiety of Influence）〔註14〕中提出，後期作家對於前輩作家都有一種弗洛伊德式的「俄狄斯情結」，遲到者使盡一切招術來抹煞前人的高大身影，其創作上的所有變化都源於此焦慮。這種焦慮是基於自身要超越以往的母體或者父體的預期。而李歐梵在其譯書序言中，坦言自己求學西域、大量閱讀西作後，「自己的思想迷亂不堪，中西各種思潮在腦海中交戰，以致產生所謂的『認同危機』（Identity Crisis）：到底我是誰？到底我的興趣是什麼？爲什麼在思想上如此西化？是否應該『回頭是岸』？」〔註15〕這其實是被西學所包圍的東方學人，所產生的尋找母體和父體的衝動。

同是西學之人的賴聲川，回到東方母體之後的「焦慮」，可以理解爲母體已經發生變故、幾近面目全非，帶著一身異地文化的薰陶，企圖通過戲劇對母體進行還原和喚醒。

具體說，賴聲川回到臺灣伊始，面臨的「還原和喚醒」的焦慮主要有三個層面的含義：社會存在的焦慮，文化失落的焦慮，身份認同的焦慮。所有這些歸結到一起，就拉開了 80 年代賴聲川戲劇創作，面對存在焦慮的啓蒙重建。而「回頭是彼岸」，似乎就是對這個問題的一個宿命式的回答。以爲回頭就是自己的歸宿，結果發現此岸卻是彼岸，不是自己要抵達的終點。於是我們看到，對於社會現實的反思、對傳統文化斷裂的縫補、對身份認同的追尋開始齊頭並進地出現在賴聲川的舞臺上。

其一，面對社會存在的焦慮，賴聲川用社會論壇的形式，開始了批評、批判甚至明喻暗諷，直指社會政治與時事，從而回應對現實荒唐存在的焦慮。這種焦慮，源於對臺灣經驗的體會，化爲紮根臺灣歷史和現實的關懷。這種焦慮的緩解，恰恰與啓蒙主義、鄉土思潮相結合，於是才有了戲劇的批判姿態，鄉土、民間、小眾的表達，以及文化反思的角度。

其二，面對文化失落的焦慮，賴聲川以《那一夜，我們說相聲》、《這一夜，誰來說相聲》爲代表的相聲劇創作做解答。有評論者認爲，相聲劇是寫給相聲的祭文，關於相聲的戲劇給予了相聲以新的活力，這是賴聲川用戲劇的力量去影響傳統文化的繼承。

〔註14〕〔美〕哈羅德・布魯姆，徐文博譯，《影響的焦慮》，南京：江蘇教育出版社，2005 年 12 月版。

〔註15〕〔美〕哈羅德・布魯姆，徐文博譯，《影響的焦慮》，南京：江蘇教育出版社，2005 年 12 月版，第 3 頁。

其三，戲劇身份認同的焦慮蘊含在賴聲川在 80 年代初的《暗戀桃花源》、80 年代末的《回頭是彼岸》中。戲劇既包含了傳統文化中對於理想之地的追尋、對失去愛情和青春的追憶，也有臺灣眷村人對於大陸親人的追思、年輕人對未來人生與內在自我的追尋，還有武俠小說人物對於極致工夫的追求、對理想工夫王國的彼岸渴望。

對於賴聲川而言，對自我身份的追尋從十幾歲時就是要面臨的問題。生於美國華盛頓的賴聲川，是中華民國駐美國大使館一等秘書賴家球先生及屠玲玲女士的次子。小學就讀華盛頓市喬治城，學習優秀，跳級讀書。八歲隨父親到西雅圖居住，十二歲回到臺北就讀大安初中二年級，十三歲時父親罹患鼻喉癌。1969 年，賴聲川十四歲，父親去世。這讓賴聲川的人生規劃完全被改變：原先父親從美國大使館調回臺灣，原計劃要在三年之後重新外放。父母打算先讓賴聲川在臺灣辛苦幾年，打好中文底子，再去國外讀高中、大學。回憶起那段時光，賴聲川說：

> 命運是很奇怪的，讓我這麼就在臺灣留了下來，在重要的成長年齡，讓我對臺灣有深厚的感情。事實上，做外交子弟有我們很辛苦的一面，經常換環境，建立的友情和對地方的情感都必須頓時斬斷，許多外交子弟到後來，並不是很清楚在自己的感情在哪裏，自己的身份是什麼。那些年雖然辛苦，但是再苦中也讓我確定自己是誰。〔註 16〕

這段時間裏發生的，是賴聲川的第一段自我追尋經歷。而當他 29 歲從美國學成歸來，重新面對臺灣現實，借助戲劇支點，融合西方精神和東方傳統，著眼臺灣現實所做的個人經驗話劇，就可以算作第二段自我追尋旅程。賴聲川的第一部話劇，圍繞著「我的成長經驗」展開，其實是對年輕自我的一次定義。而第一次明確提出「自我追尋」名稱的場幕，是在 1984 年的戲劇《過客》中第 10 場，題目爲《在森林中尋找自我》，其中的臺詞念白是：「我爲什麼來到這個地方？是我內心本能的驅使？還是森林裏一股不可知的力量？愛情、溫暖，所有我曾經得到過的，現在都已經成爲過去。我到底在追求什麼呢？是永恆的歸宿？還是平靜的毀滅？使我淡淡的消失在黑夜中呢？」〔註 17〕在

〔註 16〕 陶慶梅、侯淑儀，《剎那中——賴聲川的劇場藝術》，臺北：時報出版社，2003年 1 月版，第 251 頁。

〔註 17〕 賴聲川，《過客》，《賴聲川：劇場 1》，臺北：元尊文化公司，1999 年 1 月版，

臺北讀藝術科系的六位大學住在一起，以清水分屍案爲時代背景，其中學攝影的女大學生小戴，她的好朋友林未從清水來到臺北，打亂了他們的生活。上面念白的一大段臺詞，實際是立志當劇作家的男大學生鴻鴻設計的一段在幽暗的森林中尋找自己的獨白戲，也是戲中戲的臺詞，就是要讓他設計的劇本主人公「到森林裏，去找到她的自我，可以她的自我已經破碎了」〔註18〕。

《過客》是賴聲川創作的第三部作品，通過集體即興創作而得。參與集體即興創作的都是年輕人，對於他們而言，對未確定的可能性的迷茫與追尋，促成了戲劇自我追尋主題的凸顯。在 80 年代中後期的《回頭是彼岸》和《西遊記》中，對自我的追尋就不簡單是對年輕生命的追問，而是擴展到對兩岸關係、對人生走向、如何在西學中自立自足等更廣闊、更深入的問題上。尤其是在舞臺歌舞劇《西遊記》中，戲劇人物分三組、并置三段不同的「旅程」。神話層面：以孫悟空爲主角，即「西遊記」原著中第一回到孫悟空被囚五行山的旅程；近代史層面：從清末到現代，中國人接觸西方的旅程，以角色唐僧爲主角；當代層面：從現代臺北出發到西方留學的旅程，以角色阿獎爲主角。這樣戲劇特別明顯又巧妙地借助東方儀式，從文化追尋深入到自我身份的追尋問題中，將西學東漸的追尋作爲一個探討的問題，引發觀眾的反思。

賴聲川在 80 年代面對三重困境而產生的社會存在焦慮、文化失落焦慮、身份認同焦慮三重隱憂，用不爽的批判和引起沉思來反駁焦慮，樹立的是知識分子的啓蒙意識。這種思想與 70 年代臺灣興起的鄉土思潮運動有關聯，開始返回自身找解藥；與 80 年代的逐漸解禁有關聯，藝術創作的言論尺度可以越放越開，爲批判性觀點提供了空間；也與 80 年代臺灣的二度西潮有關聯，在西方思潮的猛烈衝擊下，一味西學，東方根基鬆動，讓知識分子開始思索未來去向哪裏的問題。所以 80 年代的啓蒙立場的強勁，是社會環境、文化思潮、創作環境、劇作者自身等諸多方面的因素共同影響的結果。

第 270 頁。
〔註18〕 同上，第 271 頁。

第二節　啟蒙的式微：1990～1999 年的賴聲川戲劇創作

一、商業文化與藝術先鋒交葛

進入 90 年代以後，隨著科技的發展和視覺藝術的進步，中國大陸的文化語境發生了極其引人注目的轉變，70 年代末期開始的「新時期」文化正在走向終結，在整個文化領域都出現了轉型的明確徵兆。這一文化的新變化被稱爲「後新時期」的到來，張頤武認爲，「後新時期」的到來，「意味著新時期以來的理想精神和文化熱情的終結，又意味著一個社會市場化進程中的第三世界民族的諸種新的可能性的開始」。〔註 19〕人們的生活已經進入到一個讀圖時代，講求視覺的衝擊力，好萊塢的具有科幻色彩的大片、以及科技手段高超的作品，都極大調動和滿足了人們的視覺欲望。

胡星亮將 20 世紀後半葉臺灣話劇與外國戲劇的關係分爲四個時段，其中第三個時段 1979 年至 1986 年是臺灣話劇開展實驗劇運動、眞正走出「荒原」、走向世界的時段。1986 年至 2000 年是臺灣戲劇界在後現代戲劇和商業劇的眾聲喧嘩中，對外來影響進行反思與批判的階段。〔註 20〕90 年代，不論大陸還是臺灣，都是大眾文化搶佔傳統藝術文化領地，市場經濟的指揮棒擊潰固守傳統的藝術保守觀念，娛樂消遣需求衝擊感化教育主渠道的年代。

臺灣劇評人陳佩眞評論 90 年代文化代表的「臺灣渥克劇團」（1992 年成立），提出其中有「走江湖的綜藝團、大腿舞、交際舞、豔麗吧女」，「帶有一種亞熱帶的、鹹濕的、情色的、猥藝的、冶豔的、俚俗的、秀場的氣味。」〔註 21〕這期間實驗戲劇的舞臺上，導演們或採用絢爛紛繁的多樣化手段，讓歌唱、相聲、雜技、多媒體、行爲藝術等通通集於臺上，或只強調演員形體動作的表現性，又或將故事和情節進行多樣化的混雜和拼貼，都體現出對視覺的調動和滿足。這時期的戲劇場面是喧鬧的，但打動人心和留給心靈的空間少了。

〔註 19〕張頤武，《新世紀的聲音》，《今日先鋒》三聯書店，1994 年 5 月，第 10 頁。

〔註 20〕胡星亮認爲，20 世紀後半葉臺灣話劇與外國戲劇的關係分爲四個時段，其中第一個時期是 1949 年至 1965 年，話劇被封閉在與外國戲劇隔絕的「精神的荒原」上，第二個時期是 1965 年至 1979 年，突破傳統寫實而求新求變，使臺灣話劇打開瞭望望世界的窗戶，《從封閉到開放，從寫實到後現代——當代臺灣話劇與外國戲劇關係之研究》，《文藝研究》，2010 年第 3 期，第 77 頁。

〔註 21〕陳佩眞，《人間劇展——五種歷史詮釋法和六個殊異的劇團》，（臺）《表演藝術》，1994 年 9 月，第 23 期。

林兆華在對 80、90 年代進行比較評價時坦言，就藝術生命力和激情來講 90 年代的話劇藝術是退步的。

賴聲川戲劇的 90 年代創作，也擺脫不了時代的影響，顯示出強烈的世俗性，展現出臺灣世人的「浮世繪」鏡象。戲劇涉及最多的情感題材，內容包含愛情的毀滅、情慾的氾濫、婚姻的式微等主題。而對情感題材的關注，也是基於「情感的意義，它昭示了人對城市社會政治、經濟、文化、倫理等的認識，它是城市生活的折射光」〔註 22〕。戲劇通過當下家庭、婚姻狀況的描繪，反射出臺灣市井生活和政治生活的真相。

被譽為「鍾後現」的臺灣後現代戲劇研究者鍾明德，在詮釋「什麼是後現代劇場」時候，列舉美國奧斯卡·布羅凱特與羅伯特·芬德利所著的《創新的世紀》來說明。他在 1991 年《從寫實主義到後現代主義》修訂版中單列一章討論「後現代主義、結構和一九八〇年代」，關注劇場中的後現代主義現象。專章中提到，當代劇場的根本要素就是各種視覺和聽覺的意象：語言可有可無。腳本有也好，沒有也無所謂。沒有主題，沒有主旨，沒有故事。敘事結構幾乎蕩然無存。演員不是在創造角色，演員成了符號，動作的化身。〔註 23〕這可以幫助我們體會後現代劇場的「不確定性」、「自我反省」、「反敘事」、「角色死了」等觀念。

與此同時，不少大膽的後現代戲劇手法運用，也集中在這個時代當中。當代帶有強烈先鋒色彩的戲劇，對身體形象、動詞化表演的沉溺，對語言的貶低或者變形，都可以理解為商品化對人的感官享樂的呼喚，市場化要求人的軀體徹底進入到狂歡境界，感性的身體真正成為了其自身。「戲劇的動詞化、戲劇的卡拉 OK 化，儼然成為這個平面時代生活的標誌和意識形態修辭。」〔註 24〕90 年代社會語境給予先鋒戲劇的，已並非 80 年代如潮般洶湧的理論支持。在工業文化的影響和包圍下，先鋒戲劇要麼一頭鑽入悅眾追求的裙底、穿戴上現代手段的馬甲，要麼完全與工業文化隔離，繼續做它樸實的夢。在商業支配和生存需求之下，先鋒戲劇要進行更為大膽和自由的實驗，探索的

〔註 22〕 冒建華，《從城市欲望到精神救贖：當代城市小說欲望與審美關係研究》，蘭州：甘肅人民美術出版社，2007 年 12 月版，第 266 頁。

〔註 23〕 鍾明德，《從寫實主義到後現代主義》，臺北：書林出版，2006 年 8 月版，第 216 頁。

〔註 24〕 葉志良，《動詞化：思想縮減時代的戲劇修辭》，《戲劇文學》2004 年第 4 期，第 34 頁。

路程注定充滿坎坷。

美國弗雷里里克・傑姆遜教授 1985 年在北京大學的講演，給中國知識界留下他的講演稿集《後現代主義與文化理論》。傑姆遜概括了「後現代主義文化」的四個基本審美特徵：「主體的消失」，「深度的消失」，「歷史感的消失」和「距離的消失」。〔註25〕強調作品失去了深度和歷史感後，語言只能成為一種單薄的能指，沒有豐富的內涵，其功能就是作用於人感官的刺激，而不是啓發性或者激揚性。麻文琦在解釋後現代主義與當代戲劇關係時，說道：「作品拒絕『解釋』，而僅僅要求『感受』。如果作品還有意義，那就是它的刺激性。後現代主義藝術的創作者，他所要求的就是釋放如雲霧般語言的快感，正所謂語言的狂歡。」〔註26〕

分析哲學的創始人之一維特根斯坦在他後期哲學思想中表達的「語言遊戲說」，則是當代哲學思潮在語言貶值問題上的最突出的例子。他認為，語言象遊戲一樣，兩者的規則在一定意義上都是隨意的，而更多的是對語言能力的無可奈何。語言的用法、詞的功能和語境等都是無窮多的。一個詞的意義，在於它在語言中的用法，需要強調特定語境，而不在於它本身。他的語言遊戲說與荒誕派戲劇有不少共同點。荒誕派戲劇對語言表示質疑。現代派在非理性主義的旗幟下，推翻了語言作為表達思想、溝通感情的工具的信仰。荒誕派戲劇家走得比現代派更遠，它徹底否定了語言的功用性。荒誕派戲劇中的語言，多為毫無邏輯可言的舞臺語言，意在揭露語言的貶值。荒誕派戲劇家如此貶低語言在現代社會中交流工具的作用，是出於認為「生活屈從於物的統治，思維失去了實體意義，交流與對話不再可能。」

多媒體的硬件和軟件設施的改善，爲演出創作了一種新的、互文的、視聽、互動的媒介，從而爲演出作品提供了一種嶄新的呈現方式。多媒體技術和或現代性之間的關係也被有關學者所廣泛討論。史蒂夫・狄克遜〔註27〕在

〔註25〕〔美〕弗・傑姆遜，唐小兵譯，《後現代主義與文化理論》，西安：陝西師範大學出版社，1986 年 8 月版，第 143～215 頁。

〔註26〕麻文琦，《水月鏡花──後現代主義與當代戲劇》，北京：中國社會出版社 1994 年 10 月版，第 30 頁。

〔註27〕史蒂夫・狄克遜，演員、電影製片人及多媒體藝術家，曾任英國索爾福德大學表演系主任、多媒體劇團變色龍劇團的導演。研究領域涉及使用數目技術記錄戲劇過程的研究、表演和理論之間的關係等。

《數碼、評述和記錄——人類表演研究和超媒體》中，強調關注「數字化戲劇」的研究目的之一，「就是想創造出一種能有效融合影響和現場表演的方式，以達到產生多重敘述、聯想和意義的目的」〔註28〕。就目前來看，原本在歷史上各處兩極、彼此質疑的藝術和科學，因爲新的計算機技術的使用，二者可以共同存在與舞臺之上。

在賴聲川相聲劇之單口相聲《臺灣怪譚》中，電子屏幕中的人物，恰到好處地和現實人物展開對話。這將多媒體的應用，提高到和現實演員平等的位置上來。這種呈現也同樣來自於 20 世紀 60 年代以來，當代西方表演實踐中對於電子技術應用的影響。賴聲川在面向當下創作的過程中，並沒有粉飾太平，而是直面淋漓、荒誕、可笑又讓人悲傷的現實。他對世俗生活和世俗文化的把握，大可以用「寫實主義」來扣帽子。然而，在世俗文化的外衣下，賴聲川喜劇透露出語言的辛辣、爽酷、調侃與親和。而喜劇、鬧劇式風格，往往最終導入的是一個悲劇式的結尾。這種反差的作用使觀眾在關照身邊事、耳際聞的同時，能夠思考深層次的精神訴求問題。

然而，賴聲川戲劇持續對社會的關注、對人生的關照、對心靈的關切、對歷史的關懷，將其與後現代戲劇相隔離。但不能否認的是，賴聲川戲劇中又採用了大量後現代戲劇手法，包括對戲劇結構、情節、時空一致性、作家主體性、劇作風格一致性的解構，戲劇語言的拼貼手法、能指與所指的錯位在劇作中俯首皆是。

90 年代戲劇創作，沿襲了 80 年代的「打破」傳統的路線，但它要打破的卻是 80 年代的傳統。90 年代劇作更大膽地表現世俗生活，語言更加尖銳，主題直指政治敏感，藝術手段上更加多元混雜。這種現象同樣出現在小劇團先鋒實驗中，有的劇團開風氣之先、意欲突破禁區。「臨界點劇像錄」早就有反應同性戀的主題，1994 年演出十分敏感的政治劇，1995 年推出女演員上空的《瑪麗·瑪蓮》，打破了傳統性禁忌。種種突破藝術禁域的企圖心，在以往戲劇界是沒有的。賴聲川戲劇在 90 年代同樣有大膽的突破性實驗，來追求主題、藝術和行爲上的禁忌突破。

〔註28〕 史蒂夫·狄克遜，楊俊霞譯，《數碼、評述和記錄——人類表演研究和超媒體》，《人類表演學系列：人類表演欲社會科學》，（英）謝克納、孫惠柱，北京：文化藝術出版社，2008 年 12 月版，第 96 頁。

二、官能感受・市井世俗

　　相比較 80 年代戲劇中關注內心和精神層面的社會問題劇，90 年代賴聲川戲劇所關注的時代和社會更加市井與世俗、更重視官能感受。80 年代，賴聲川的創作已經出現了《圓環物語》、《田園生活》、《過客》之類關注社會時事的戲劇，以一斑窺全豹，反映的多是社會心理與社會背景。《圓環物語》全劇亦莊亦諧，以臺北市南京西路的歷史變遷爲軸，用七段式的連環訓話關係，配上圓形旋轉舞臺，來傳達對於時代、人生以及人類生活環境等深刻的理解。《過客》記錄了六位住在一套房子裏的臺灣藝術科系大學生太劍、鴻鴻、大師、小艾、小戴、北安的青春生活，小戴的小學同學林未從清水來到臺北和後來她經歷了警察的審問後不辭而別，映襯出林未等青年人豐富又糾結的複雜心理。

　　1998 年創作的《先生，開個門》，是賴聲川應榮念曾邀請，參加香港「中國旅程九八——一桌二椅」活動製作的戲劇。製作要求包括短劇時長不超過二十分鐘、道具僅限於一桌二椅，題材涉及華人議題。短劇將臺灣商人 T 與大陸火車列車長乘務員 C，在 90 年代末期一個冬天，一列火車上的爭吵和似夢非夢的豔遇搬上舞臺。清晨起床後以爲自己做了一個豔夢的臺商，突然發現枕頭底下的粉紅色胸罩變成了紅色胸罩，不禁寒顫緊張。短劇冷笑著透露似夢的眞實，人性中自卑與自大的混合，也影射了大陸和臺灣的含混關係。短劇不僅涉及到敏感的兩岸關係問題，還出現了大量的粗言俗語，這是之前作品中所少見的。

　　對於都市世俗生活的體現與把握，90 年代的作品表現得更加露骨，從而也加重了作品的世俗與官能氣息。賴聲川戲劇常用包容姿態關照生活中的平凡小人物，對政治人物等達官顯族則賦以批評、反對和譏諷。具體而言，對於世俗生活的把握，戲劇集中體現在家庭中緊張的親子關係、「迷失」的婚姻關係以及「他」和「她」的多角人物關係。

　　其一，市井婚戀生活中的親子關係頗爲緊張。賴聲川的戲劇中，幾乎沒有和諧、溫暖的親子關係。不論是父子關係還是母子關係，都以叛逆的子女和浮躁的父母之間的矛盾和衝突的方式呈現。大多數的家庭屬於父權家庭，要麼是父親對孩子不聞不問，要麼就是父親對孩子的生活和婚戀干涉過度。只有當父親「缺席」時，母親才在家庭關係中處於突出位置。然而可惜的是，母親對於孩子的影響往往是軟弱無力的。

　　《我和我和他和他》（1998 年）裏的沈墨和簡如鏡就是被簡父親所生生拆散的一對，因爲父輩對子女的過度干涉，使得子女對父輩的權威產生叛逆情緒，甚至產生「弑父」衝動與「瀆父」意識。第十場「蘭桂坊 Pub」中，男女主人公沈墨和簡如鏡，來到十年前兩人常去的咖啡廳，見到了久違的老朋友毛毛，分身另一個男人和另一個女人，重演十年前他們在這裡擦出的感情火花。

　　〔簡如靜、沈墨分身另一個男人和另一個女人，站在咖啡廳的桌子上，咖啡廳老闆毛毛站在旁邊〕

> 另一個男人　我要你們幫我們做一個見證，在座的各位都算數！我跟如鏡在一起根本就是個笑話，不可能的。她是臺灣前衛女青年，我是大陸退休的再也紅不起來的紅衛兵！最重要的關鍵是前幾天她爸爸派人來調查我，他爸爸也放了話，再多說一句我這個人就沒了！〔註29〕

一個是從內地偷渡到香港的大陸窮跑堂，一個是臺灣富家千金，這段感情在如鐵般冰冷的現實面向，根本就是一段不可能實現的烏托邦。兩人的感情在現實的差距和富商父輩的打壓下無從發展，甚至威脅到生死存亡，所以他們能做的只能是逃脫牢籠式的私奔，亦或雙雙爲愛自盡。

　　從人文關懷的角度講，緊張的親子關係中，子女對父親的逃離或尋找、對母愛以及象徵「母性世界」的嚮往和皈依，表明子女在情感上觀照自身、追求自我的需要，在文化身份上對自己身份完整性的渴望和焦慮。從戲劇創作來源的角度上講，對親子關係的關照，反映了當下複雜的家庭關係對子女的負面影響。這些素材都來源於參與集體即興創作的演員經驗，也是他們孩童時期的創傷在劇作中的客觀反映。

　　其二，市井婚戀生活中有迷失的夫妻關係。這種「迷失」，早在 1986 年的《暗戀桃花源》的「桃花源」部分的老陶和春花破碎的婚姻關係、袁老闆和春花瓦解的情人關係就開始出現。到 1987 年《圓環物語》，七幕戲劇都圍繞著序場講述的圓環「正史」，展現了圓環人的七場民間世俗的婚姻、家庭、愛情糾葛。甲乙丙丁戊巳庚七個角色的圓環式的婚姻、戀情關係，和圓環的歷史故事一起演奏了圓環地區百年的「人物」和「語言」的流變。1989 年的《回頭是彼岸》中弟弟石之行逃離與推銷美國房產的妻子海倫之間的婚姻，

〔註 29〕　賴聲川，《我和我和他和他》，《賴聲川：劇場 4》，臺北：元尊文化公司，1999年 1 月版，第 336 頁。

試圖在婚外戀情中，與另一位小說創作者相好，意欲尋找自己小說創作的靈感和繼續存在的生命意義。

到了九十年代，婚姻所承載的社會更加荒唐與可笑。1997 年的《他和他的兩個老婆》中在荒唐的社會、混亂的婚姻、錯亂的認知中的男主角出租車司機張立國心存僥倖心理，遊刃有餘地遊走在景美和木柵兩個家庭和兩個老婆之間，直到一起車禍讓周旋在兩個婚姻中的張立國亂了方寸、焦頭爛額。1998 年《我和我和他和他》中商戰對手簡如靜與沈墨冤家路窄，在發現彼此是昔日苦情戀人、幾經糾結之後，最終還是因為現實生活而放棄了感性情感的回歸。一對戀人，夕日一位是臺灣富商二代、叛逆女兒、前衛女青年，另一位是大陸再也紅不起來的紅衛兵，兩人在十年前被簡如靜的富商爸爸拆散，十年後被唯利是圖的商業社會再次隔離。

作為男性創作者，賴聲川多把市井人物的感情不幸和對不幸的同情，傾注在女人身上。她們遭遇男性的背叛，無助與男人的逃離，對男人的出軌毫無防備和察覺，甚至向情敵投降、向婚姻的「小三」學習，經常自己用謊言欺騙和安慰自己。這些女性戲劇形象，沒有過於強硬的精神張力。直到 2003 年創作的《這一夜，說相聲》中的「我奶奶」形象，戲劇才賦予女人們以「罵」的語言來充分反抗。所以 90 年代中作品對於迷失在婚戀家庭中的女人們，採取的是一種鋪陳的關懷敘事，同情、理解、無奈是賴聲川的敘事姿態。

其三，市井婚戀生活中有「他」與「她」之間的多角戀情關係。從最早期關於愛情的「暗戀」和「桃花源」開始，感情就脫離了你情我願、你恩我愛的美好景致。多的是完美的「桃花源」世界中並不完美的「老陶——春花——袁老闆」、「漁夫——漁夫妻——房東」的三角關係。自 90 年代始，賴聲川戲劇常常在心靈關懷、精神重建的承載內核外，披掛著大眾文化、世俗文化、娛樂文化的外衣。

在多幕喜鬧劇《運將、黑道、狗和他的老婆們》（後又稱《他和他的兩個老婆》，1997）中，一個計程車司機丈夫有兩個老婆、兩個家庭。一個家在景美、住著大老婆玉蓮。一個家在木柵、住著二老婆小琦。因為有 「排班表」的幫忙，計程車司機張立國一直坐擁兩個老婆。然而這種和諧平衡局面，被張立國在一個颱風天的遭遇所打破。他在颱風來臨那天經歷了一場意外車禍，偶得一張記錄著黑白兩道重要人物性醜聞的光盤偷拍帶。這引來一老一小兩個糊塗警察的介入調查，黑道小弟要搶回光盤，八卦週刊公關主任來搶

奪信息，張立國只好拉上好友蔡中郎幫他在兩個來訪警察面前掩蓋重婚罪狀、在兩個老婆之間周旋，於是戲劇中造成不少的巧合與笑話。劇中複雜的人物情感關係，屬於時而平行、時而交叉的人物關係結構：

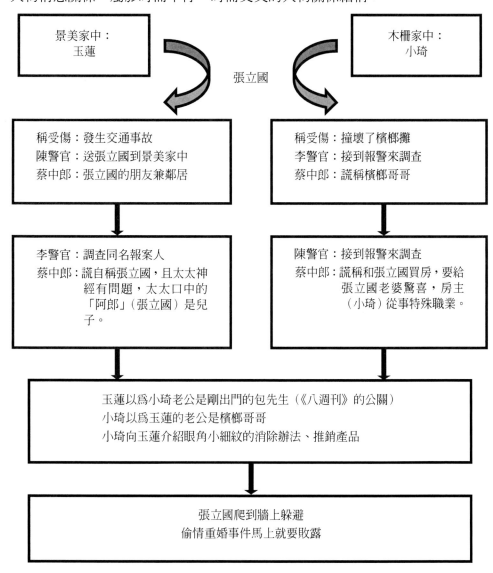

這一系列的事件，形成了複雜的人物關係圖。一連串錯位、錯亂的認知結構，讓心知肚明的觀眾替張立國在警察、兩個老婆、黑幫、媒體公關等人物的夾擊中捏一把汗、也時不時地竊喜幾聲，從慌亂的逃脫、周旋和真真假假的謊言中，體味當下社會現實的無奈、可笑，以及婚姻家庭的混亂和荒謬。

1999 年賴聲川創作的《十三角關係》講訴的是一個發生在當下的臺北家庭故事：丈夫，頗有政治野心的政治博士、立法委員蔡六木，和妻子，電臺主持人、暢銷作家花姐無法溝通，婚姻破裂。蔡六木的情人，股市女強人、交際花葉琳小姐，嗲聲嗲氣、溫順可人，又以女權主義的姿態向花姐傳授抓穩男人的心。為了打探對方在情人家的行蹤，蔡六木打扮成冷氣修理工，花姐裝扮成打掃衛生的歐巴桑。然而，兩人巧扮的修理工和清潔工，竟然在蔡六木情人葉小姐家中偶遇、相識、同情、撫慰，互生好感，甚至認為愛上了對方，視彼此為知己和夢中情人。可悲的是在現實中兩人爭吵不休、毫無感情、關係破裂、家庭混亂、斷然分手。十三角關係在妻子花姐、丈夫蔡六木、交際花第三者林小姐、女兒安琪、爺爺五個戲劇人物之間，貫穿起丈夫與妻子、妻子與林小姐、妻子假扮的歐巴桑與林小姐、丈夫與情人林小姐、丈夫假扮的冷氣修理工與情人林小姐、妻子假扮的歐巴桑與丈夫假扮的冷氣修理工、情人林小姐與蔡六木的政客敵人老羅、安琪與老闆、安琪與爸爸、安琪與媽媽、安琪與情婦、爺爺與奶奶等十多種人物關係。關係是撕扯的，結構是混亂的。

其中三位男女主角的簡單三角關係，因為「偵查」與「反偵察」，而演變成為五個人的多邊關係，筆者用下圖來表示簡單的三角關係的複雜化和演變：

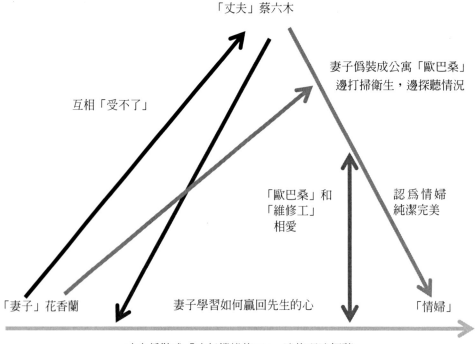

「丈夫」蔡六木

妻子偽裝成公寓「歐巴桑」邊打掃衛生，邊探聽情況

互相「受不了」

「歐巴桑」和「維修工」相愛

認為情婦純潔完美

「妻子」花香蘭　　妻子學習如何贏回先生的心　　　　「情婦」

丈夫偽裝成「冷氣機維修工」，邊修理邊探聽

具體的十三角關係如何來表達呢？賴聲川在他的新浪微博中，向有疑問的觀眾給出了明晰的示意圖：

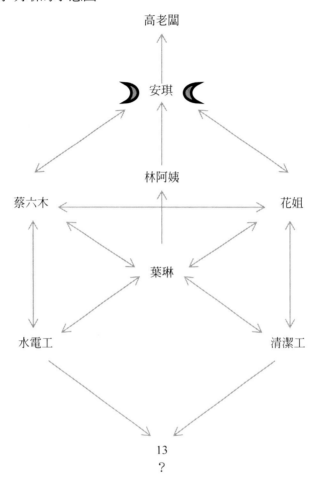

三角、多角、十三角、平行交叉等形式變幻多端，它們使情節超越了普通、傳統意義上的一夫一妻式和諧婚姻，製造了奇特、荒誕的婚戀關係結構。戲劇人物關係的結構形態，呈現出並行交叉式、三角式、多角式、輻射式等的情感關係圖。這種人物情感關係的複雜形式高頻出現，展現了當下社會的世俗情感狀況。90 年代臺灣社會中政治搞笑典故、婚姻紅杏出牆、多角複雜關係等世俗問題，都被納入了賴聲川戲劇的視野內。戲劇語言俚俗化、市井化，充滿著諧趣意味。戲劇人物結構關係異常複雜，在戲劇中用「他」和「她」來指代男士和女士，讓人物關係更加多變和充滿懸念。

賴聲川戲劇在 90 年代出現了大量的西方改編喜劇，包括改編英國劇作家
湯姆・史塔坡德、意大利劇作家達里奧・福、俄國劇作家契訶夫、意大利劇
作家卡羅・高多尼、美國劇作家東尼・庫許納等劇作家的十多部喜劇作品。
對這些喜劇的本地化過程，是戲劇關注重心向平民和邊緣人轉移、戲劇形式
大量向喜劇和鬧劇轉移的過程。這個時期的賴聲川戲劇，如同達里奧・福劇
作的意義，已不簡單是「社會問題劇」，而更強調「全民娛樂的通俗劇場（popular
theater）」〔註30〕。賴聲川在選取西方戲劇進行改編的材料方面，明顯出現喜
鬧劇、世俗化的傾向。

第三節　多元與共生：新世紀以來的賴聲川戲劇創作

一、新世紀：多元共生與深度向內看

新世紀以來：多元共生的戲劇創作背景下，賴聲川的戲劇也呈現出多元
的創作面貌。有社會論壇《千禧夜・我們說相聲》、《亂民全講》、《這一夜，
Women 說相聲》；有嬉笑風格和嚴肅話題相結合的跨文化戲劇《一婦五
夫？！》、《出氣筒》、《尼斯雙胞案》；有傾心兩岸歷史的現實主義戲劇《寶島
一村》。新世紀中更加突出加重的戲劇主題，是深入關注人生、心靈和精神世
界的戲劇，向內看的趨勢愈加明顯，《如影隨形》、《在那遙遠的星球，一粒沙》、
《如夢之夢》中涉及到人的前生與今世，人的本尊與分身，人的幻想與想像。
總的來講，千禧年思想之後，賴聲川嘗試著去掉政治、社會等外在因素，更
多得向個人內在看，向大歷史中的個人內在看，開闢出一條更寬闊、更深邃
的道路。

賴聲川戲劇對於社會的批評和討論，從八十年代最初的從一個孩子視
角看社會，到九十年代當中一個家庭的視角透析社會，到新世紀的全民狂
歡沸騰狀態，對社會的解析更加全方位、全民性。2003 年的《亂民全講》，
顛覆了「全民亂講」的用此規範，表面上是主流、正統看「亂民」大講歪
理邪說，實際上是對全民關注和參與社會、政治、法律、道德建設的平等
正視。

《亂民全講》中一場班級的選舉博弈，是對臺灣政壇混亂、邋遢局面的

〔註30〕　鍾明德，《政治離鬧劇不遠》，《意外死亡（非常意外！）》影碟宣傳冊，臺北：
　　　　群聲出版有限公司、木棉花國際股份有限公司，1995 年，第 8 頁。

微型寫真。劇中全班三十二人，只有五位出遊參加畢業旅行。旅途中，班代
（班代表、班長）請辭，大家開班會討論要選出新班代。表決通過後，卻又
質疑五人是否具有代表全班的正當性。他們找來一位「公正客觀人士」（餐廳
服務小妹）諮詢，來決定他們確實具備正當性……這看似荒謬的狀況成了舞
臺上讓人啼笑皆非的一段戲：

D：（迷惑）耶，我們剛才贊成什麼？

C：看記錄好不好？所以我們五個人代表全班……班代請辭成立！

A：謝謝大家支持！

D：啊？喔。

　　（A 起立，興奮地下臺）

F：那要不要選新班代？

C：有沒有人提議？

B：不用了吧，馬上畢業幹嘛要班代？

D：有剩班費啊。

B：這裡有一個程序問題：我們沒班代就沒有主席，沒有主席就不
　　能開會。

F：那我提議沒有主席也可以開班會。

　　（B 氣到快崩潰）

C：有沒有人附議？

D：（舉手）我附議。

　　（B 痛苦狀。）

C：有沒有正反意見？那贊成的舉手。

　　（眾舉手，除了 B。）通過。沒主席也可以開會。那選新班代吧。
　　有沒有人提名？

D：（指 A）我提他。

A：（驚）我剛卸任耶！

C：有沒有人附議？

Ｆ：我。

Ｂ：我。

Ａ：等一下……〔註31〕

所謂的民主程序應用到五位學生出遊表決也要貫徹的行爲，原本可以協商解決的同學事宜搞得如同立法院一樣。班級選舉尖銳地諷刺了那些假模假式的、虛僞的民主。

2004 年的《威尼斯雙胞案》，是表演工作坊第三次介紹意大利喜劇大師高多尼的作品，前兩次分別是 1995 年的《一夫二主》和 2001 年的《一婦五夫》。《威尼斯雙胞案》描述了一對自幼即失散的雙胞胎兄弟，不約而同在一座城市尋求他們的愛情，引發一連串陰錯陽差的巧合與誤會的經典喜劇。賴聲川的戲劇改編特點，依舊是按照原著角色和情節，揉進針對臺灣當下政治、社會的明朝暗諷。這樣，名人軼事、世人時事都成爲賴聲川移植的意大利喜劇中抖包袱和動手術的對象。

如同他在對社會問題的批評立場上，堅持智慧的改編觀念：「現在世界上許多劇場導演喜歡大幅改編經典作品。有時這些改編雖然讓原著面目全非，但也能引起共鳴。有時，在一團混亂之中，可以明顯看出導演的智慧趕不上作者的智慧，就乾脆用『毀容』的方式試圖湮滅自己智慧不足的事實。這種極度自戀的做法對作者、作品、觀眾，以及導演本身都是一種侮辱。這問題顯然是智慧的問題，不是技巧或方法的問題」〔註32〕。所以，賴聲川的高多尼喜劇改編，大都是「從頭到尾虛（虛構，fiction）實（事實，current fact）不斷相互指涉的情形，而這些現狀的本質並不是什麼令人開心的事」，「這樣的『喜劇』也負擔了過於明顯的功能性」〔註33〕。這種功能性就是超乎意大利喜劇「純粹」的「笑」之外的批評性。這種批評性在社會混亂面前，其反應往往是欲哭無淚的「笑」。

新世紀戲劇向內看的典型代表作，是 2000 年的《如夢之夢》。劇作有近八個小時的史詩長度，專注於探索人的內心世界與前生今世。這部關注人類

〔註31〕　賴聲川，《賴聲川的創意學》，桂林：廣西師大出版社，2011 年 8 月版，第 218 ～219 頁。

〔註32〕　賴聲川，《賴聲川的創意學》，桂林：廣西師大出版社，2011 年 8 月版，第 100 頁。

〔註33〕　鍾欣志，《威尼斯雙胞案》，賴聲川指導，臺灣：臺北藝術大學碩士論文，2003 年，第 3 頁。

心理，生命輪迴、放手愛恨等哲學命題的戲劇，從佛教的「自他交換法」受到啓發，開啓了「聽病人講故事」的歷程，一個故事套著另一個故事。戲劇對於人內心和靈魂的考察切入得更加深入、更加玄妙。

　　2003 年的《在那遙遠的星球，一粒沙》聚焦婚戀中男女的「迷失」，有著持續的關注和呈現。女兒勸說苦等爸爸二十年的「媽媽」，二十年前喝酒打我們的那個男人，在上海已經有了家庭，小兒子六歲了，所以不要用幻想騙自己了。和媽媽一起擺地攤的小販也勸「媽媽」：我們都很希望我們遭遇的事情都有一個浪漫的解釋，但不是所有人都是被外星人綁架！面對現實！我們是一樣的，我們被遺棄了，被甩了啦！而瘋媽媽卻固執的認爲，爸爸是被外星人綁架去了，爲丈夫的離去找一個開脫的理由，因爲人活著就要有希望。劇作中，因爲父親的失蹤和母親的癡等，女兒怪怪和瘋女人媽媽互相不理解，媽媽無奈地幻想出可以和她對話的不存在的乖乖女兒，媽媽的不理解使女兒怪怪更加叛逆、乖張。只有媽媽清醒一些後，才能和臆想出來的乖乖女兒告別，勇敢面對自己已經逝去的婚姻和愛人。

　　2007 年的《如影隨行》是對《如夢之夢》「爲死人說故事」的第三個驛站。其啓發來自於佛法中的「中陰生」的概念，探討人的中陰生狀態。所以這齣戲的主角不是活著的人，也不是完全死去的人，而是剛剛往生、卻被卡在某一個中間位置的人。他面對既往生命的執著或者不解，走不到要去的下一站。這個人物就是事業有成的中年男子大橋，他九成以上的時間和力氣都花在工作上，自認爲已經充分盡到丈夫和父親的責任，不明白妻子夢如爲什麼對他總是冷言冷語、不感恩、不支持。並且他還發現妻子極有可能外面已經另有情人，於是他妒恨抓狂，在激烈的爭吵中釀成了慘劇。而其實，作爲藝術治療師的妻子夢如，不過是在工作中同時治療自己，爲了彌補自己在婚姻關係中的失望，依靠幻想世界中的完美情人來塡補眞實人生中的所有缺憾。這種程度愈演愈烈，深深介入了她和丈夫之間的現實生活，從而讓妒恨的丈夫難以忍受、釀發慘劇。

　　劇中的大橋，是一個剛剛往生但沒有走到去處的「中間人」，當他再度回到熟悉的友人家中，他忘記了一切，焦急地尋找妻子，卻發現所有人都對他充耳不聞。除了大橋這個非現實人之外，還有一名叫做 YEA 的幻想人。她是女孩露露幻想出來的同伴，因爲她的父母無法瞭解她的內心，只有 YEA 可以聽到他內心最眞實的聲音。露露又是劇中唯一能看到大部分眞相的人，就好

比是一面鏡子，映像出生命的來去與人性的本眞。觀眾彷彿可以通過她的眼睛，看到大橋的掙扎與困惑、大橋妻子夢如的幻想與無法自拔、大橋與夢如的女兒眞眞的沉默與壓抑、露露爸爸祥哥的窩囊與隱藏、露露媽媽吉兒的世俗與渴望……

新世紀後有代表意義的心靈戲劇，從社會現實事例切入，將現實悲劇作爲一個引子，關注的側重點多在內心的豐富複雜性，並藉以透視人生的輪迴、生死過往、現實與虛擬等深層次、又頗具玄妙感的世界。這也可以看作是，藏傳佛教對於賴聲川戲劇創作的滲透式影響。舞臺上沒有梵語，卻聽得到禪佛的思索，深入又靜謐。先前 90 年代中的黑色幽默和嬉笑怒罵，到了新世紀，劇作深沉、沉穩了很多。

二、臺灣經驗與中國想像：借由眷村濃縮兩岸

對於現實主義戲劇的書寫，在新世紀後也達到了一個高峰，其代表作就是關注眷村歷史的《寶島一村》。但對於眷村歷史的關注，實則開始於 80 年代，集大成者是新世紀的創作。

賴聲川戲劇中第一次提到眷村人的生活場景，是在 1985 年創作的《那一夜，我們說相聲》的段子二「電視與我（臺北 1962）」中。舜天嘯和王地寶回憶了眷村中有了第一臺電視後，講著全國各地口音的眷村人集中在「我」家看電視的情景：在看電視的鼎盛時期，排號看電視的有兩三百人，一百個熟悉的先進去，不熟悉的門口等著，進去的五十個更熟的先坐下，半生不熟的站著看。半個鐘頭之後自動換班：坐的換站的，站的換坐的。一個小時以後，裏面換外頭，外頭換裏頭。這樣小商小販也都來到門口，山東漢子吆喝著，「饅——頭，豆沙包饅——頭——，野饅頭（熱饅頭）！」〔註 34〕。從這一次的眷村刻畫開始，眷村就一直閃現在賴聲川的戲劇中，直到 2008 年的《寶島一村》，完全將目光注釋在眷村人身上，通過眷村的產生、興盛、逐漸消逝的歷史，以及眷村人的成長與變化，反觀兩岸牽扯不斷的骨肉歷史，爲式微的眷村歷史和文化立碑。從一定意義上講，臺灣的當代史，可以從眷村史中透析，所以，賴聲川借由好友王偉忠等眷村後代人的經驗創作的戲劇，具有獨特的歷史價值與藝術價值。

〔註 34〕　賴聲川，《賴聲川：劇場 1》，臺北：元尊文化公司，1999 年 1 月版，第 337頁。

　　戲劇舞臺嘗試為當代臺灣移民尋找母體：「眷村文化」。在臺北出生的臺灣外省人張嬙，收集了眷村長大的王偉忠、朱天心等 15 位後代的眷村記憶，集冊出版的《寶島眷村》，向世人陳述正在縮小的眷村和正在萎縮的眷村文化。在書中，她為眷村定義：「臺灣土地上特殊的政治和文化產物，是臺灣人的集體記憶，見證外省人從臨時到落地生根的過程。陰暗老舊的眷村，象徵著許多外省人的處境。外省人綽號『老芋仔』，長相不好的芋仔是不需要施肥的根莖植物，扔在哪裏就長在哪裏，臺灣遍地都有。芋仔命賤，『老芋仔』型的外省人命也薄得很。今天台灣外省人，只占臺灣人口不到百分之十五，許多處於社會底層。當年相信回家之期指日可待，許多人家裏連家具都只買最廉價的藤製品，更何況不動產如房屋或土地，也因此，他們大多數被拋在臺灣經濟迅速起飛之外。」〔註 35〕

　　提到眷村，不得不提到 1949 年，仍然效忠於國民黨的軍隊，在上海和南京解放之後，與家眷、黨政官員、資本企業家、文人學者、學生等約 100 萬流亡人口，湧入臺灣。臺灣 1948 年底原有人口約為 700 萬，所以當時局勢混雜，物價飛漲。為了安頓軍隊眷屬，緩解緊張的軍民關係，不影響軍隊士氣，臺灣當局政府懷抱最後的希望，宣傳終將「反攻大陸」、「凱旋回家」，以眷村的形式安排軍人眷屬的集合式居住。「一言以蔽之，眷村即一九四九年隨國民黨政府來臺灣的中下級軍人的獨立封閉社區」〔註 36〕。「外省人」逐漸成為 1945 年後從大陸各省市地區流亡抵臺的人員及其後輩的代稱。

　　1991 年，楊德昌拍攝眷村幫派題材電影《牯嶺街少年殺人事件》，以臺北南區一家外省公務員兒子為主角，展示了 20 世紀 60 年代眷村少年生活的面貌，夾雜著許多眷村黑話。2004 年 2 月，蘇偉貞主編《臺灣眷村小說選》〔註 37〕，收集了從 1975 年到 1995 年二十年間關於眷村文學的舊作，代這些外省人發出「鄉關何處？」的人生命題。2011 年，眷村後代朱天心出版的《想我眷村的兄弟們》〔註 38〕，收錄了她 1973 到 1992 年間所寫的十一個中短篇小說，為這些在城市裏散落、在記憶中淡去的族群，留下一個無須質疑立場的口述歷史記錄。2008 年，眷村後代毛訓容編劇、王偉忠拍攝的眷村題材連續

〔註 35〕　張嬙，《寶島眷村》，北京：中國人民出版社，2010 年 1 月版，第 13 頁。
〔註 36〕　朱天心，《新版序》，《想我眷村的兄弟們》，上海：上海譯文出版社，2012 年 1 月版，第 1 頁。
〔註 37〕　蘇偉貞，《臺灣眷村小說選》，臺灣：二魚出版社，2004 年版。
〔註 38〕　朱天心，《想我眷村的兄弟們》，上海：上海譯文出版社，2012 年 1 月版。

劇《光陰的故事》，王偉忠製作的紀錄片《偉忠媽媽的眷村故事》，都為一個個眷村記錄下片言隻語，只為留住文化史上的這個特別個案和現象。

在賴聲川三個十年的戲劇創作中，總是能夠看到眷村、眷村人、眷村老人的影子，或者小鏡一片、或者大鏡一面，影影綽綽，印刻出臺灣這方土地上的大陸文化變體、臺灣獨特的文化因素。而對眷村文化的那種微痛內心、微笑回憶的描述，實際是在刻畫 1949 年以來在臺灣的大陸人的「傷痕」與「另一種歷史」。

1989 年《這一夜，誰來說相聲》回憶上了年紀的老人四哥偷偷回去探親之前，聽著京劇「四郎探母」，就老淚縱橫跟著唱「我有家歸不得」。〔段子二〕其一「國與家」中，「嚴歸」描繪了「青島眷村」村民按照大陸地圖設置住戶的地理分佈：

嚴歸　我父親當年是從青島撤退的。

白壇　哦，從青島逃難。

嚴歸　到了臺灣以後，就住到臺北附近的一個小眷村。

白壇　「眷村」？

嚴歸　叫「青島新村」。

白壇　這個小「眷村」長什麼樣子？

嚴歸　（回憶）那個時候，環境是很簡陋，一切都很困難。

白壇　我懂了。

嚴歸　什麼？

白壇　是個難民營。

嚴歸　（被侮辱，激動）什麼？！你說我們住的是難民營？（停頓，想一想，冷靜的）其實，就是。

白壇　我說嘛！

嚴歸　我們村子裏面住的一家一家全是中國大陸各地來的。我告訴你，我們村子裏的地形大概是這樣的：西邊靠一個山坡，村口是朝東南方，村子外邊有個大水溝，我們小孩兒都叫它「護城河」。北邊還有一個廢掉的圍牆……

白壇　（腦子裏開始勾勒出這個畫面）嗯。

嚴歸　想一想，我們村子簡直就活像一個袖珍型的中國版圖。

白壇　你看吧！是從哪來的人，就住在哪個位置！我們村口住的都
　　　是江浙一帶的。再下去就是福建人，那西邊山坡底下那幾家
　　　偏偏就是雲貴一帶的人，再過來就是四川人。我們家是河南
　　　人，所以我們住中原。打開後門一看──湖北人。村子最南
　　　邊靠公共廁所的那幾家都是廣東人。出了村口，過了大水溝
　　　再一看，──喲哈！全都是臺灣人。沒有人分配。當初大家
　　　從大陸來的時候，就依照本性住，住著住著就住成那樣了。
　　　西邊山坡上面那幾家還養羊，信回教，八成從新疆來的。（蒙
　　　古人）住在我們村子最北邊，房子最大！後來突然脫離我們。
　　　我們都看到那空屋子覺得好可惜。（東北人）他們住圍牆外
　　　面，本來有九戶，也不知道怎麼搞的變成三戶了。你翻過山
　　　去，還能看到阿富汗人啊，是阿富汗狗，隔壁還養只波斯
　　　貓……（筆者減縮了對話中的語氣詞）

白壇　你們那住那麼多不同省份的人，怎麼會叫「青島新村」？

嚴歸　不知道。可能是因爲我們那所有人都是從青島撤退。這一點
　　　也就成了我們大夥兒唯一的共通點。除了這一點之外，你説
　　　生活方式、飲食習慣、管教子女的辦法，都不同。連個最基
　　　本的溝通都得費上半天工夫，才能通上一點點。〔註39〕

（筆者減縮了對話中的語氣詞）

2008年，以眷村的變遷歷史透視眷村外省人群體的《寶島一村》，描述了這三
代住民、三個家庭的故事──98號老趙家、99號老周家以及98＋號老朱家的
故事。98號房主老趙，本姓楊，拿著「趙漢彬」的證件，以趙的名義入住臨
時搭建的眷村房。第一場《發地址牌》中就有展示，當分房子的「卷管官」
叫道「趙漢彬」時，楊就冒名喊道、不動聲色地轉身成爲趙，但臨時跟來的
新婚妻子不解的責怪反應，顯示了趙的冒名頂替。99號房主周寧，本是飛行
官，應該住在條件更好的軍官區域，但因爲名額已滿，就暫時住在條件比較
艱苦的士官聚集的眷村，但從此就留了下來。98＋號房主老朱，剛到臺灣就

〔註39〕　賴聲川，《賴聲川：劇場3》，臺北：元尊文化企業公司，1999年1月版，第
　　　　　215～218頁。

結識了臺灣本省籍服務員秀娥，意外懷孕卻沒有住處。第二場《入宅》中，老朱無奈只好向趙家和周家求助，借助 98 號趙家左牆和 99 號周家右牆，搭建了屋頂和圍牆，就成了自己的家。雖然電線杆子包圍在客廳中央，但用電方便了，扯出一條線家裏就接上了電。從此三家在眷村定居下來，也拉開了《寶島一村》全然展現眷村生活、並用眷村來濃縮臺灣當代史和兩岸史的歷程。

而其實在賴聲川早年的戲劇中，就已經有了 98＋號老朱家構造的雛形。在 1991 年創作的《臺灣怪譚》第一幕獨角戲中，有著明顯的精神質和人格分裂傾向的、無法停止說話的主持人／說書人李發，就在回憶中講述了「臨時年代」的阿達家裏的情景：

> 那是一個「臨時」的時代：一切臨時，一切將就。……阿達自己的家就是臨時搭的，他爸爸臨時跟兩個朋友各借一面牆，在中間搭了一個屋頂，開了一個大門，行了。臨時把一個軍箱變成餐桌，把外面一個破掉的門臨時變成床，行了，這小屋成為阿達溫暖的家。唯一的缺點是，屋子中間有一個大電線杆，就那麼矗立在客廳中間。這也還好，滿方便的，臨時往上接一根電線，家裏也就臨時通電了。阿達在朋友之間也挺得意的，因為朋友家裏面沒有一個有電線杆的。〔註40〕

《臺灣怪譚》中的阿達家，彷彿就是《寶島一村》中 98＋老朱家的子嗣延續到現代臺灣的生活。而他們的實際生活原型，都是來自賴聲川的好友、搭檔王偉忠的童年經驗。幾戶眷村人的歷史，就是 1949 年隨國民黨逃往臺灣的 60 萬軍人和家眷歷史的濃縮。來自上海的老周家、北平的老趙家和山東青島的老朱家，這一群本以為很快就要回家的人們，在眷村從暫住、變成常住，直到徹底把那裡當成他們自己家，甚至死在那裡、瘋在那裡。最終眷村在推土機的轟鳴中倒塌，那些留在眷村的所有回憶，留在年青一代對過往的記憶中，也延續在觀眾散場後發到手裏的「寶島一村正宗天津包子」裏。

在對眷村「歷史」和「傷痕」的刻畫中，戲劇敘述語言是感性的「文學語言」，溫情脈脈地道來留在記憶中、即將隨著眷村的消失而逝去的過往情感、小人小物……

〔註40〕 賴聲川，《賴聲川：劇場 3》，臺北：元尊文化公司，1999 年 1 月版，第 340 頁。

　　賴聲川戲劇中的眷村故事，作爲大陸文化的臺灣移植體，成爲臺灣故事中獨特的「本土文化」元素。外省人的生活和情緒，是賴聲川戲劇躲不開的思考領域。在觀眾看來，它具有特別的文化意義：對大陸觀眾而言，外省人、眷村文化是大陸彼岸的陌生文化，吸引隔絕了幾十年的觀眾，去窺探「彼岸」如何「觀我」。而對臺灣觀眾而言，這種對本土人心的關照，是對即將逝去的文化、人物、故事的關懷，不知撫慰了多少外省人、眷村人的內心。賴聲川戲劇對大陸歷史、兩岸關係的關照，很有些卞之琳在《斷章》裏「你站在橋上看風景，看風景的人在樓上看你」的雙重審視意味。

第四節　穿梭在東西方的戲劇理性（上）

一、賴聲川戲劇中的西方藝術來源

　　賴聲川戲劇從文化的交融和展現的方面，主動顯示出其對於多元文化的包容、跨文化戲劇藝術的特點。從歷時和共時兩個維度上來看，賴聲川的跨文化劇場有兩種類型。

　　一種是橫向的跨文化戲劇，對於共時階段的日本戲劇文化、中國傳統文化、印度佛學文化、西方現代和後現代文化的主動吸收，以及對大陸文化、眷村文化、臺灣商業文化的展示，都促成了戲劇多元藝術形態的融合和交織。同一部戲劇、或者同一個劇目主題，賴聲川會在美國加州大學伯克利分校、新加坡、香港、臺灣、大陸等地，進行不同演員的重新即興排演等跨文化戲劇探索。如同彼得·布魯克帶著他組建的一群來自亞洲、非洲、美洲和歐洲的藝術家，將《哈姆雷特》和《摩柯婆羅多》等作品在亞洲和非洲進行表演。另一種縱向的跨文化戲劇，包括對於傳統、過去的東方文化和現代的、當下的西方文化的衝擊與建構，如同耶日·格洛托夫斯基在 1956 年訪問了亞洲、回到波蘭之後，開始關注並著意融合不同文化中的藝術要素，不論它是古代還是當代的。可以說，跨文化戲劇不僅僅是西方藝術家用非西方的素材和技術進行創作的這一種模式。只要是有意利用非本土的、跨文化的、多文化的藝術材料進行重新整合與創作的戲劇作品，都帶有跨文化戲劇的意味。從戲劇舞臺角度看，賴聲川戲劇的西方藝術來源和所呈現的顯性特點主要集中在以下三個方面。

（一）拼貼、并置、多時空組合等現代藝術形式豐富了戲劇舞臺

正如王曉紅在《賴聲川劇作的後現代傾向》中所言，「後現代」只不過是賴聲川戲劇的一種傾向性。在賴聲川戲劇深厚的現實主義底蘊的根基上，生長出來的後現代手法，使其成為融合著現實主義來源和後現代主義手法的理想劇作。同時，在其後現代手法的影響下，形成了對立於莊重、嚴肅、儒雅、理性的戲謔文化風貌。此外，從語言學研究的角度看，後現代手法促成了語言面貌的拼貼化、語言溝通的錯位效果和語言手法的遊戲化：

單看拼貼手法的使用，就不僅體現在戲劇敘事結構中，還體現在戲劇語言的並行式語言對話結構中。比如《我們都是這樣長大的》、《暗戀桃花源》、《西遊記》的並行、拼貼的戲劇敘事結構，在《回頭是彼岸》中還存在複調的戲劇語言格局。雨虹大姐在內蒙的「很苦，非常節儉」，與海倫推銷海外房產的「那哪叫拓荒？邁阿密就在附近幾十公里」形成鮮明對比。雨虹大姐插隊時候，在內蒙古「學習畜牧，就地取材，空手蓋房子」，和海倫力勸海外置業者像煽動口號一樣的推銷「你不能動搖！這種機會以後沒有了！」形成了互相映襯。並行的語言本身的對話是自成體系、自為系統的兩個相對獨立部分，同時，又在彼此之間的碰撞中產生第三個對話意義空間。雖然三個語言系統不是發生在同一時刻與同一個空間，但第三對話空間似乎讓觀者體會到那個年代的瘋狂口號、振臂一揮應者雲集的情景。這種複調的語言結構，增加了語言所呈現的意蘊。

拼貼手法還造成了舞臺空間的數分結構。在《我們都是這樣長大的》、《暗戀桃花源》、《田園生活》等戲劇的敘事結構裏，《西遊記》、《變奏巴哈》等戲劇的表演形式中，都有廣泛應用。《我們都是這樣長大的》，從一個「生命中最重要的經驗」命題表演出發，集合出十五位同學的十五段故事，拼貼在一起的效果需要觀眾在賞析中思考和分析。《暗戀桃花源》中「暗戀」部分兩位主人公江濱柳和雲之凡，是抗日戰爭後期來到臺灣、但相互失去聯繫半個世紀、直到暮年才相見的一對戀人。「桃花源」部分三位主人公老陶、春花和袁老闆形成了三角關係。「暗戀」和「桃花源」兩個劇組的人馬因為同租一方舞臺進行排列而集合在一起，於是舞臺上「拼貼」了兩個劇組交替上演的排練現場。《田園生活》的舞臺結構，將四個家庭分別添置於四個並不「田園」的田字間裏，在觀眾覺得衝擊和對比的時候，促使觀眾去體味兩者矛盾帶來的荒唐和無奈感。《回頭是彼岸》，則在舞臺上將現實兒子家、父親家、小說虛

構界三個空間進行了並行和拼貼。三個空間依靠舞臺燈光的亮與滅進行有效、有序地切換。

戲劇人物對話、語言能指與所指的偏差，透露出人與人的無法溝通、言語無效性等後現代命題。《暗戀桃花源》的《暗戀》部分，發生在老陶、春花、袁老闆三人之間或隱或現的複雜曖昧關係，表現在能指和所指的偏差、不對稱及意義模糊上。

春　花　哎呀！老陶！你說了半天那個什麼，你到底說了什麼？

老　陶　我說了半天那個什麼還不夠那個什麼？！

春　花　怎麼可能夠那個什麼呢？

袁老闆　老陶，你說了半天這個這個那個那個的，你乾脆把話直接說出來不就那個什麼了？

老　陶　好！〔站〕我就直接說了！我說……我說……〔萎縮〕我這話真說出來不就太那個什麼了嘛！〔坐〕

春　花　你要是不說，不是更那個什麼嗎？

袁老闆　〔站，豪氣〕老陶，這個這個話你說得不清楚，還是我來說好了！

春　花　好，讓他說！

老　陶　好！

袁老闆　〔指老陶〕我說你呀！

老　陶　我怎麼……？

袁老闆　你這個這個這個〔找詞〕……

老　陶　〔站、指自己〕我哪個哪個哪個……？？

袁老闆　……這個這個……

老　陶　……哪個哪個……？？

袁老闆　〔指春花〕……對她！

老　陶　喔哦，還有她！

袁老闆　你對她……不太那個什麼吧！

老　陶　〔想一想，指自己〕好，就算是我對〔指春花〕她是這個這個……什麼了點，但是我對她再這個什麼，〔指春花和自己〕

那是我們之間的一個什麼！……啊？！

袁老闆　啊？

春　花　啊？〔註41〕

實際上，老陶已經知曉春花和袁老闆的姦情，衝動想要挑破三人之間的複雜關係，但懦弱的老陶怎麼衝動也無法表達自己的內心想法，一直在這個那個的，沒有勇氣把話挑明。「這個」、「那個」和「哪個」的反覆利用，指涉的文意出現了諸多變化和不穩定狀態。

能指與所指的不對稱、交流的混亂，在《亂民全講》關於「全球化／劫機」那一幕中以超級滑稽的語言展露得淋漓盡致。這一幕中，飛機上一個中年婦女打算劫機。劫機婦女說臺灣方言威脅空姐時，被聽不懂臺灣話的空姐誤會成她需要幫忙。無奈空姐因為聽不懂臺灣方言，只好求助與其他的乘客，一排座位的乘客在話傳話、翻譯傳翻譯的過程中，展示了語言不可能被完全清楚傳播的現實。戲劇中，空姐用英文和一位會英語的泰國乘客溝通，這位泰國乘客再用泰文和旁邊會漢語的泰國人溝通，會漢語的泰國人再和一位在臺灣留學、會講點臺灣方言的日本學生溝通，最後由會講臺灣方言的留學生與要劫機的婦女交流。五個演員、五種特色語言，交流之中盡是錯位和錯位造成的笑料。翻譯來去，「劫機」的意思傳到空姐耳朵，成為中年婦女乘客想要「fry turkey egg on the plane」，也就是要在飛機上烤火雞蛋，所以空姐對婦女「要求劫機」的回答是「NO」！這段讓觀者噴飯爆笑又啼笑皆非的表演，是對文化差異、語言交流障礙的極至化表現。喜劇式的調侃和娛樂式的文字遊戲，體現出對溝通不暢、言語無效的嘲諷和無奈。語言成為劇中乘務員和機長之間啄米咂舌一樣的無意義聲音和無效符號。換言之，文化、意義、交流都不可能被按照原意而準確傳播。但是反諷的是，語言、文字，是人類最主要的溝通方式，但在這裡又成為妨礙人們溝通的最大因素。這在後現代性文字語言中，表現為接受過程中的頓挫和困難。戲劇中能指和所指、原意和引申義的不清晰，造成了人物之間相互溝通的困難。也同時，在戲劇敘事中，造成了觀演過程中的接受困難，挑戰了觀眾的觀影習慣。

1969 年，羅伯・威爾遜（Robert Wilsom）在紐約市成立了伯德霍夫曼學苑（the Byrds），其戲劇實驗與創新在七〇年代開始嶄露頭角。到八〇年代，

〔註41〕　賴聲川，《賴聲川劇場（第一輯）／暗戀桃花源&紅色的天空》，北京：東方出版社，2007 年 8 月版，第 25～26 頁。

威爾遜儼然成為前衛藝術界的主流——後現代主義劇場的代表人物。這位意象劇場大師強調的抽象呈現，在賴聲川的《變奏巴哈》中，12 位演員隨著巴哈（巴赫）「十二平均律」第一首 C 大調前奏曲和賦格而緩慢的行動，有著明顯的影子。賴聲川歌舞劇《西遊記》中，羅伯·威爾遜的影響再次顯現：戲劇融合了管絃樂團、舞蹈、歌劇、京劇、合唱等諸多藝術形式。面臨著經費、場地、物資的缺乏，在環境戲劇的啓發下，賴聲川 1988 年在臺北中影文化城一個四合院，演出了荒誕戲劇家貝克特的代表作品《落腳聲——古厝中的貝克特》。這部由六齣貝克特短劇拼貼而成的演出，在四合院的不同空間，以觀眾遊覽觀看的方式展開。

　　黃美序的《六個找劇評家的舞臺劇作者》〔註 42〕和熊睦群的《劇中劇結構之比較研究——〈六個尋找劇作家的劇中人〉與〈暗戀桃花源〉》，〔註 43〕以及張文誠的《曼陀羅的生命旅行：賴聲川〈如夢之夢〉的後設劇場表演》〔註 44〕，都將賴聲川與 1934 年獲得諾貝爾文學獎的意大利戲劇家路易吉·皮蘭德婁創作的《六個尋找作者的劇中人》，以及皮蘭德婁所涉及的後設劇場理論相聯繫。後設劇場、後設戲劇，都是關於戲劇的戲劇，往往採用戲中戲的現代舞臺手法，探討有關戲劇的理論。如同皮蘭德婁一樣，「對一個倫理思想家而言，皮蘭德婁既不矛盾，也不具破壞性。他是非分明。他以一種高貴的、老式的人道主義來看人的世界。他苦悶的悲觀思想並沒有消除他的理想主義，他深入的分析理性，並沒有剷除生命的根源。」〔註 45〕《暗戀桃花源》、《如夢之夢》等戲劇中，都有明顯的關於戲劇的思考，戲劇企圖將觀眾與劇場演出拉開一定的距離，以便始終保持一種審視的視角和理性的思考。

（二）西方音樂文化直接影響賴聲川戲劇的「複調」設計

　　賴聲川曾在臺北一家餐廳從事民歌演唱和演奏藍調口琴表演長達 5 年。他自身的音樂素養，尤其是六十年代的流行音樂對他的影響，也直接滲透到

〔註 42〕　黃美序，《六個找劇評家的舞臺劇作者》，（臺）《中外文學》，第十六卷第三期，總 183 期，1987 年 8 月，第 106～131 頁。

〔註 43〕　熊睦群，《劇中劇結構之比較研究——〈六個尋找劇作家的劇中人〉與〈暗戀桃花源〉》，（臺）《復興崗學報》第 69 期，2000 年 6 月，第 325～343 頁。

〔註 44〕　張文誠，《曼陀羅的生命旅行：賴聲川〈如夢之夢〉的後設劇場表演》，（臺）《戲劇學刊》第 5 期，2007 年 1 月，第 25～53 頁。

〔註 45〕　霍爾斯陶穆，《頒獎辭》（給皮蘭德婁），《諾貝爾文學家文集》，長春：時代文藝出版社，2006 年 9 月版，第 76 頁。

戲劇藝術和劇場演出。六十年代，沸沸揚揚的黑人民權運動、一觸即發的冷戰、迫在眉睫的越戰、不休不止的敲打世代（The Beat Generation）、風起雲湧的伯克利大學生運動、鋪天蓋地的反戰運動，在美國一波又一波地展開。這種情緒也深深烙入流行音樂的藍調、搖滾、爵士樂音樂中。「民謠味濃厚的伍迪·艾倫、賽門與葛芬柯，以及披頭士是當時賴聲川的音樂『主糧食』」。〔註46〕以喜劇色彩加嚴肅主題著稱的伍迪·艾倫電影，也和賴聲川戲劇有異曲同工之妙。賴聲川所稱道的巴赫，其創作的古典音樂結構感極強，也同樣飽含關乎心靈的深刻意義。

刻在腦海裏的這些音樂對人類的關懷、對戰爭的厭惡、對社會的觀察，都留在賴聲川的戲劇中。保羅·賽門的歌詞「I am a rock, I am an island」，就成爲《亂民全講》「心裏諮詢」段落中，受傷後的「自我重振治療」：「我是石頭／我是島嶼……不要跟我談愛情／我聽過這個字眼／它沉睡在我的記憶裏／我不會試著喚醒已逝去的情感／如果未曾愛過也就不會哭泣……／石頭不會痛／島嶼不會哭……海再洶我也不會哭／因爲島嶼不會哭／海浪撞擊到我岸上／我不怕／我是石頭／我不會痛」。

賴聲川在談論音樂、分析編劇戲劇結構等的問題上，多次談到鮑勃·迪倫。他例舉鮑勃·迪倫創作的爲中國人所熟識的作品「Blowing in the Wind」（《答案在風中飄揚》）來說明。歌詞中，「一個男孩要翻越多少座山，才能成爲一個男人？一隻白鴿要飛越多少重大海，才能在海灘上長眠？一尊大炮要轟鳴多少次，才會被禁用？我的朋友，答案，在風中飄揚答案，在風中飄揚」，具有鮮明的敘事性、啓發性和哲理韻味。這都是鮑勃·迪倫的歌曲藝術風格。其影響力主要體現在上世紀 60 年代，他的音樂對理解和分析上世紀 60 年代的精神也至關重要。娓娓道來的敘事語言、賦予歌詞的深刻寓意與音樂本身成爲同等重要的部分。歌詞語言的敘述性、對人和世界思考的深刻寓意，以及對於社會現實的密切關注，都對整個一代人的思想敏感性的形成產生很大的作用。縱觀鮑勃·迪倫的民謠搖滾音樂生涯，他可以堪稱是賦予了搖滾樂以靈魂的人物。孟京輝在接受訪談的時候，談到鮑勃·迪倫的時候，所給與的評價，也恰恰契合他的魅力所在，「他就是遊吟詩人。他在唱這個時代，他在唱這個時代他的思考，而他個人的思考，恰恰又變成了整個群體的思考，

〔註46〕 李俊明撰述，《來自六十年代的老靈魂——貼近賴聲川的異想世界》，（臺）《表演藝術》第 136 期，2004 年 4 月，第 41～42 頁。

一群人的思考，所以他偉大。」〔註47〕

賴聲川曾提到作曲家巴赫、電影導演伍迪·艾倫對其戲劇結構布局的幫助，以及師從阿姆斯特丹的劇團導演雪芸·史卓克時學到獨特的導演方法，並坦言給他影響最大的劇作家是貝克特和莎士比亞——這些人全部是來自西方。這和賴聲川在臺灣輔仁大學修讀英語本科學位之後，才開始介入到戲劇研究領域的碩士和博士研究領域，有著必然的聯繫。在美國求學階段，賴聲川接觸到的戲劇文化來自全球，美國的求學生活、師從歐洲戲劇家的導演經歷、博士研究「現代西方戲劇中的東方逆流」，東西方的文化和戲劇體驗，預設了賴聲川開闊的創作視野。

音樂對戲劇的影響，還表現在對於戲劇結構和空間設計的建構方面。賴聲川坦言，在做戲劇架構時，他大多要聽巴赫的音樂，而做細節處理的時候，會聽莫札特的樂曲。巴赫被貝多芬譽為「和聲之王」，他的音樂和聲十分充實而富有變化，和聲群又往往和複調有效結合在一起。他把複調音樂提高到一個前所未有的高度。巴赫複調音樂，感情和邏輯並置，音節、旋律、縱橫關係構思縝密，富有邏輯性和哲理性，巴赫也因此被冠以「複調音樂大師」的美譽。《平均律鋼琴曲集》，就是巴赫複調音樂風格的典範。依據巴赫（巴哈）「十二平均律」第一首 C 大調前奏曲和賦格所展開的《變奏巴哈》，就是賴聲川試圖對照音樂多旋律並進、主旋律重現，對應戲劇進行人物和故事的穿插，情節並行和複調結構的探索。

同時，「複調」戲劇的表現，集中在戲劇發展結構的設置和劇場空間結構的安排兩個方面。在複調結構方面，在奧地利作家史尼茲勒 Authur Schritzler 影響下，結構性導向極強的循環曲成為《圓環物語》的戲劇故事發展結構。複調空間的設置方面，常常出現「重疊切割」、「劇中劇」、「套中套」的舞臺空間結構：《暗戀桃花源》二分舞臺、《田園生活》四分舞臺、《回頭是彼岸》三分舞臺。《如夢之夢》更是採用了四周演出、觀眾居中、移步換景、電影蒙太奇的方法，呈現出層疊效果。

而影響賴聲川戲劇比較多的莎士比亞戲劇、皮蘭德婁戲劇，也有對於複雜、雙重、矛盾事物的結合處理。「莎士比亞對相對事物的感知及其整合能力，既反映在他對戲劇結構和場景的處理上，也反映在他對人物性格的塑造上。

〔註47〕　孟京輝，《孟京輝先鋒戲劇檔案》，北京：新星出版社，2010 年 1 月版，第 219 頁。

他像皮蘭德婁一樣大膽地、誠實地正視生活當中矛盾對立的因素，並把它眞實地再現於自己的戲劇結構、場景和人物性格裏。因此，在莎劇的結構和人物性格中，充滿激情和詩意的想像性直覺與深邃的反思、和諧與荒誕、實在與幻覺、現實與超現實、悲劇性與戲劇性等對立因素是共存於一起的。從這一點來看，莎劇同皮蘭德婁的戲劇一樣是一種『辯證戲劇』」。〔註48〕從一定意義上來看，賴聲川戲劇的複調、悲喜同體、導表演同創等觀念和手法，也同樣是「辯證戲劇」的一種體現。

而西方教育所傳達的西方啓蒙精神，確實對賴聲川戲劇創作的影響是根深蒂固的。在創作過程中，賴聲川也多被來自西方的創作思想和理念所吸引。在談到親眼看到布魯克（Peter Brook）執導的《情人的西裝》在香港的演出時，賴聲川的興奮和感同身受溢於言表：「第一次親眼觀看布魯克這一位大師的戲。……戲簡單到不能再簡單的地步：三位演員、一張床、一套桌椅、一個衣架。簡單到我喜歡的地步，房間可以是任何地方，道具可以是任何東西，人可以是任何人。故事展開了，一切就靠觀眾的聯想，從一個沒有生命的劇場空間，一切都可能了。……那一天，觀眾席是全球化的，非洲來的演員說法文，跑馬燈放著英文翻譯，我心中有一種強烈的感覺：『沒錯，就是大師的作品。』因爲他有辦法把所有觀眾包容進去，然後再讓觀眾連結到比他更大的一種力量。這樣的演出時一種連結和轉化的神聖活動。從最古老的劇場就是這樣，到今天，只有在最偉大的作品中才能看到。通過演出，我們連結到全人類，而因爲這連結，我們變得更大一點。」〔註49〕賴聲川感覺到這位大師戲劇中「簡單」、但能夠連接「全人類」的力量。共鳴的產生，與賴聲川戲劇強調觀眾在觀演時的主動思考和參與、以及戲劇連結全人類的創作理念密切相關。

賴聲川所接受的「西潮」影響，主要體現在：其一、戲劇「悲喜劇」觀念，其二、戲劇「集體即興創作」方法，其三、戲劇「複調」結構，其四、戲劇「現代與後現代藝術」手法等多個方面。馬森在《臺灣戲劇：從現代到後現代》一文中，評價賴聲川戲劇創作「其中有的是西方名劇的翻譯或改編，有的是即興的集體創作，多半是喜劇，都能維持一定的水平。從劇目的選擇和表現的形式上可以看出來其鄉土 VS.西潮的配搭，較重後者。……常能聯繫

〔註48〕 田民，《莎士比亞與現代戲劇》，中國社會科學出版社，2006年1月版，第92頁。

〔註49〕 賴聲川，《賴聲川的創意學》，桂林：廣西師大出版社，2011年8月版，第260頁。

今日的臺灣現況，形式上多能推陳出新，換一句話說，也正是鄉土與西潮適度接合的結果。」〔註 50〕在臺灣、大陸鄉土和西方觀念、方法的結合下，形成了如同鍾明德評價彼得・布魯克似的特點，即「兼得美學的劇場和政治的劇場在美學和政治上的革新的綜合」〔註 51〕，其中既有內容和題材方面的創新和填補空白，又有藝術、美學的探索。

二、「烏托邦」的理性啓蒙

賴聲川在闡釋戲劇創作的「動機」時候，最常採用的詞語是「感動」、「有意義」。《亂民全講》的「演出說明」中，賴聲川提出，期待戲劇「能適時反映一些生活在這塊土地上眾人所累積的深層感觸，或許會是比較有意義也值得努力的事」，其戲劇的人道關懷可見一斑。

在作爲「社會論壇」的相聲劇，也以抨擊和調侃荒唐世事、社會問題和政治弊處，來從反烏托邦方向顯示作爲「制約手段」的意義。自由主義——人道主義的思想者，大多通過以上這種批評語言產生作用。其身份是批評者，而不是創造性的破壞者，強調給人以啓發的思想。同時，對於他們而言，精神是那個「彼岸世界」，精神會激勵和美好對象。這種思想的力量在於重建世界，而非破壞世界。

賴聲川的戲劇中帶有知識分子的狂熱傾向。具體的說，這種狂熱傾向可能來源於其知識分子對於社會進化、社會良知的眞誠想像。所以說，他的戲劇世界帶有一種烏托邦色彩。

曼海姆稱這種特殊的烏托邦爲「再洗禮派」的烏托邦，它具有一種特別的「縱情狂歡的千禧年主義」情結。「現代歷史的決定性轉折點，就是使『千禧年主義』與那些受壓迫的社會階層所提出的各種現行要求相結合的時刻」，「對於眞正的千禧年主義來說，現在會變成某種缺口——通過這種缺口，以前處於內心深處的東西會突然爆發出來」。〔註 52〕所以無論是在 20 世紀初期的馬雅可夫斯基，還是 20 世紀後半期的達里奧・福，記錄和再現這些歷史轉

〔註 50〕 馬森，《臺灣戲劇：從現代到後現代》，臺北：秀威信息科技，2010 年 12 月版，第 57 頁。

〔註 51〕 鍾明德，《從寫實主義到後現代主義》，臺北：書林出版，2006 年 8 月版，第 186 頁。

〔註 52〕 〔德〕卡爾・曼海姆，艾彥譯，《意識形態和烏托邦》，北京：華夏出版社，2001 年版，第 253 頁。

折的關口都成爲他們的使命。在他們的喜劇中,「卑賤者和高貴者位置變換過來,醜類處於主角位置上罵他的出醜做爲最基本的戲劇行爲,卑賤者做爲對手出現」〔註53〕。同樣,賴聲川戲劇也常常將所謂的社會高貴者和卑賤者,分別放在被批判和批判者的位置。

賴聲川在接受採訪時,介紹一次和家人在倫敦同看《獅子王》的經歷,演出結束時候全場起立瘋狂鼓掌,只有賴家三口坐在原處,納悶「發生了什麼事?」這個疑問,是面對大眾化、娛樂化的戲劇創作潮流,這位「想要將戲劇創作與社會脈動連結的導演所發出的疑問」。〔註54〕商業演出戲劇的首要動機是爲了賺錢,賴聲川說自己從來沒有這樣去定位自己的戲劇。他在 2011 年 8 月 1 日～5 日的「賴聲川創意及導演」高級研修班的北京站,和交流者互動的時候,也一再強調導戲的「動機」、「why」,這個問題比什麼都重要,有的導演爲了自己過癮做導演,有的是爲他人做好戲,是否還可以更無私?這句問話,實際也是在問自己的,也是用這種標杆在鞭策自己。

在《如夢之夢》演出後,與國立臺北藝術大學研究生對話時,坦誠自己翻譯的《覺醒的勇氣》,「這本書裏面講的那才眞的叫前衛!因爲它講的一切是有關菩提心的培養,一種慈悲的觀念。這東西太革命性,完全是一種不可思議的前衛。因爲它要你做的就是什麼事都是不能想自己,不要去想自己,什麼事的目的都是爲了別人」〔註55〕,而藝術家很容易沉溺在自己。那麼怎麼樣把那種沉溺翻出來,實現對他自身、對世界的一種關懷,這個是戲劇創作一種很大的題目。〔註56〕戲劇的創作是否可以更加無私?這個的答案在爲他人、對人類、對世界的一種關懷的人本主義理念上得到了體現。

在眷村文化、東方傳統文化、商業社會世俗文化與大眾文化、西方後現代文化、西方藝術觀念的集體影響下,賴聲川面對各種優秀傳統文化的衰落和俗文化、娛樂文化的撲面而來,選擇了懷抱「桃花源」、直面現實殘酷。他將現代大眾文化的外衣包裹在最外面,最爲重要的東西含在裏面。戲劇裏面

〔註53〕 張蘭閣,《戲劇範型——20 世紀戲劇詩學》(下),北京:北京大學出版社,2009 年 1 月版,第 665 頁。

〔註54〕 李俊明,《來自六十年代的老靈魂——貼近賴聲川的異想世界》,(臺)《表演藝術》第 136 期,2004 年 4 月,第 44 頁。

〔註55〕 鍾欣志、王序平提問,簡秀芬記錄,《〈如夢之夢〉和劇場創作——賴聲川訪談》,(臺)《戲劇學刊》第 2 期,2005 年 7 月,第 292 頁。

〔註56〕 鍾欣志、王序平提問,簡秀芬記錄,《〈如夢之夢〉和劇場創作——賴聲川訪談》,(臺)《戲劇學刊》第 2 期,2005 年 7 月,第 293 頁。

有價值的部分，就是人本主義關懷、社會批評、心靈撫慰、人生探尋和生命禪修等內核。這所有的內核都構成了賴聲川戲劇的精神「烏托邦」啓蒙。

正如表演工作坊的演員梁志民在十多年後重讀劇本時所感受的那樣，表演中使用的音樂讓他有了一種「詩人漫步在田埂上、仰望浮雲，而發出的對於浮華世界的了然和自得。這樣的自得，是一種對現實生活態度超然的體觀，同時也是對另一層次精神生活的嚮往和追尋」〔註57〕。這種追尋和嚮往，是通過戲劇批評和戲劇主張，用另類的方法，非虛構的方法，構建起社會精神的「烏托邦」。

當代所謂無根的精神生活中，產生了各種精神問題症候。有評論者認為「中國的知識分子這 100 年來，總是認定西方的某一種價值觀就是他的生活的『別處』，而很少從中國、從自己故鄉、從個人經驗的立場上獨立地思考他是如何生活在世界上的」〔註58〕。假設要給這個問題以參考正解，或許賴聲川戲劇從東方出發、從中國、臺灣出發，從個人經驗出發集體創作，都可以算作是重建烏托邦的一種努力。在這個重建的過程，賴聲川是以什麼敘事角度展開的呢？在每一個敘事角度的背後，又隱藏著如何的東方策略、戲劇創作方法、戲劇美學等方面的思考和含義呢？後面的第二到五章中，將一一分析討論。

〔註57〕 梁志民，《後記：謂有源頭活水來》，賴聲川，《賴聲川：劇場2》，臺北：元尊文化公司，1999 年 1 月版，第 309 頁。

〔註58〕 于堅、謝有順，《于堅謝有順對話錄》，蘇州：蘇州大學出版社，2003 年 12 月版，第 27 頁。

第二章　東方傳統成爲戲劇的顯性
經驗：相聲，作爲缺席的藝術

　　賴聲川博士論文的最後部分「Closing Thoughts」中，引用了榮格在《現代人的精神問題》中的闡釋：『對於東方的推崇，也許東方確實處於我們今天正在經歷的精神變動的底層，只不過這一東方不是一座充滿了聖人的西藏寺院，而在一定意義上存在於我們的內心之中。從我們自身心靈生活的深處，將升起新的精神形式』〔註1〕。也正是出於對「我們自身心靈生活的深處」的探尋，才使得斯特林堡、阿爾多、葉慈面向東方，從而挖掘出新的戲劇形式，還有奧尼爾和貝克特等人的作品下的無意識潮流表達。〔註2〕

　　賴聲川認爲，東方對於西方劇場的同化與影響，與持續的文化交流與碰撞有關。同時，也與披頭士、赫爾曼黑塞等對東方哲學的普及，以及六十年代的西方文化革命現象密不可分。在賴聲川戲劇創作的起步階段，東

〔註 1〕　〔瑞士〕C.G.榮格，蘇克譯，《現代人的精神問題》，《尋找靈魂的現代人》，貴州：貴陽出版社，1987 年 9 月版，第 245 頁。

〔註 2〕　筆者譯，詳見賴聲川博士論文結語，《現代西方戲劇中的東方逆流》第 327 頁，引榮格觀點爲「It seems to be quiet true that the East is at the bottom of the spiritual change we are passing through today.Only this East is not sense lies within us. It is from the depths of our own psychic life that new spiritual forms will arise.」，賴聲川總結觀點爲「It was precisely this quest for an understanding of the 『depth of our own psychic life』 that drove Strindberg, Artaud, Yeats toword the East, and from these depths emerged the new forms of our theatre, expressed not only through their conscious endeavors, but through the unconscious currents beneath the works of O'Neill and Beckett as well.」。

方的文化、傳統和哲學，也產生了不小的影響。這種影響，最直觀的體現就是系列相聲劇的創作，最深入的體現則是從佛禪觀念中所汲取的戲劇力量。本章首先談賴聲川相聲劇的創作特質，其相聲性與戲劇性，再看賴聲川戲劇中的傳統東方積澱與東方策略。

第一節　相聲劇：論壇與缺席

賴聲川近三十年的戲劇創作中，藝術手法的創新尤其體現在藝術「跨界」上。評論者甚至用一個新鮮的、從未出現的詞語，來定義賴聲川的戲劇和相聲的跨界組合──「相聲劇」。

賴聲川對相聲的關注，緣起於他在學生時代就愛聽相聲，尤其是魏龍豪先生、吳兆南先生的相聲。出國留學時，還特意把喜歡的段子轉成錄音帶隨身攜帶。然而從國外求學歸來臺灣，他卻發現相聲和其他很多傳統藝術，無聲無息地從生活中消失了。出於這份熱愛，賴聲川決意，「要用相聲為相聲寫一篇祭文──這既是為了留一份想念，也是向相聲藝術家的致敬」〔註3〕。1985 年《那一夜，我們說相聲》，昭告天下，相聲要沒了，傳統也要沒了。從這個意義上說，「相聲劇」是處於東西方文化交雜的當下語境中，用東方的傳統形式和方法承載西方的意識與觀念，從而給予衰落的傳統開出的一劑猛藥。

1984 年 11 月，賴聲川陽明山的居所中建立起表演工作坊。從 1985 年到 2011 年，賴聲川和他所帶領的表演工作坊，相繼創作了《那一夜，我們說相聲》（1985）、《這一夜，誰來說相聲？》（1989 年）、《臺灣怪譚》（1991 年）、《又一夜，他們說相聲》（1997 年）、《千禧夜，我們說相聲》（2000 年）、《這一夜，Women 說相聲》（2005 年），《那一夜，在旅途中說相聲》（2011 年）等 7 部相聲劇。

1985 年 3 月，表演工作坊演出的第一個相聲劇《那一夜，我們說相聲》，在當時的相聲界和話劇界都引起了不小的風波。同年臺灣 4 月的《新書月刊》在「實驗與創新」新專欄中，發表了鄭寶娟的《那一夜，他們說相聲：訪賴聲川、李立群、李國修談「表演工作坊」的實驗心得》。全文長達 13 頁，稱

〔註3〕　陶慶梅、侯淑儀，《剎那中──賴聲川的劇場藝術》，臺北：時報出版社，2003年 1 月版，第 195 頁。

「表演工作坊」在短短的演出後就「掀起狂瀾」，「突然之間，成爲眾所矚目的團體」〔註4〕。

在答美國戲劇刊物《戲劇評論》（The Drama Review）問題時，賴聲川評價這種與相聲藝術結合的戲劇，「似乎爲相聲創造了一種現代演出方式，一種可以針對政治、社會和文化問題進行探討的型式」〔註5〕。相聲劇確實充斥著大量對於臺灣的歷史、現實、未來的評析與思考，直抒胸臆，用「說」的方式進行顯性敘事。而賴氏「相聲劇」的妙處，在於將相聲顯性敘事的「說法」，與戲劇隱形敘事的「現身」有機融合在一起，互爲依存和補充。

1989 年《這一夜，誰來說相聲》中，特別分析了相聲與戲劇之間的關聯：相聲在我們傳統藝術當中，象徵著我們民族的幽默感，它能代表群眾做社會批評，最直接地達成情緒的宣洩。相聲在臺灣的發展曾經家喻戶曉，不過後來一度沒落，甚至死亡了。直到今天有人仍然認爲相聲的精神反而被西餐廳保留了。賴聲川也感慨，不管您認爲怎麼樣，在沒有更好的選擇之前，我們就是了，大家也都將就著用了。在賴聲川的相聲劇中，相聲借助戲劇的方式反映了其即將隕落的現實，通過戲劇得到重生；同時，戲劇也因爲有相聲藝術的融入，而更加多彩多元、更富魅力。

張仲年在比較天津相聲劇和臺灣賴聲川的相聲劇時候，提出《那一夜，我們說相聲》「既是相聲，又是戲劇，具有十足的實驗性，與筆者 1982 年在天津看過的相聲劇不同。天津的相聲劇是以說相聲的方式演京劇，表演工作坊卻是以說相聲的方式演現代劇」〔註6〕。這一提法，爲跨越二十六年的相聲劇創作歷程，定了調子：「說法中現身」和「現身中說法」的融合。作爲社會批評和關注現實的「論壇」，相聲劇秉持相聲的特色之外，還以「缺席」的手法彰顯話劇的戲劇性。這一別致獨特的門類，不僅使日漸衰落的臺灣相聲重新起死回生，也爲話劇舞臺增添了新的色彩，更爲後來二十多年來「相聲瓦舍」等表演社團的相聲表演在臺灣的薪火相傳、風生水起，做出了不可忽視的藝術鋪墊和積累。

〔註4〕　鄭寶娟，《那一夜，他們說相聲：訪賴聲川、李立群、李國修談「表演工作坊」的實驗心得》，（臺）《新書月刊》第 19 期，1985 年 4 月，第 26～33 頁。

〔註5〕　賴聲川，《賴聲川：劇場2》，臺北：元尊文化公司，1999 年 1 月版，第 18 頁。

〔註6〕　張仲年，《中國實驗戲劇》，上海人民出版社，2009 年 1 月版，第 226 頁。

第二節　相聲劇的相聲性：「說法」與「論壇」

相聲的歷史，有觀點認為最早可以追溯到唐代的「參軍戲」，也有觀點認為相聲的名字經歷了「象生——象聲——相聲」的發展過程，認為早期的「相聲」是由口技發展而來〔註7〕。趙景深在《中國古典喜劇傳統概述》一文中認為所謂相聲，實在是宋代「象生」之遺。因為在宋代，「象生」已經作為當時頗為流行的瓦肆伎藝了。無論起點如何，現代意義上的相聲，終歸是在中華傳統文化中，發展演變數百年才形成的。

相聲與戲劇比較有共同點，但差異更多。《相聲溯源》認為，「相聲是『說』的藝術。屬『以詞敘事』的說唱形式，而有別於『以身代事』、進入角色的戲劇藝術。」二者相比較，相聲則「更容易密切演員和觀眾之間的關係，縮短舞臺上下的距離」，相聲的觀眾「不是站在演員的對面或旁邊，消極、客觀地鑒賞舞臺演出，而是身臨其境地跟演員一起創造藝術形象，儘管並不登臺，但卻充分地調動了他們的想像、聯想能力。這就是相聲藝術的『說法中之現身』，不同於戲劇藝術的『現身中說法』」〔註8〕。如果我們把「現身」作為現形或情景再現，會更好理解，也就是說相聲在說法中，啟發和帶領觀眾一起想像具象形態。而戲劇則是一種表演藝術，通過行為動作、語言對話、舞臺布局等，來展現要表達的思想和要說的「法」。

相聲藝術是極具喜劇色彩的語言表演藝術。「說」和「笑」的特點構成了相聲藝術的基本輪廓。「說」，奠定了相聲藝術的表現方式，使相聲成為說唱藝術的一種，與戲劇藝術區別開來。而「笑」，則奠定了相聲的藝術特徵，從而與其他風格的說唱藝術形式在功能上區別開來。賴聲川的相聲劇一度被稱為「社會論壇劇」，而這一個「論」字，就是相聲劇中的「相聲性」、相聲特質的體現。「誰來論」、「怎麼論」、「論什麼」，是我們考察相聲劇相聲性的角度和方法。

一、相聲劇的「說」法藝術

相聲就是一門笑的藝術，常常用笑作為手段來揭露矛盾、塑造人物、評

〔註7〕　參見康熙年間李聲振，《百戲竹枝詞》中《口技》一首，作者自注釋，「(口技)俗名『象聲』。以青綾圍，隱身其中，以口作多人嘈雜，或象百物聲，無不逼真，亦一絕也」。

〔註8〕　侯寶林、薛寶琨、汪景壽、李萬鵬，《相聲溯源》，北京：中華書局出版社，2011年4月版，第2頁。

價生活。長期處於封建社會的中國，在皇權、君權統治下，人民群眾沒有充分的政治民主和言論自由，常採取迂迴曲折的方式向統治階級進行抗爭。因此，相聲往往通過揭露的「說」、諷刺的「說」，讓「法」在世俗民間傳播。相聲劇也是通過諷刺、批評、嬉笑的「說」／「論」——「說、學、逗、唱」，來實現其藝術追求。

其一，相聲劇中的「說」，依據演員的人數可以分為單口相聲、對口相聲和群口相聲，也就是一人說、兩人說和群口說。「單口相聲：長篇單口相聲，通常分成數次表演，類似於評書，但更多注重笑料。對口相聲：演員人數為 2 人，男女相聲，（是）對口相聲的一種，演員為一捧一逗。群口相聲：演員人數在 2 人以上。」〔註9〕1991 年演出的相聲劇《臺灣怪譚》，就和單口相聲進行了橋連，其中的「我愛 KTV」一幕中，將單口相聲的魅力發揮得淋漓盡致：

〔屏幕上出現「我愛 KTV」的字樣。〕

李發　你們都去過吧！沒有去過的人也在電影院唱過國歌。耶，那就是最早時候的 KTV。我跟你們說，KTV 完全代表臺灣精神，就是一切不搭調！沒錯吧！……KTV 實在是太偉大了！歌呢，也不見得跟自己心情有關。畫面呢，是絕對跟歌詞無關。在眾多「無關」中，大家都能接受。這就是說唱 KTV 的人都了悟禪的境界。其實，想想，臺灣就是一個大 KTV：沒有一樣東西是搭調的，但大家很上道，沒多提。這就是禪的境界，全民智慧在一個很高的層次。當然也有少數敗類。就是那些所謂學者專家們，他們少見多怪，看到報紙上某社會新聞版、某政治事件，動不動就提筆作文，批評什麼什麼什麼，該如何如何如何。這種人根本不理解我們遊戲規則！完全無法體會一個修行者的情懷！這種人還停留在最粗淺的「見山是山」階段。在臺灣你「見山是山」怎麼行呢？馬路都過不了！光字面上都行不通！我問你：「半屏山」是「山」嗎？「碧潭」是「潭」嗎？「南港」有「港」嗎？「內湖」有「湖」嗎？那個是「湖」嗎？我看是個沼澤地吧！還蓋了

〔註9〕　胡愛民，《臺詞：表演中臺詞闡釋的藝術》，北京：中國電影出版社，2010 年 9 月版，第 308 頁。

　　　　一個「大湖山莊」，那玩意兒是山嗎？充其量是個疙瘩！所以
　　　　在「大湖莊園」那種地方買房子的朋友們，都必須具備高度
　　　　幽默感以及對禪的認識。〔註10〕

單口相聲中的語言，充滿了幽默、諷刺和戲謔。爲一位演員設置的「獨角戲」中，李發時而自言自語，時而和屏幕中另一位「李發」對話，在「單口」和「對口」的似問非問、似答非答中，用一個人格分裂、無法停止說話的主持人／說書人講的故事，來描繪和諷刺、抨擊當代臺灣的怪象與亂象。獨角戲融合了單口相聲、說書、對口相聲表演的形式。

　　「說」中的「貫口」，強調說的節奏，一氣呵成、一貫到底。它的節奏和快板、快書不一樣，語言節奏性更加靈活、自由。貫口常根據內容是抒情的、寫景的還是敘事的，設定與內容相契合的語言節奏。

　　《這一夜，Women 說相聲》段子三「練口才」中芳妮扮演跑堂的，就來了一段貫口：

　　芳妮　醬肉燒餅一副八塊，三幅二十四塊，牛肉蒸餃一籠十六塊，
　　　　　四十，酸辣湯一碗十五塊，三碗四十五，八十五，花素蒸餃
　　　　　一籠十二塊，兩籠二十四，一百〇九，外加兩碗小米粥，一
　　　　　碗五塊，兩碗十塊，總共是〔拍手〕一百一十九快！〔註11〕

耳熟能詳的「報菜名」、「五行八卦陣的一百單八陣」等都是相聲中貫口藝術的代表作。

　　其二，相聲劇中的「學」，內容主要包括三個部分：一部分是學蟲鳴鳥叫。二是學方言土語。三是學市聲叫聲。

　　《這一夜，誰來說相聲》第三幕中，嚴歸和正傳談到了撤退到臺灣安營紮寨、時刻準備「反攻大陸」的眷村人們，說著全國各地的方言，生活在一個個眷村中。劇中描寫了發生在「青島新村」眷村裏的山東和廣東方言鬧的笑話：

　　村長：（山東方言）青島一號，我要來通知（聲同「通緝」）你！
　　　　　青島一號，我帶了兩個警察來「通緝」你，開門！

〔註10〕　賴聲川，《賴聲川：劇場 3》，臺北：元尊文化公司，1999 年 1 月版，第 335
　　　　　～336 頁。
〔註11〕　賴聲川，《賴聲川劇場（第二輯）／這一夜，Women 說相聲＆千禧夜，我們說
　　　　　相聲》，北京：東方出版社，2007 年 12 月版，第 32 頁。

青島一號：（青島方言）要通緝我，有什麼證據？

村長：我通知你，我要什麼證據？

青島一號：你們現在通緝人都不要證據了，現在還有什麼王法？

村長：通知你要什麼證據？你別跟我在這耍拗了，趕快開門！

……

　　（村長看到燈不亮了）

村長：老張，你們家那個丁（燈）怎麼不亮了哦？

　　（身旁警察看不過去了）

警察：（廣東口音）村長啊，雷個（那個）不叫丁，雷個叫當！

〔註12〕

「學」的幽默，不禁讓觀眾對即將消失的眷村和行將失落的眷村文化展開回憶。來自各地的方言對話、「熱饅頭（野饅頭）」的地方叫賣，在相聲劇中屢見不鮮。語言的眞實，來重現歷史的眞實，讓觀眾的感性理解更親切、更深入。

　　其三，相聲劇中的「逗」，也就是捧哏和逗哏之間，包袱的收與放。「逗」意味著相聲藝術的喜劇風格。也就是說，它的戲劇內涵並不盡依賴喜劇情節和喜劇性格的糾葛，而是憑藉演員對事情百態、知人論世的洞悉、揶揄、嘲諷和撻伐，通過演員娓娓道來和組織「包袱」來實現的。「逗」的內容是借助「說」的方式來表現的。

　　用戲劇手法來解釋，「裝包袱」或者「抖包袱」，就是「以合理的邏輯推演出荒謬的結果，累積訊息到最後引爆笑點的過程」〔註13〕。相聲屬於喜劇藝術之列，但又不同於戲劇中專指的喜劇。後者的笑主要來自喜劇情節和喜劇性格，而相聲的笑主要來自「包袱」的運用。所以，「包袱」是矛盾的集中和強調，它用「說」、也就是「對話」、「聊天」的方式來表現。

　　對相聲中的「逗」的手法運用，使得「相聲劇」的喜劇性得到了更好地發揮。《這一夜，誰來說相聲》也談到了抖包袱的問題：

〔註12〕　賴聲川，《這一夜，誰來說相聲？》，《賴聲川：劇場3》，臺北：元尊文化公司，1999年1月版，第219～221頁。

〔註13〕　鴻鴻、月惠，《我暗戀的桃花源》，石家莊：河北教育出版社，2003年12月版，第19頁。

嚴歸　什麼叫「包袱」？

白壇　您聽不懂「包袱」？

嚴歸　請指教。

白壇　哦。「包袱」是我們的專業術語。我們說一個「笑話」就是像一個「包袱」。要設計一個笑話就像要「裝」一個包袱，好好的裝起來，然後到最合適的時機把它一「抖」！「包袱」就抖開了，贏得觀眾的笑聲！

嚴歸　噢！這個名詞真生動。

白壇　那您懂了。

嚴歸　這麼說我不小心「抖」了一個晚上的「包袱」？

白壇　是啊！我在側臺全聽到了，您抖得特好！

嚴歸　哪裏，不敢當……可是現在我沒包袱可抖了。好！我們來聊聊！來 talk talk！白先生，您來臺北這幾天，能不能跟我們分享您的一些感受、心得。

白壇　臺北？那真是讓我感受到國富民強，生活水平高，真是可以稱得上國泰民安！不愧是國際一流的大都會！

嚴歸　謝謝。您顯然是受騙了！〔註14〕

白壇和嚴歸討論了一通「包袱」的理論，末了又用嚴歸的評論，抖了一個對白壇褒揚之詞的「包袱」，觀眾不免大笑。

其四，相聲劇「唱」的內容，多是時下流行的戲曲、小調和歌曲。相聲劇中學唱的多是大陸民間的戲曲、小調中的精華。1989 年演出圍繞「開放兩岸關係」話題展開的《這一夜，誰來說相聲》，其中段子四「四郎探母」一場，嚴歸回憶父親最愛平劇「四郎探母」。平劇講的是，楊四郎在番邦十五年見不到家中老媽，後來抓住機會克服萬難趕回家見老母一面，後又再辭家。父親每一次在國藝中心看「四郎探母」，不但要看得淚流滿面，還得上臺獻花，說著就唱了起來「德拉得意得隆多，——楊四郎心中……如刀……裁啊！！」。回憶父親冒死回家探老母親，幾經周折，終於和五叔在洛陽機場見面，卻得

〔註14〕　賴聲川，《賴聲川：劇場3》，臺北：元尊文化公司，1999 年 1 月版，第 196～197 頁。

知「娘兩年前就過去了」。躲進機場廁所黯然神傷的父親，聽著五叔的催促，在廁所裏就開唱了：公主去盜金批箭，不由本宮喜心間，站立宮門，——叫小番！（念白）五弟，拿起行李，咱們回——家！

　　唱著家鄉調，旅居在外的眷村人回到家鄉的凄苦和感傷，都凝聚在這兩三句戲曲裏了。「學」、「唱」段落，將觀眾帶回歷史重演，產生對故土的懷想和回味，進而思考被歷史和現實暫時隔斷的兩岸關係、傳統與現代的關係等議題。

　　《又一夜，他們說相聲》則是用歡快地唱 Rap 的方式，再現輔導班裏老師幫助考生記憶聯考（臺灣的高考）的內容：

　　吳慧　爲順應時代的潮流，我鼓勵我的學生用 Rap 來表現，加強記憶，麻煩一下給我個節奏。

　　左道　什麼？

　　　　　〔吳慧用手勢叫左道用聲音爲他「伴奏」。左道「唱」出一道地的 Rap 節奏。〕

　　左道　〔節奏〕碰碰恰，啊碰碰恰，啊碰碰恰……

　　吳慧　〔快速的 Rap〕孔子的中心思想是一個「仁」，仁的表現是〔鮮明的節奏〕「己欲立而立人，己欲達而達人」，「己所不欲，勿施於人」。儒以仁爲本體，表現在具體的行爲上。Come on everybody 一起來！對父母爲孝！對兄弟爲悌！對朋友爲信！對國家爲忠！對人則有愛心！Come on everybody，對父母爲孝！對兄弟爲悌！對朋友爲信！對國家爲忠！對人則有愛心！Oh yeah！！

　　左道　我們在幹什麼呀？！

　　吳慧　輕鬆一下，加強記憶，高中歷史課本第一冊第五十一頁。旁邊還有一張孔子畫像，笑容非常慈祥。〔註15〕

搞笑的方式惟妙惟肖地反映了當下應試的聯考制度，對於考生和輔導老師的擠壓，傳統文化知識在考試面前只不過是記憶題、選擇題，或者填空題。

〔註15〕　賴聲川，《賴聲川：劇場 4》，臺北：元尊文化公司，1999 年 1 月版，第 128 頁。

從宏觀的角度分析，模擬人言鳥語、市聲叫聲之類「學」的技藝、民間戲曲小調和流行歌曲的「唱」的部分，都只是「說、學、逗、唱」四中技藝因素之一二，都為了「說法」來服務。精湛的學唱技藝也只是反映生活的一種手段或途徑，不應為唱而唱、為學而學，而必須圍繞「包袱」，才能納入相聲藝術喜劇風格的軌道。在優秀的藝術家那裡，學唱技藝往往被包袱的韻味和喜劇的境界所消融。同時，「學」、「唱」還必須借助於「說」的方式——由「說」引起並最後復歸於「說」。如果脫離了「說」的統領，脫離了相聲演員對事物的分析和評介，孤立地「學」或「唱」，那就不成其為相聲藝術，倒退成相聲萌芽時期的「口技」了。而賴聲川相聲劇的精華，也同樣不在於簡單的說學逗唱，而在於這些技藝、形式背後的意義，說的那些「法」。

二、相聲劇的說「法」藝術

相聲藝術向來以幽默與諷刺著稱於世。以喜劇風格而論，它有對自然萬籟和人自身形象的「摹擬」，對偶然巧合和機智反應的「幽默」，也有對人類缺陷或缺點展現的「滑稽」，更有對階級壓迫和社會不公的「諷刺」。而在賴聲川的相聲劇中，最常見到的喜劇姿態就是諷刺。因為社會有太多不公、不合理，需要在論壇中被揭露。相聲劇作為「社會論壇」，論壇的主題和說的「法」，多是結合臺灣政壇、社會、思想、文化的現狀，進行善意的揭露和諷刺。

其一，評析臺灣社會的文化危機。對於文化的失落，《那一夜，我們說相聲》用相聲來懷念相聲，劇中鋪陳了諸多傳統藝術形式。而在《這一夜，誰來說相聲》中，對儒道釋三家傳統文化進行的現代「歪解讀」、「誤讀」的喜劇效果面前，觀眾對文化衰落的現象不由得不思考、不反省。

《那一夜，我們說相聲》〔段子四〕「記性與忘性」中，裝扮成民俗藝術大師的「舜天嘯」修成「人類記憶學」博士回國，認為記性越好的人越痛苦，記性不好的人最幸福。在「舜天嘯」的啟發下，「王地寶」憶起民國八年二月二十五日元宵節「喜群社」的夜戲演出。原本精彩的京劇唱段，最後帶來的表情卻是「愁得跟包子一樣」的臉，透露出記得住這些傳統就是這個表情、忘記了傳統才能開心的荒唐觀點。

王地寶　楊小樓老闆人家唱武生的，人高馬大的反串張飛武二花，

就看他穿上張飛的行頭，戴上了紮，怒氣不息衝進寶帳，質問諸葛亮：「爲什麼讓我大哥一個人到東吳去沒人保護她，怪危險的！」諸葛亮百般安慰，他又怒氣不息衝出寶帳，這麼一會兒工夫，一捋鬍子一跺腳，唱起來了！

舜天嘯　唱詞兒您都還記得？

王地寶　「背轉身來自參詳，咱大哥若在東吳喪，周郎啊，某的兒難逃俺老張的丈八槍！」中間一個望家鄉過門兒——「答答答倉切倉切倉倉倉倉起另倉」……「背轉身來自參詳，咱大哥若在東吳喪，周——郎——啊！」

舜天嘯　他火啦！

王地寶　「某的兒——」

舜天嘯　他氣啊！

王地寶　「難逃俺老張——這丈——八——槍！」

舜天嘯　喝！好！

王地寶　嗯！！

舜天嘯　我說，他火了！

王地寶　生氣呀！

舜天嘯　他恨哪！

王地寶　大哥回不來呀！

舜天嘯　他心裏痛苦啊！

王地寶　小周郎使詐呀！

舜天嘯　您也痛苦啊！

王地寶　我這，「喳喳喳！哇呀——！」

舜天嘯　我的博士論文研究報告沒有錯，記性好的活得一定痛苦。

〔註16〕

《又一夜，他們說相聲》直言傳統文化之不復存在，左道坦言，「中國思想在今天的臺灣，乃至於今天的世界……好像眞正只剩下旁枝末節」，華都西餐廳

〔註16〕　賴聲川，《那一夜，我們說相聲》，《賴聲川：劇場1》，臺北：元尊文化公司，1999年1月版，第第382～383頁。

的節目最後，只剩下兩個東西，那就是「龐門、左道（旁門左道）」。

　　如同賴聲川所傾心的貝克特在戲劇中「要傳達其作者在正視人類生存狀態時的神秘、困惑和焦慮之感，以及他無法找到生存意義時的絕望」〔註17〕，賴聲川在戲劇中也顯露出對於傳統文化流失、誤讀歪讀，甚至遭人拋棄的無奈與苦笑。

　　其二，剖析臺灣社會政治怪相。文學藝術之於政治，或對後者進行建構，或對後者進行解構。毋庸置疑，賴聲川戲劇有意解構政治。文學藝術對於政治的解構，與其一般性地理解爲對某種政治派別或者政治主張的否定或反對，不如說要將政治無意識文本化、現場化，從而使受眾有機會看清政治的真實面貌，達到祛魅政治、拆穿政治儀式神秘性和高尚感的目的。賴聲川戲劇就常常用辛辣有趣的語言和動作，首先將政治代表呈現於舞臺之上，並回應政客、政治事件、政界亂象以嬉笑怒罵，又用嘲諷的「笑」來反擊政治的骯髒、可笑、荒誕、低能與無趣。

　　表演工作坊出品的《不可說大聲說》中，縣官要把來尋他的窯女留在縣衙，但又不能自己留下，索性許配給縣丁張衙役。窯女見了張衙役，連連說，長得像李主席，自己不要。張衙役看到了窯女，連連喊她是副主席啊，要不得！暗諷時任國民黨主席的李登輝，以及任總統府第十任副總統的呂秀蓮，都是不得人心之政客。《這一夜，誰來說相聲》劇終處，嚴歸和鄭傳談論完兩岸問題後，嚴歸代表華都西餐廳送給大陸來的相聲演員鄭傳一份禮物：

> 嚴歸：不管怎麼說，本餐廳還是懂得待客之道，我們有個小小的禮
> 　　　物，一面錦旗要送給你。
>
> 鄭傳：哪一個呢？
>
> 嚴歸：先看一個，「信口開河」？拿錯了，這是明天給立法委員的
> 　　　……「透明之光」？對不起，這是拿給我們姐妹華光牛肉廠
> 　　　的女主角的，不好意思，讓您透明了……「兩岸猿聲」……
> 　　　　〔註18〕

賴聲川在其著作《賴聲川的創意學》中，不無遮攔地表達對於臺灣政治「邁

〔註17〕〔英〕馬丁・艾思林，華明譯，《荒誕派戲劇》，石家莊：河北教育出版社，2003年9月版，第23頁。

〔註18〕賴聲川，《這一夜，誰來說相聲？》，《賴聲川：劇場3》，臺北：元尊文化企業公司，1999年1月版，第316～317。

遢」狀態的批判：「今天的臺灣是一個缺乏標準的地方，所以『完整性』就顯得多餘而無所謂，尤其是作爲先行指標的政治。臺灣的政治體系並沒有太多結構邏輯，在『總統制』或『內閣制』都決定不了的錯誤設計前提下，不論『選舉制度』、『議會制度』，都似乎有自己獨立的運作方式，而這種方式並無邏輯可言，隨時可以變動。」〔註19〕

2000 年《千禧夜，我們說相聲》截取了千年茶館在百年滄桑變遷中的兩個場景，20 世紀的最後一天和 21 世紀的最後一天。茶館相聲演員分別在 20 世紀的最後一天偶遇貝勒爺和侍從「玩意兒」，在 21 世紀的最後一天偶遇雞毛黨競選人曾立偉和其黨羽。戲劇揭露了中國社會問題的百年演變，始終不變的是「混亂」。兩個場景的攫取，不是偶然，而是將兩個亂世展示在舞臺上。出現的兩個「老闆」，第一個老闆（貝勒爺）是權力，第二個老闆（曾立偉）是金錢。第一個是血統上的當權者，後一個是金錢堆出來的妄想當權者。

1997 年演出的《又一夜，他們說相聲》談到傳統文化的衰落，通過「吳慧」與「左道」的對話揭示這個社會現實，聲稱「陰陽家統一中國」：

左道　「儒道墨法農民雜，陰陽縱橫小說家」都已經被人放棄了。現在我腦子裏只剩下一個歷久彌新的思想。

吳慧　那是？

左道　陰陽家！

吳慧　陰陽五行？

左道　人人不懂，但人人相信。人人害怕，但人人愛聽。

吳慧　馬老師就是陰陽家。

左道　你老師哪是正統陰陽家？春秋戰國時期的陰陽家從鬼谷子開始，其實是很有系統的研究天地萬物，搞物理、科學，後人搞什麼算命、明牌，都是它的旁枝末節。

吳慧　你怎麼這麼說陰陽家？

左道　嗐！我沒瞧不起陰陽家，相反的，現在臺灣的世紀末陰陽家已經到達歷史中最鼎盛的狀態！

吳慧　是嗎？

〔註19〕　賴聲川，《賴聲川的創意學》，桂林：廣西師大出版社，2011 年 8 月版，第 217 頁。

左道　誰不為風水弄一個魚缸在客廳，弄兩個風鈴在樓上，放三個水晶球在床上，掛四個天眼在門上，搞五個靈符在身上，擺六個綠樹在窗臺上，最重要的是，包七個紅包……

吳慧　七個紅包放哪兒？

左道　放我手上。

吳慧　我去你的！

左道　對不對？現在誰不搞風水？不說別的，中山南路立法院門口為什麼放一面三重明鏡？

吳慧　給那些委員們入場前整裝用的啊！

左道　〔極蔑視的語氣〕嗟，進去都打得頭破血流，他們還要整什麼裝啊？

吳慧　那這面鏡子是……

左道　擋對面臺大醫院太平間的後門啊！〔註20〕

相聲劇的批評精神，讓我們看到，相聲劇／相聲，可以是有思想和靈魂的。它不是講故事，而是在嬉笑怒罵的鬧劇中讓我們思考與反省。相聲劇批駁了社會不良，揭露出社會的不公、腐朽與荒誕。它引發觀眾不停琢磨、再琢磨，我到底是誰？社會怎麼了？但相聲劇不給答案，也不準備給答案，而是讓觀眾在笑聲中含淚反思。所以在這個角度上講，賴式相聲劇有著崇高的精神，指向人的反思和自省。

　　在臺灣這個多元社會現實中，逐漸出現了各種危機，包括文化危機、意義危機、信仰危機、政治危機和經濟動盪等，這些社會中的不安定因素都成為賴聲川戲劇評論、甚至批判的對象。在楊世彭與賴聲川的對談中，楊世彭評價賴聲川的戲劇有「時代的呼吸，時代的節奏，當地當時的政治課題或是社會課題」，「也非常有意義……影響到很大一群觀眾學子」〔註21〕。

　　賴聲川的相聲劇，利用相聲麻辣酸爽的語言來針砭時弊，被評論界冠以「社會論壇劇」，而成為「亂民全講」的聖壇。戲劇對政治和意識形態的批判，

〔註20〕　賴聲川，《賴聲川：劇場 4》，臺北：元尊文化公司，1999 年 1 月版，第 206
　　　　～207 頁。

〔註21〕　鄭宜蘋記錄整理，《「導演的工具箱」：賴聲川與楊世彭對談》，（臺）《戲劇學
　　　　刊》第 5 期，2007 年 1 月，第 94 頁。

在相聲劇中體現得更爲淋漓盡致。相聲劇戲謔和嘲諷的對象，包括《千禧夜，我們說相聲》中的政治小人物，「雞毛黨」（僅有兩名黨員）的曾立委，帶領黨內唯一另一名黨員高呼「曾立委當選！曾立委當選！」。在《這一夜，誰來說相聲》的「我最快樂的一件事」朗誦比賽上，背誦政治文章的小人物，用「小心！〔側身、拍大腿、指觀眾〕匪諜就在你身邊！」結尾暗諷政治危害，批判大刀直指臺灣政壇李登輝、呂秀蓮等所謂風雲人物。

　　然而，這個稱謂其實模糊了很多其中的評判細節。從對文化危機、意義危機、政治危機和經濟動盪四個方面的解讀來看，賴聲川戲劇在關注社會現實、精神構建過程中，承擔了文化危機的反思者、意義危機的維修者、政治批評的戰士等多重敘事身份。賴聲川戲劇的戲劇立場，也猶如他所稱道的伍迪艾倫，會使人思考，儘管他可能讓人惱火，讓人沮喪，但他會讓人笑起來，而且比以往更深刻地領會這些終極問題。這所有的嬉笑怒罵，背後都隱藏著一位知識分子對於社會的良知與感悟。在台灣當局主流意識形態面前，賴聲川所確立的是不爲政府所動、不爲意識形態服務的公共反思和批評立場。

第三節　相聲劇的戲劇性：「現身」與「缺席」

　　威廉‧阿契爾在《劇做法》中強調，戲劇的戲劇性不在於衝突，而是「激變」，認爲「一個劇本，在或多或少的程度上總是命運或環境的一次急遽發展的激變，而一個戲劇場面，又是明顯地推進著整個根本事件向前發展的那個總的激變內部的一次激變。我們可以稱戲劇是一種激變的藝術，就像小說是一種漸變的藝術一樣」，「另一方面，劇作家處理的卻是急遽驚人的變化，希臘人稱之爲『突轉』，它們也許是一些長期、緩慢的過程的結果，但它們卻是在一段很短的時間之內實際發生的。」〔註 22〕從情節發展而言，戲劇的戲劇性常常表現爲突轉、悖論、荒謬、誇張等所帶來的藝術效果。

　　激變，突轉，都是指「故事情節突然出現一個出人意料、令人驚訝的事件，使故事情節的發展出現驟變，而這一驟變對人物的命運或某一事件產生不可逆轉的重大影響。」〔註 23〕賴聲川相聲劇中，常常出現「主角」、「大師」、

〔註22〕〔英〕威廉‧阿契爾，吳鈞燮、聶文杞譯，《劇做法》，北京：中國戲劇出版社，2004 年 3 月版，第 34～35 頁。

〔註23〕　祖國頌，《敘事的詩學》，合肥：安徽大學出版社，2003 年 11 月版，第 111 頁。

「正統」的缺席，以此「激變」來凸顯「戲劇性」及戲劇本質。相聲劇中的缺席，可以從藝術手法維度和思想維度兩個方面來考察：

一、「缺席」的手法：懸念敘事

缺席手法，是戲劇技巧中一種製造「懸念」的方式。貝克在《戲劇技巧》中提出，懸念一經造成，就不可任其退落，之後的場景必須把觀眾的緊張繼續向前推進。懸念的目的就是為了吸引觀眾更加迫切想要解決問題。所以在懸念產生之後，戲劇還常通過「抑制」、「拖延」等手法來加強懸念的力量。在賴聲川的相聲劇中，「缺席」和「延遲」比比皆是，只不過這種延遲一直到最後，缺席都沒有真正被補齊。這種缺席／延遲的使用，造成了一種用懸念做導引的敘事效果。

有的作品，是將懸念放在最後才解開，出其不意地將令人驚愕的結局在讀者不留意的狀態下呈現，達到震撼人心的強烈效果。由托馬斯・哈代的長篇小說改編而成、羅曼・波蘭斯基執導的影片《苔絲姑娘》中，女主人公苔絲愛上了牧師的兒子安吉爾，兩個人墜入愛河、真誠相愛。在準備結婚之後，苔絲礙於自己的「污點」歷史，不願意對安吉爾隱瞞。於是天真可愛、淳樸善良的苔絲就用書信的形式，向安吉爾坦白了自己過去受亞力克誘姦、生過一個孩子的不光彩過去。然而，這封信件從門縫塞進安吉爾房間的時候，卡在了地毯下面。於是，一個強有力的懸念造成了。在觀眾期待安吉爾看完信件做出反應的時候，懸念沒有解開，電影採取了延遲的手法。直到他們結婚的那一天，苔絲雖然還想對安吉爾訴說這些往事，但後者卻無心傾聽。在新婚之夜時，苔絲講出了那些往事，兩人的衝突在懸念延遲後爆發，安吉爾拋下了善良的苔絲離家出走。到這裡，懸念的衝突被強有力的釋放，增強了劇作意圖的力量。

在賴聲川相聲劇的懸念從開始就給了觀眾「大師」應該到、但是沒有到，還能來嗎？不能來的話，戲臺上的人怎樣掩人耳目？相聲劇一再出現缺席的懸念，以至於「三個毛毛蟲」的解悶笑話被一而再、再而三的提到，成為相聲劇觀眾耳熟能詳的插曲。

《那一夜，我們說相聲》中，臺北的夜總會華都西餐廳裏，兩位穿著白褲子、西裝夾克的主持人，在燈光閃爍的舞臺上，向觀眾們寒暄後要隆重推出當晚的嘉賓。然而千呼萬喚之後，嘉賓還是沒有出來。一段接一段無聊的

「三個毛毛蟲」故事之後，嘉賓還是沒有到場。無奈之下，甲、乙兩位主持人靈機一動、乾脆換裝長袍馬褂，充當起兩位相聲大師登場，說起了不倫不類的相聲。

甲　介紹節目！

乙　是。本檔華都西餐廳精心策劃、重金禮聘，邀請兩位久未露面的民俗藝術大師重返舞臺，同時各位可以看到，爲了配合我們一流的燈光、一流的舞臺設計，他們將要以嶄新的形象面對各位……

甲　使所有認識他們的朋友，熟悉他們的朋友，能夠藉此機會重溫舊夢，回憶回憶當年他們曾經給過我們的許多笑聲跟歡樂……

乙　使所有不認識他們的年輕朋友們今天能夠在這臺上一睹他們廬山眞面目，也同時可以從他們的表演當中瞭解我們傳統文化的寶貴。

甲　是，那我們馬上就請各位朋友來一次熱烈的掌聲歡迎這兩位目前可以說是——碩果僅存的……

乙　獨一無二的……

甲　狼狽爲奸的……〔乙用手肘撞甲〕

二人　〔齊聲〕相輔相成的〔強調每一個字〕相聲民俗藝術家，舜天嘯、王地寶！

　　　〔樂隊奏出上場音樂，甲、乙手伸向側臺，但沒有人出場。甲、乙二人眼睛望著側臺，見不到兩「相聲民俗藝術家」。一時之間，二人塑膠般的主持人笑容消失了，二人被這現實的臨時突變狀況所困惑，彼此交換著急的眼神。乙臨時救場，恢復鎭定的主持人面貌〕

乙　〔對觀眾〕呃……我想是掌聲不夠熱烈……而且，〔指觀眾席〕那邊好像有人一進來就睡著了！

甲　那麼……

乙　我們再一次以最熱烈的掌聲來歡迎……

甲　介紹節目！

> 二人　舜天嘯、王地實！
>
> 〔樂隊再奏出上場音樂，二人再度將手伸向側臺，盼望「相聲
> 民俗藝術家」迅速出場，但仍舊無人。二人彎著頭看側臺，
> 看不到人。對一個夜總會主持人而言，這是最尷尬、最無奈
> 的一刻。〕〔註24〕

懸念拋出去之後，兩位主持人喬裝上陣假扮兩位相聲民俗藝術家，演繹了段
子一「臺北之戀」、段子二「電視與我」、段子三「防空記」、段子四「記性與
忘性」、段子五「終點站」之後，懸念依然沒有解開。直到謝幕時候，花都西
餐廳兩位主持再次上場，

> 甲　不管怎麼說，謝謝各位朋友今天晚上的光臨！最後再請我們再
> 度感謝這兩位相聲民俗藝術家……
>
> 二人〔齊聲〕舜天嘯、王地實！
>
> 〔二人向側舞臺方向伸出手。二人期待「舜」、「王」二人上場
> 謝幕，但「舜」、「王」二人不見人影。甲、乙伸長脖子，迷惑
> 的看看側臺。〕
>
> 〔燈光漸暗〕〔註25〕

觀眾等到相聲演出的劇終，還是沒有等到真正的大師上臺。這個懸念的延遲
一直到最後，弔足了觀眾的胃口，也讓觀眾反思一個問題：傳統藝術大師去
哪裏了？傳統去哪裏？相聲去哪裏了？在夜總會裏討論傳統文化問題，本身
就是一個荒誕的悖論。

二、「缺席」的思考：我們到底缺了什麼？

戲劇通過呈現「假的現身」與「真的缺席」，反諷現實荒誕，意喻文化的
失落與文化尋根的未果。現實中真大師缺席、假大師上臺，令人唏噓。然而
可悲的是，假大師上臺後，大家照樣樂翻天。真假錯亂的舞臺上，上演著的
是悼念相聲、悼念傳統、悼念文化的精神悲劇——儘管它是以一種喜劇的形
式展開的。

〔註24〕　賴聲川，《賴聲川：劇場 1》，臺北：元尊文化公司，1999 年 1 月版，第 297
　　　　～298 頁。

〔註25〕　賴聲川，《賴聲川：劇場 1》，臺北：元尊文化公司，1999 年 1 月版，第 403
　　　　頁。

「缺席」藝術的大背景，與現代社會中人們的精神迷失、信仰迷失不無關聯。在《千禧夜，我們說相聲》中，電視臺叩應（call-in）節目觀眾說話二十秒鐘的限制，演員用極快速的相聲「貫口」技巧，一口氣說完了一段錄音，雖然劇中是幽默、諷刺、誇張的，但社會的現狀確實如此：

> 其實所有的問題就是因爲現在沒有人可以教我們怎麼活。當傳統價值崩潰、社會形態轉移、家庭結構瓦解、地球村出現、網絡當道，唯一能教我們活的就是媒體，而你如果相信媒體所教我們的，它唯一的訊息就是「儘量而趕快去消費吧，買買買！愈多愈好，愈快愈好！」這已經成爲我們生活最高指導原則了，再也沒有任何知識給我們這個心靈空虛的時代了。〔註26〕

賴聲川在《賴聲川的創意學》中點到這段「貫口」語言，其背後的力量在於揭露這個社會的無奈現實：「沒有人教我們怎麼活，也沒有人認爲誰該或誰能教誰怎麼活。」〔註27〕這也是劇作家想要發出的聲音。

在《那一夜，我們說相聲》中，缺席的是兩位相聲大師「順天笑、王地寶」，在《這一夜，誰來說相聲》中來自大陸的眞正的相聲傳人常年樂老先生缺席，《又一夜，他們說相聲》中國思想大師、玄學大師馬千缺席，《這一夜，Women 說相聲》中女性相聲藝術大師周方氏老太太缺席。這些缺席和現身的深層次追問，是賴聲川相聲劇中的文化意蘊。

《那一夜，我們說相聲》中，補缺兩位相聲傳統藝術家「舜天嘯、王地寶」的，是華都西餐廳甲、乙兩位主持人。《這一夜，誰來說相聲》華都西餐廳中，頂替缺席的大陸著名相聲大師常年樂老先生的，是與先生同時應邀赴臺灣做傳統相聲演出的徒弟白壇（白談）。《又一夜，他們說相聲》中，中國思想大師、玄學大師馬千缺席，補缺的是華都夜總會的主持人龐門、左道（旁門左道）。《這一夜，Women 說相聲》裏，補缺出現大型瘦身美容產品「Total Woman」酬賓晚會現場的，是女性相聲藝術大師周方氏老太太的孫女芳妮（音同 Funny，有趣的）。兩幕獨角戲的《臺灣怪譚》中，「我」分裂爲兩個人物：「李發」與「影像中的李發」／「影像中的老年李發」，

〔註26〕　賴聲川，《千禧夜，我們說相聲》，《賴聲川劇場（第二輯）／這一夜，Women 說相聲&千禧夜，我們說相聲》，北京：東方出版社，2007 年 12 月版，第 169 頁。

〔註27〕　賴聲川，《賴聲川的創意學》，桂林：廣西師大出版社，2011 年 8 月版，第 75 頁。

第二幕中屏幕中的影像和現實中的人對話的場景，是「不知何者為我、何者為物」的「我」的缺席。

賴聲川的相聲劇在最不應該講文化和思想的夜總會舞臺上，安排不合時宜的人，講正統的文化和思想。這種對比，同樣具有反諷意義。教女人「勾人五十招」、「劈腿必殺絕技」的「欲望都市」課程的公司，慶祝瘦身美容產品的晚會上，由女性相聲藝術大師的孫女，大聲宣講女人如何「罵街」、「立可肥」，抨擊男權社會。這兩組人馬、兩個空間、兩套話語放在一起進行演繹，具有超強的諷刺感。

賴聲川《那一夜，在旅途中說相聲》（2011 年）中有兩個主人公，一個是呂仁（音同旅人），他是六星級旅客，某製造公司前總裁，經濟環境優渥，大部分時間都在旅行，表面是在尋找人生中最極致的經驗及享受，但實際上似乎他在藉用旅行來逃避什麼。另一個主人公是程克（音同乘客），背包客旅客，曾經是紅牌導遊，辭去工作，獨自環遊世界，尋找生命中真實的人事物，這兩年來也嘗試做沙發客〔註 28〕。賴聲川所探討的，已經超出旅行的簡單意義，而是關於自我與世界的互動關係問題：

> 你的世界愈大、還是愈小？

> 我喜歡在學生出國留學前問這個問題：當你出國旅行，旅遊結束的時候，是感到世界更大了，還是更小？大部分人認為世界變大是好事，如果我們有世界觀，不管那是什麼，愈探索世界，我們的視野會愈廣大，但因為更理解世界，而非屈服於世界向我們展示的新東西，世界反而應該愈變愈小，更容易懂，更容易管理，我們也更可以將各種經驗分類，類別數量將不斷遞減，而不是俱增。這是我說「愈來愈小」的原因。

> 如果沒有一個完整的世界觀，愈旅行世界會變得愈大，任何地方都必須探索，任何經驗都必須嘗試。這聽起來很迷人，現代人甚至十分嚮往這種生活，讓感官探索的空間愈來愈擴大，世界成為一個龐大的遊樂場。

> 但「更大」以為這更難管理。如果經驗沒有法則，很容易就在

〔註 28〕　表演工作坊、北京央華文化，《那一夜，在旅途中說相聲》保利劇院演出宣傳冊。

經驗的茫茫大海中迷航。對生命產生無限好奇反而是一種用來滿足感官的藉口。

　　一個人的世界觀就是他看世界的觀景臺。這座觀景臺也是我們創意的觀景臺。如果設置在井底，當然視野有限，如果設在大氣層上空，或許能看到地球的全貌，但所有的細節都看不到。〔註29〕

旅行與世界觀的關係何如，是賴聲川借由戲劇引發的思考。他認爲世界觀念的完整與否，直接影響到個體對世界的認知。如果個人的世界觀是完整的，那他就會將旅行經驗進行分類，所以世界在他眼裏會越看越小；反之，世界觀不完整的人，需要體驗更多來完整世界觀，於是容易迷失在體驗的大海中。

　　賴聲川相聲劇中「假的現身」和「眞的缺席」產生的兩相對比，越發會引起觀眾的思索：關於話劇的沙漠裏相聲傳統藝術的隕落，關於被扭曲的儒墨釋道傳統文化思想，關於兩岸關係，關於女性地位與女性主義，關於旅行與人生，關於自我確認，關於文化失落與文化尋根……

　　相聲劇的特別之處，就在於其表現方式不僅僅停留在相聲簡單的「說學逗唱」上，它與戲劇的人物、故事、地點等「身臨其境表演的現身」的方法相結合，造就了「說」和「逗」背後的「藝術境界」。

　　但不能迴避的是，2011 年北京上演的《那一夜，在旅途中說相聲》的「相聲」特色，只存在於兩位主角沙灘上曬太陽和地下室對談時，哈頭點腰道一句「上臺一鞠躬、下臺一鞠躬」。此劇的相聲性呈現微弱。其戲劇性，僅來自兩位旅人因小島鬧革命而不得不取消旅行，旅行成爲對自己缺席人生的尋找。戲劇舞臺兩側，常常有播放旅行視頻和圖片影像打斷觀影思路，所以此劇的戲劇性也大打折扣。

　　縱觀賴聲川 26 年的相聲劇創作，大多數相聲劇是用話劇演繹相聲，敘事框架由相聲承擔。劇中的雙口、單口相聲借由戲劇表演形式而有了很大創新，相聲的元素也更加充沛。而 2011 年的《那一夜，在旅途中說相聲》，是相聲作爲小點綴的話劇，穿插相聲段子讓話劇帶上點相聲的味道，側重點在戲劇演出。劇中的相聲性消失殆盡。

〔註29〕　賴聲川，《賴聲川的創意學》，桂林：廣西師大出版社，2011 年 8 月版，第 145 頁。

第四節　穿梭在東西方的戲劇理性（下）

一、賴聲川戲劇中的傳統東方積澱

賴聲川藝術立場上的東方主義，早在他的博士論文中就有所表現。賴聲川的博士論文《現代西方戲劇中的東方逆流》（Oriental Crosscurrents in Modern Western Theatre），是一本以英文寫成、近 500 頁的戲劇學術理論著作。全文共有七章內容，著眼東方藝術對於西方戲劇的影響，關注戲劇藝術的「東學西漸」問題。論文十分詳盡地探討了東方的戲劇，尤其是日本能劇、中國京劇，以及東方禪宗、佛教思想對於二十世紀西方戲劇、尤其是現代戲劇的影響。

第一章探討是印度的宗教哲學思想和神話藝術，對於史特拉堡的「夢幻劇」的影響。第二章主要探討禪的思想對西方超現實主義以及達達主義，巴釐島表演藝術對安托南·阿爾托戲劇的影響。第三章分析東方劇場中演員的「程式化表演」對於西方劇場，尤其是對梅耶荷德以及布萊希特戲劇創作和戲劇理念的影響。第四章以對日本能劇深深著迷的葉慈為研究對象，探討葉慈的作品美學，以及日本能劇的敘述結構和祭奠性格對葉慈產生的影響。第五章關注的是尤金·奧尼爾的戲劇中神秘主義玄想和日本能劇之間的關係。第六章比較的是日本能劇、早期希臘悲劇及貝克特戲劇的共通性，將早期希臘劇場與日本能劇背後的「祭奠儀式」本質與貝克特的荒誕劇進行比較，從而指出舞臺背後佛教思想中的「空無」和貝克特作品背後的「虛無」之間的異同。第七章是全論文的總結〔註30〕。

在研究的過程中，日本能劇、中國京劇、東方宗教思想、佛教禪宗理念等東方元素也自然流入到賴聲川戲劇創作的血液之中。如果我們按圖索驥，也可以研究「印度的宗教哲學思想對賴聲川《西遊記》的影響」、「日本能劇的『夢幻能』與賴聲川《如夢之夢》之間的關係分析」、「尤金·奧尼爾的『回憶』場面與賴聲川心靈戲劇場面的關係」、「日本能劇和希臘悲劇背後的悲喜劇關係與賴聲川戲劇的悲喜劇關係的研究」等問題。東方的元素不僅進入了

〔註30〕　參見賴聲川博士論文目錄：1 Pieces of Myth, Fragments of Thought: The Orient in Strindberg's Dream Plays: 2 Dada/Zen; Artaud/Bali: Direct Communication and the Break with Rationality; 3 The Uses of Stylization: Meyerhold, Brecht, and the Oriental Model; 4 Yeats and the Essence of Noh;5 Mysticism and Noh in O'Neill;6 Drama and Commemoration: Early Greek Tragoidia, Noh, and Beckett; 7 Closing Thoughts. 詳見 Lai, Stanley Sheng-Chuan, *ORIENTAL CROSSCURRENTS IN MODERN WESTERN THEATRE*, University of California, Berkeley, PH.D. 1983。

西方戲劇的血液，也進入了在西方文化浸染中求學的賴聲川的血液，以及他的戲劇創作中。

深處西方的戲劇研究重地，能夠直接將目光投射到東方文化對西方的影響，印證了賴聲川的東方文化中心主義的傾向。追溯成因，賴聲川在 12 歲時候隨著父母從美國回到臺灣，一直到他的大學畢業，這段時間實際也是一個青年人價值觀、世界觀和人生觀形成和相對穩定的關鍵時期。賴聲川在這段青年時光中，除了到咖啡館彈唱吉他之外，還特別喜歡傳統藝術相聲。甚至到了美國，他還將魏龍豪先生、吳兆南先生講的相聲帶子隨身聽。所以他深諳相聲中的「說學逗唱」之道，諷刺行旅、幽默之門的藝術。這為他回歸臺灣後，發現相聲藝術的凋敝而致力挽救，開創繁榮的相聲劇打下基礎。「相聲瓦舍」的創始人馮翊綱正是通過演出相聲劇的多年歷練，才逐漸開創出一片相聲劇的新天地。

還有一處特別的積澱，來自於賴聲川和夫人丁乃竺都信奉的藏傳佛教。兩人的婚姻典禮都是按照藏傳佛教傳統來進行的。兩人不僅學習和翻譯佛法，譯介《僧侶與哲學家》、《覺醒的力量》、《快樂學》等相關佛思書籍，還將佛法思想貫通於人生與藝術創作的過程中。東方佛禪裏的哲理與奧妙，滲透進入賴聲川戲劇的敘事結構、舞臺設計、人物思想、人生哲學等諸多方面，同時也轉化成為賴聲川對於東方文化、智慧和哲學的篤定與踐行。

二、「桃花源」的傳統東方策略

「臺灣文學誕生和成長在中國傳統文化的母腹之中。」〔註 31〕傳統文化中的諸子百家、儒道法釋，常常可以在賴聲川戲劇中可以看到影子。同時，其戲劇也蘊含了文學作品兼為史、哲、天、地、神、語、醫等學科作品的特點。傳統哲學的思考、古代作品的原型、關於人生和生命的思考，都是賴聲川戲劇所熱衷的元素。如同余秋雨所評論的那樣，賴聲川和表演工作坊企圖尋找到「一種既屬於民族，又屬於人類真正的大戲劇」〔註 32〕。細分來看，其戲劇和傳統文化的關係，可以分為三種情況：

其一，取材傳統，展現戲劇與其他戲曲等藝術形式的多樣性。有的戲劇

〔註31〕 古繼堂，《激蕩的文學旋流——臺灣文藝思潮辨析》，《臺灣文學與中華傳統文化》，北京：九州出版社，2010 年 12 月版，第 2 頁。

〔註32〕 余秋雨，《總能彈撥到無數觀眾的心弦》，《賴聲川：劇場 1》，臺北：元尊文化公司，1999 年 1 月版，第 9 頁。

中，賴聲川直接採用傳統戲劇的表演方式，包括京劇、評劇、相聲等藝術形式。尤其是在相聲劇中，大量採用了傳統相聲文化的「說、學、逗、唱」藝術表現形式。採用傳統戲曲的表現形式只是淺層的藝術傳承，更為難得的是對於傳統戲曲的「寫意性」、「假設性」的把握。在《暗戀桃花源》中，第 5 場老陶向上游「划」船、第 7 場老陶「划」船進入桃花源和第 12 場老陶再次「划」船尋找桃花源，都使用到背景畫布製造假定情景、人物與情景配合「划」行的部分。比如第 7 場中的開場劇本記錄中：

〔黑暗中，老陶的漁歌響起〕。

老陶　〔聲音〕嘿——嘿——喲——！

〔燈光漸亮，老陶默劇動作划船由右至左出來，後方擺著如同第五場的河川風景小布幕。〕

嘿——嘿——喲——！

〔念〕〔緣溪行，忘路之遠近。〕

〔突然間離〕忘了！忘了！忘了好！什麼「春花」——忘了！什麼「袁老闆」——忘了！〔猛然想起〕咦？這裡不是應該有急流嗎？〔左看右看，突然大叫〕哇！急流來啦！

〔如同第五場，小布幕像窗簾式的拉開，呈現一個急流的景。老陶用默劇的方式瘋狂的對抗急流。〕〔註33〕

這場中，老陶身後的背景布幕上有樹林或者急流，河景鮮豔，有中國畫的抽象美。老陶僅僅擺動手中的船槳，唱著船夫的號子「嘿——嘿——喲——」，觀眾即可想像出船在樹叢中的小溪中滑行。老陶用誇張性的肢體語言，昭示著水流湍急或者水流平緩，這些富有想像空間的情境，在傳統戲曲中亦有出現。

有趣的是，這些傳統情境中，出現了很多現代性的打破。布幕是小型的，漁夫用默劇的方式原地搓腳步，意味著向前行進的時候，布幕向後捲動，漁夫停下來，布幕也停止捲動。這種有趣的人靜、景移的互動，必然產生喜劇效果。於是剛剛建立起來的想像，被間離效果打斷。這些都是賴聲川戲劇對傳統素材的改造與再創造。

〔註33〕　賴聲川，《賴聲川：劇場 2》，臺北：元尊文化公司，1999 年 1 月版，第 156 頁。

其二，取材傳統，並進行改造、批評、反思與再創造。從 1986 年的《暗戀桃花源》開始，賴聲川戲劇就樂此不疲地表現出對傳統文化的傾心。作者的創作動機，不在於集成和發揚傳統文化，而在於思考傳統對於當下的意義。賴劇對於傳統文化，不是簡單複製、一味歌頌或者刻意反叛，而是進行了多元性、創造性的處理。陶慶梅、侯淑儀編寫的《剎那中——賴聲川的劇場藝術》中坦言，「《桃花源》：陶淵明的『桃花源記』中往上游，『忘路之遠近』的那一位漁夫當天爲什麼要往上游走呢？這邊提供的答案是，他老婆給他戴綠帽子！想不到，他進入美麗的桃花源，能夠忘掉一切世俗的痛苦與煩惱，可是居然他碰到的唯一兩個人，長得和他老婆和她的姦夫一模一樣。」〔註34〕可見呈現傳統素材和內容，常常不是戲劇的主旨，而是爲我所用，傳統成爲表達戲劇主旨的手段和工具。當然，傳統文化的養分，在賴聲川戲劇中顯而易見。

1997 年《又一夜，他們說相聲》〔段子四〕「陰陽家統一中國」中，圍繞著傳統文明和文化的衰落進行評說，傳統文化大師的缺席，讓兩個不懂文化的對儒道釋等傳統文化的「旁門」和「左道」，開扯中國正統思想文化的消失。「今之君子，好利無厭，淫行不倦，荒怠慢遊，固民是盡」，是《禮記》記錄的孔子抨擊「今之君子」的逆行，並諫言執政之道。這是儒家經典思想在世風日下的現實中的積極、進取風範。但在反映當下現實的戲劇中，一切傳統道德正統都統統被諷刺和否定，這實際是對現實中對傳統文化忽視或者蔑視現象的反映與刻畫。

1989 年歌劇《西遊記》，從吳承恩《西遊記》的靈感生發出七幕歌劇。劇中，向「西」遊的是三個歷史時期、三個主人公、三段向西取經的旅程。賴聲川在通過神話中的孫悟空、唐代的玄奘和現代的阿奘出國學習，發出一個問題：古往今來，人們在追尋怎樣的「西方」？如何追尋「西方」？當下的「西方」又是什麼？傳統文化，或者傳統文化中的儀式，其實隱含著劇作的現代性思考。賴聲川戲劇與傳統文化關係的一個突出特點，那就是戲劇從傳統中取材，對其進行改造、批評、反思與再創造。

其三，取材傳統，吸納傳統中深層次的文化思想和宗教思想。1989 年《回頭是彼岸》中，雨虹帶著對好友死前遺囑的堅守，到彼岸的孤島看望好友失散三十多年的父母弟弟；石老先生與兒子在現實和創作中尋找人生價值與精

〔註34〕　陶慶梅、侯淑儀，《剎那中——賴聲川的劇場藝術》，臺北：時報出版社，2003年 1 月版，第 49 頁。

神彼岸。這裡的彼岸意象和自我追尋的母題，都關乎人生意義與生命探尋。2000 年的《如夢之夢》的素材，來自賴聲川及美國加州大學伯克利分校和臺北藝術大學的學生進行集體即興創作得出的材料。賴聲川用佛教「曼陀羅」思想貫穿始終，將近 8 個小時的戲劇渾然融爲一體，創作出一部哲學理念先行的戲劇。戲劇用「自他交換」、「生命曼陀羅」的佛教思想，探討人生輪迴等的深層問題。同時，戲劇借鑒了日本能劇中「夢幻能」的戲劇結構、表演方法、舞臺特質以及美學本質〔註35〕，從而使得佛法思想與探討心靈的問題緊密結合一起。通過佛法思想的貫穿，戲劇實現了「觀察、感受社會與人生，特別是人生比較重要的議題」〔註36〕。

戲劇創作直接運用傳統素材、改編傳統還是吸收傳統的精神內涵，都是在嘗試解答一個問題。這個問題，同樣是八九十年代大陸文學和文藝評論界所關注的問題，也就是面對全球化的挑戰與機遇，如何樹立本土藝術的存在感與文化身份認同。

對於評論界的西化／「他者化」傾向，或者「失語症」傾向，評論家們給出了各自的解答。不少研究認爲要立足中華文明五千年生生不息的文化資源，重新發掘傳統話語中的言說方式和理論體系，實現話語的重建。即使是作爲西方話語體系的一個被迫加盟者，也不要一味西化，而應當從傳統中開掘智慧，讓古典詩論進入當下，補充創新的力量。周憲就明確提出了「重新傳統化」和「重新合法化」〔註37〕的觀點，從心理層面、歷史層面和話語層面闡釋了重新傳統化對於緩解甚至解決文化認同的焦慮提供了有利的條件。重新合法化的過程，不是極端的全盤西化，也不會是全盤的復古，而更可能是在諸多力量相互妥協、相互協商作用下產生的「第三狀態」，而文化認同實際就是在這樣的狀態中被建構起來的。

〔註35〕　賴聲川在加州大學伯克利分校期間的博士論文《現代西方戲劇中的東方逆流》（Oriental Crosscurrents in Modern Western Theatre）中的第四、五、六章，分別就「受日本能劇影響的葉慈作品美學中，能劇的敘述結構和祭奠性格的影響」、「尤金奧尼爾的戲劇中『回憶』場景與能劇的敘述結構之間的關係」、「能劇與希臘悲劇之間的共同性」進行了探討，所以對日本能劇及其西方影響有著透徹的研究、比較分析和思考。

〔註36〕　張璞方，《如夢之夢——賴聲川的劇場人生》，（臺）《光華》，2002 年 10 月刊，第 80 頁。

〔註37〕　周憲，《本土文學「合法化」與認同危機》，何成洲，《跨學科視野下的文化身份認同——批評與探索》，北京：北京大學出版社，2011 年 1 月版，第 61～67 頁。

　　這當中的道理，同理與戲劇創作和戲劇評論領域，如何在多元文化、跨文化、全球化的包圍中跟上時代的步伐、又發出自己的聲音，是值得探討的問題。賴聲川對傳統的借鑒與吸收，也不僅體現在對東方傳統的借鑒上，還包括對西方戲劇傳統的思考與吸納。胡星亮也認爲，賴聲川所謂的傳統，既指「中國傳統戲劇集曲藝，也包括西方傳統話劇的藝術審美。」〔註 38〕尤其是他對於東方戲劇、東方哲學的思考和主動引入，的確給予戲劇創作有別於西方的特性。這種主動引入，從精神層面上來看，有兩層含義：其一就是向傳統東方文化、東方戲劇和東方精神皈依，從中提取有價值的精髓，從而進行自我精神家園的構建，獲得文化心理上的滿足。其二，就是在戲劇人物塑造和情節設計中，表現了人物的「精神失落」或者「無家可歸」狀態。這實際在探索另外一種可能，就是從東方與西方之間的對立中抽離出來，跳到個體與集體，個體與人類的層面上來反思問題。我認爲，這是賴聲川戲劇給予我們的第二條當下戲劇創作的啓示。

〔註 38〕　胡星亮，《胡星亮講現當代戲劇》，長沙：湖南教育出版社，2011 年 7 月版，第 276 頁。

第三章　個體經驗生發臺灣歷史：
集體即興創作

第一節　第四種導表演關係

　　自亞里士多德到斯坦尼斯拉夫斯基幾千年來，戲劇界大都將演員的作用看做高於一切，劇作也僅是名演員的附庸而已。二十世紀三十年代布萊希特「敘述性戲劇」的出現，逐漸消弱了演員的主導地位，三十到六十年代中期，劇壇中居於主導地位的一直是劇作家。

　　賴聲川的集體即興創作中的「即興」，並不是追求正式演出過程中的即興發揮、無本依賴、隨意演繹，而是強調在戲劇演出前通過集體即興創作的方式，產生排練和演出可依的戲劇敘事文本和舞臺文本。通過集體即興創作出劇本，需通過不斷排練，最終確定演員的舞臺文本。所以同為集體即興，在創作和演出的各個階段，因為發揮作用的不同，也呈現出不同的戲劇表現形式。

　　集體即興創作的意義，是將戲劇創作深入到了集體的人所具有的即興的、也往往是深層的意識，甚至是無意識。就如榮格所標榜的藝術家，要做更高意義上的人，也就是「集體的人」，肩負著造就人類無意識的人。集體即興創作的方法，恰恰讓個人的經驗在被激發的情況下生發，從而觸到最深入的集體意識。

一、蘊含「第四種」導表演關係的集體即興創作

　　集體即興創作中，導表演之間有一種特別的互動關係。這之前，二者間大致分為三種關係。比如 20 世紀的中國大陸戲劇舞臺上的「導表演關係」，經歷

了「演員中心」、「劇本中心」、「導演中心」三個發展階段和三種關係結構。

「演員中心」強調演員在舞臺演出中的主觀能動性,尤其演員的扮相、身段、唱腔、功底,是戲劇的一大看點,也是觀眾趨之若鶩的「角兒」。在 20世紀前三十年,梅蘭芳爲代表的梅派、程硯秋爲代表的程派、尙小雲代表尙派,還有荀慧生爲代表的荀派,都是「演員中心」時代的代表。

「劇本中心」是隨著意識形態強權在文藝界的滲透,戲劇藝術的「合法性」逐漸被意識形態所左右。抗戰前後、解放後、直至文革時期,都存在「思想意識先行」的戲劇衡量標杆。「紅色敘事」的「樣板戲」成爲劇本中心最典型的「成功典範代表」。

「導演主導」強調導演在舞臺中的絕對優勢。這類戲劇中,演員成爲導演的戲劇理論的執行者和表達者,他們沒有「演員個性」和「演員經驗」,作爲導演聲音的擴音器和傳聲筒,僅僅是戲劇的眾多符號之一。這類戲劇觀念先行,現代先鋒中的「荒誕戲劇」等探索中往往會存在這種現象。

集體即興創作過程中,導表演之間所呈現的第四種關係,可以概括爲「激發者」與「協作創作者」之間的關係。從臺灣的空間範圍來看,集體即興創作方法從蘭陵劇坊就開始萌芽,到賴聲川時期逐漸成爲一種新的創作方法。黃美序作爲見證者也談到,「蘭陵的前身『耕莘實驗劇團』已有相當多年的歷史,……在耕莘劇團初期的即興與集體創作中,我經常跟他們有接觸和討論,……就我所知,臺北的第一個用即興、集體創作的領導人或推行者應該是吳靜吉;賴聲川應該是第二個重要人物。賴可能比吳產生更大的影響力,因爲他在藝術學院戲劇系任教,有更多、也比較固定、『專職』的學生在跟他學。我在近幾年遇到有人討論即興與集體創作的問題時,常聽他們用賴聲川爲例。」〔註1〕這樣的方法其實打破了張曉風所代表的劇本理體中心的觀念,而張曉風《武陵人》就是典型的依照劇本排練的方式。當代臺灣戲劇創作大致經歷了「劇本中心」、「導演中心」、「導表演中心」三個潮起潮落。賴聲川則在第三個潮起之時,興起了一陣導表演集體創作的風潮。

首先,集體即興創作特別強調演員的主觀作用。演員的主觀能動性,要求演員在戲劇導演的刺激下,結合自身的經驗和歷史,進行共同的創作。舞臺劇本在創作之前不存在,待導表演在創作動機與理念的指導下,加入活生

〔註1〕 黃美序,《六個找劇評家的舞臺劇作者》,(臺)《中外文學》,第十六卷第三期,總 183 期,1987 年 8 月,第 126 頁。

生的生活素材之後，劇本方才一點點在排演的同時逐漸產生。集體即興創作出完整的劇本後，戲劇排演正式照此執行。所以「集體即興創作」需要的是導表演共同中心，是去劇本中心的一種嘗試，創作的主體因為集合了各自的特長和特別經驗，往往呈現出複調、多元的意義結構和舞臺結構。

「即興創作是『有什麼人就做什麼事』。《我們都是這樣長大的》、《過客》都是引人成戲。」〔註2〕也就是說，不同的演員會結合自己的經驗生發出不同的劇作形態，即興創作往往因為演員的不同而面貌不同，從而導致戲劇框架下、創作成果的唯一性。

而業餘演員和專業演員在進入創作過程、從事即興排練之前，需要做的工作也略有不同：業餘演員需要具備三個條件，即「我是誰？」「我在戲中的全盤狀況是什麼？」「我此刻面臨的狀況是什麼？」而專業的演員「還可以多出第三隻眼睛來看自己」〔註3〕，要放下自己完全進入到角色，「把角色流暢的生命帶入排練中，與臺上其他角色共同創造出戲劇的火花」〔註4〕。賴聲川戲劇中，臺灣演員們通過他們的智慧和生活，帶給戲劇更多獨一無二的內涵。如同丁乃箏在回憶散文《「集體」與「即興」》所談到的，在這種方法的啟發和創作下，賴聲川戲劇「真正讓觀眾感受到臺灣人原創力和自省能力」〔註5〕。而這種方法的應用，恰恰調動了臺灣本地生活經驗豐富的演員們的集體智慧，填補了剛剛回臺、沒有太多臺灣當時經驗的賴聲川導演的創作空白。

其次，導演在戲劇創作過程中扮演的角色是刺激者。這是一個導演給主題或者框架、導表演互動創作細節的過程。如同賴聲川在《無中生有的戲劇》中所談到的：「用建築的比喻，我和演員共同在蓋一棟大樓。在完成之前的兩個月時，我規定這棟樓是七層樓的，但當演員在蓋第三樓的時候，突然一位演員蓋出一個誰都沒想到的東西出來。我們都震驚、感到精彩，而我想一想，三樓這麼一蓋，就無法蓋七樓，必須改成六層樓的建築物。當演員知道這房子是六樓高而不是七樓，他們便受另一種刺激，因而在蓋四樓時便爆發出另

〔註2〕賴聲川，《賴聲川：劇場2》，臺北：元尊文化企業公司，1999年1月版，第209頁。

〔註3〕賴聲川，《賴聲川：劇場2》，臺北：元尊文化企業公司，1999年1月版，第203頁。

〔註4〕賴聲川，《賴聲川的創意學》，桂林：廣西師大出版社，2011年8月版，第102頁。

〔註5〕賴聲川，《賴聲川：劇場4》，臺北：元尊文化企業公司，1999年1月版，第361頁。

一種火花，是任何人做夢都想不出的做法，或許因此而房子又必須恢復七樓的規劃……」〔註6〕在論述中，涵蓋了戲劇創作過程中，「導表演共同開始創作」、「導演適時主導」、「演員調動自身智慧和經驗進行創造」、「導演接受演員的創作性成果對戲劇發展產生的影響」、「導演給予演員一定的刺激」、「導表演共同完成創作」的六個階段和步驟。

在如何引導演員方面，賴聲川坦言，「有的導演是讓演員成為戲劇的傀儡，但我認為，要讓演員活在當下，真誠、真實、自然地活在導演給予的環境裏。環境也是一個情境，每一秒都要在那個情境中，佔據那個『一刹那』。」〔註7〕所以導演需要給予演員更多的信任、支持和激發。這種導演給刺激、導表演互動共生的創作理念，顯然已經不再是簡單的演員中心、導演中心。在其創作下產生的劇本，恰恰是劇本中心的反方向——不是有了劇本才有了導表演，而是有了導表演的互動創作，才形成了最終的劇本。

再次，對於賴聲川而言，禪修是他作為導演的刺激和源泉。在導演設定了大綱和框架，和演員進行共同創作的過程中，即興出來的內容會對大綱和框架進行重新調整和修正。當然，導表演還可以發現大綱中未交待的戲劇生長點，甚至能夠找到原來劇本大綱的「盲點」。如果對角色的設定或內在動機是空白的，就必然造成工作停滯，無法繼續進行下去。這個時候，離開都市，進入冥想和思考的旅行或者修行，對賴聲川而言是必要的。

> 對我而言，這是叫我「閉關」的一個訊號，我會離開都市，有時一人，有時與一、兩位演員，到山裏幾天靜思該作品。回臺北拍戲時，障礙排除了，我們可以全體走向最後的作品面貌。通常這種「大障礙」一齣戲會呈現一次。而無法克服的「小障礙」在最後成品中讓我無奈的後悔不已。〔註8〕

在劇目的創作中，以及一個劇目的醞釀期間、產生可駕馭內容的構思之前，也是同樣適用的。1999 年 11 月，賴聲川連續性到印度菩提迦葉——釋迦牟尼二千六百年前證悟的地方，為已經醞釀了很厚的素材尋找一個合適的外殼。

〔註 6〕 賴聲川，《無中生有的戲劇——關於「即興創作」》，《中國戲劇》，1988 年第 8 期，第 60～61 頁。

〔註 7〕 出自賴聲川談話錄，「賴聲川創意及導演」高級研修班，北京，2010 年 8 月 1 日～5 日。

〔註 8〕 賴聲川，《關於〈紅色的天空〉的一些感想》，《賴聲川：劇場 4》，臺北：元尊文化企業公司，1999 年 1 月版，第 101 頁。

　　　　時間流逝著，我也留意到有些人繞完塔，走了，也有新的人進
　　　來，還有人繼續地繞，象生命一樣。「如果把觀眾當做神聖的塔，讓
　　　故事、演員環繞著觀眾，是不是有可能將劇場還原成一個更屬心靈
　　　的場所？」〔註9〕

於是，佛家修道者的精神曼陀羅、「心靈的場所」，成為觀眾們這座神聖的塔
周圍，環繞而生的戲劇展現載體。

　　這種「禪修——訓練——演出」的工作方式，在法國巴黎由布魯克在創
作晚期成立的「國際戲劇研究中心」（C.I.R.T）中多有見到。布魯克帶領表演
藝術工作者，到非、亞、歐、美、大洋洲等各偏遠地區，追尋土著祭奠儀式，
以及包含原始文化根源的作品。布魯克始終堅持「劇場如一空曠的空間」和
「較少即是更多」的風格，「採取簡樸，去除繁華的布景，改用最簡單的道具，
專注在演員的訓練，讓觀眾集中注意力在演員的表演本身，發揮劇場最大的
想像力」〔註10〕。賴聲川也說，「這些年當我感到需要進修、補充創意能量的
時候，我不會去參加導演研習營或戲劇會議，而是去參加一個佛法研習營，
或者單純地去旅行。這簡單地說明了，雖然二者有密不可分的關係，創意所
需的『智慧』與『方法』得在不同的場域中取得。藝術領域有藝術領域的特
定工夫要練，生活中有生活中的特定工夫要練。」〔註11〕佛法思想在創作中，
也確實給予賴聲川不小的啟發。《如夢之夢》中「自他交換法」、人生曼陀羅
的環形劇場結構等，即是賴聲川在學習和禪修的過程中悟到的戲劇啟發。

二、賴聲川集體即興創作的理論源起

　　集體即興創作，是在完全沒有劇本、或者僅有劇本大綱的情況下，以即
興的方式作為創造劇本的手段，集合導演、演員、劇作家，甚至設計師等人，
在一次一次即興的頭腦和行動風暴中，調動自身內在積累的知識經驗和實踐
經驗，共同構建出舞臺演出文本、甚至戲劇文學文本的過程。

　　談到「集體即興創作」，不能不提戲劇舞臺上的重要人物——導演及其作

〔註 9〕　賴聲川，《賴聲川的創意學》，桂林：廣西師大出版社，2011 年 8 月版，第 40
　　　　　頁。

〔註10〕　段馨君，《跨文化劇場：改編與再現》，新竹市：交大出版社，2010 年 7 月版，
　　　　　第 26 頁。

〔註11〕　賴聲川，《賴聲川的創意學》，桂林：廣西師大出版社，2011 年 8 月版，第 70
　　　　　頁。

用和歷史。當現代戲劇從十九世紀七十年代易卜生的戲劇拉開了現代戲劇的
探索帷幕之後，劇院內部也在進行著一場影響相當深遠的改革，這場改革的
主角就在於「導演」及其興起。因為劇場表演是一門綜合藝術，它不能僅僅
依靠幾個明星、加上劇本，隨意發揮就能成功。劇本、燈光、舞臺調度、音
樂、舞蹈、服裝表演等諸多要素，需要一個「協調者」加以綜合。在十九世
紀，導演甚至取代了明星演員和劇作家在劇場的地位，成為「劇場藝術」的
主角。「對臺灣劇場影響相當大的貧窮劇場、環境劇場或後現代劇場，它們的
創始人都不是劇作家，而是導演或集編劇和導演於一身的『編導』。」〔註12〕

　　二十世紀六十年代，許多西方前衛劇場都一致反對商業劇場的明星制
度、專業分工和將藝術作為一種娛樂商品的現象。他們大多主張集體領導、
集體創作，甚至集體過一種公社式的生活。他們常避開正統的劇院和鏡框舞
臺，將劇場藝術帶進民眾生活的領域，比如公寓、地下室、公園、廣場、街
頭等。他們賦予藝術創作一種反資本主義的功能，演出對他們而言有一種「啟
迪萬民的神聖使命」意味。同時，因為排斥寫實主義劇場裏「被動的觀眾」〔註
13〕，所以他們往往主張觀眾的參與。

　　集體即興創作在一九六○到一九七○年代的歐美前衛劇場甚為風行，其
代表劇場和劇團包括美國集體即興劇團約瑟夫・柴金的「開放劇場」〔註14〕、
朱利・安貝剋夫婦領導的「生活劇場」〔註 15〕，和理查・謝克納的「表演

〔註12〕　鍾明德，《從寫實主義到後現代主義》，臺北：書林出版，2006 年 8 月版，第
　　　　　10 頁。
〔註13〕　鍾明德，《從寫實主義到後現代主義》，臺北：書林出版，2006 年 8 月版，第
　　　　　193 頁。
〔註14〕　開放劇場（The Open Theater）於一九六三年成立之初只是一個工作坊的規模，
　　　　　由約瑟夫・柴金主持，而後成為前衛劇場的龍頭。開放劇場活躍於一九六三
　　　　　年至一九七三年，著力打開演員和觀眾雙發的身體和心靈，代表作品有《巨
　　　　　蟒》、《變形秀》、《美國萬歲》、《終站》等。朱靜美，《賴聲川早期的「開放式
　　　　　集體即興創作」〈變奏巴哈〉個案研究》，（臺）《戲劇研究》（臺）第 7 期，2011
　　　　　年 1 月，第 199～200 頁。
〔註15〕　生活劇場（The Living Theater）由朱利・安貝克和妻子瑪麗娜在一九五四年創
　　　　　建於紐約，是美國至今仍然存在的劇團中最年長的實驗劇團，它致力於改革
　　　　　充斥競爭和階級的社會結構，同時批評與真實生活脫節的文學或小說的劇
　　　　　場。生活劇場帶有強烈的反戲劇色彩，演出不具備固定的形式、場地，甚至
　　　　　是劇本，透過即興表演、大量且強烈的聲響和動作給予觀眾直接刺激，主題
　　　　　多設計性、愛、希望、反暴力，將觀眾納入表演的一部分，呈現如狂歡、祭
　　　　　奠的氛圍與生命力。朱靜美，《賴聲川早期的「開放式集體即興創作」〈變奏

群」〔註16〕。史波林（Viola Spolin）在一九六三年出版的《劇場的藝術》
（Improvisation for Theatre）上對集體即興創作方法做出了初步的總結。之
後，「發生」、「貧窮劇場」、「殘酷劇場」和「集體即興」等新的排練方式、
演出方式和演出效果，經由紐約大學戲劇教授理查‧謝克納歸納，成爲「環
境戲劇的六大方針」：

1. 劇場活動是演員、觀眾和其他劇場元素之間的面對面交流。

2. 所有的空間都是表演區域，同時，所有的空間也可以作爲觀賞的
   區域。

3. 劇場活動可以在現成的場地或特別設計的場地舉行。

4. 劇場活動的焦點多元且多變化。

5. 所有的劇場元素可以自說自話，不必爲了突出演員的表演而壓抑
   其他劇場元素。

6. 腳本可有可無。文字寫成的劇本不必是一個劇場活動的出發點或
   終點目標。〔註17〕

1968 年提出以上論述後，「環境戲劇」就概括了六十年代的前衛劇場美學的主
要特徵和演出形式。謝克納在 1985 年闡釋「戲劇與人類學之間」關係時，在
《表演的重建行爲》中對「工作坊——彩排」又進行了詳細的論述。其中，
他總結了工作坊——彩排的兩種基本運轉方式，一種是「通過『直接獲得』，
老師親自示範、模仿和重複向新手傳授表演規則。表演文本具有完整性，經
過世代相傳。第二種是教授一個『基本語法』，可藉此產生任何數量的表演文
本。……訓練表演者表演哈姆雷特意味著告訴他們如何創造一個表演文本。」
〔註18〕而賴聲川帶領的表演工作坊，顯然採用的是第二種運作方式，甚至可
以講，導表演共同即興創作出來的表演文本，最後才能產生文學文本。

　　　　巴哈〉個案研究》，（臺）《戲劇研究》（臺）第 7 期，2011 年 1 月，第 200 頁。

〔註16〕表演群（The Performance Group）由理查‧謝克納於一九六七年成立與紐約蘇
　　　　獲取，是一九七〇年代最積極且具有代表性的環境劇場的實驗劇團。演出群
　　　　致力於非傳統的劇場空間演出，以及對傳統文本的革新與再造，演出文本有
　　　　複數文本拼貼而成，部分是對經典文本的激烈解構，其餘則是原創劇本。

〔註17〕鍾明德，《從寫實主義到後現代主義》，臺北：書林出版，2006 年 8 月版，第
　　　　190～191 頁。

〔註18〕謝克納，《表演的重建行爲》，《人類表演學系列：謝克納專輯》，北京：文化
　　　　藝術出版社，2010 年 4 月版，第 126 頁。

　　集體即興創作，是對以往以劇本爲依據的舞臺創作、「文學的表演」、「文學的處理」、「文學性的戲劇」等概念的瓦解，也是在解構後重新建構所得的創作方式。在現代劇場意識中，導演、演員、劇本、觀眾構成爲一個完整循環。作爲循環的接受方的「觀眾」，直到 20 世紀末，才隨著對「觀演」雙方互動關係的強調而逐漸進入到整個循環系統裏。在前三者關係中，一直以來存在著相互博弈的互動，「導演主導」、「演員主導」和「劇本主導」此起彼伏。

　　「演員角色」，在工作坊的即興創作中，是在導演的「假設」、「如果」、「好像」的鼓勵下，承擔一定的角色，在特定環境中進行創造和實驗。謝克納認爲，在工作坊——彩排中所做的，既是眞實的工作，又存在很多的未知、可能和問題。「讓我們試一下」、「這可能有用」、「如果……會發生什麼？」這些語氣經常在工作坊——彩排中使用。「工作坊特別充滿樂趣。在那，『好像』手法活躍異常：遊戲、角色交換、即興發揮——參與者從各處帶來素材。工作坊發掘、揭示並表達資料。排練賦予這些素材表演的形態。儘管事實上深層次的東西是在工作坊中被培養出來的，但其中體會到的開放、實驗和過渡的感覺被保留下來。工作坊是種類之間的閾界，創造了一把『假設』的接剖刀，切入形成表演的眞實生活中。」〔註 19〕所以，集體即興創作要求演員對於自身經驗和其他社會經驗的調動能力、舞臺創作能力、藝術轉換和駕馭能力都比較強。用賴聲川夫人、表演工作坊製作人丁乃竺的話講，演員「要頭腦很清楚、演戲的經驗要豐富、靈敏度要高、觀察度要強」，她特別重視創作過程中演員之間的默契和互相影響的作用。

　　「導演角色」，在賴聲川戲劇創作過程中是「激發者」的定位。導演在劇場中有重要位置，是要將演員的主觀能動性和潛能充分激發出來。歌隊、評論者、介紹者的出現，或時空拼貼都讓觀眾時常拔出完全投入的情境，從而進行思考。在《如夢之夢》、《等待果陀》中，都使用了環形圍繞和順展延伸式樣的舞臺造型，將觀眾和舞臺、演員、角色的距離拉近了，更容易產生語言的對話、思想的碰撞和精神的交流。集體即興創作對導演自身的藝術敏感度、藝術判斷力、與演員和其他組創的默契與信任力、對零碎失焦支離的素材的貫穿和整合能力等，要求都很高。如同賴聲川所坦言的，即興創作並不

〔註19〕　謝克納，《表演的重建行爲》，《人類表演學系列：謝克納專輯》，北京：文化藝術出版社，2010 年 4 月版，第 128 頁。

是簡單的事，它需要付出的精力與時間都遠比傳統舞臺劇多得多。若對劇場沒有深刻的認識，根本無法掌握好這種創作方法。

　　廣義上的集體的即興創作，其實是有著比較悠長的歷史淵源。馬森認為，中國過去的舊劇和文明戲的「幕表戲」也是一種集體的即興創作；西方的意大利喜劇不但使用即興創作，其演出也不乏即興的表演，特別是阿多諾的「殘酷戲劇」對文學劇本的排斥，集體即興創作才在當代西方流行起來。〔註20〕這裡對集體即興創作的研究，更多的是，將賴聲川作為採用集體即興創作方法比較圓熟的代表，來剖析和觀察這個方法的由來、發展及其背後和戲劇鏈接的精神世界。

三、賴聲川集體即興創作的實踐來源

　　賴聲川攻讀博士學位的加州伯克利，是一個自由思想盛行的地方。城市中有為殘疾人服務的非盈利機構、公交車上有殘疾人輪椅上車坡道，賴聲川在學校還看到一位四肢不健全的殘疾人，自己操作遙控輪椅上課學習……這些尊重每一個人的事實，讓賴聲川深刻感覺到人是平等的，可以平等地追求夢想。這些人本思想也為日後接受「集體」平等地「即興」創作埋下伏筆。

　　在伯克利學習到第五年，賴聲川產生了一種「學習危機」，在觀看眾多美國戲劇後，感慨「臺上和臺下之間沒有什麼關係。美國社會很分眾，劇場有很工業化，戲劇的製作過程令我想到他們的汽車製作過程，工業化，分工化。最後，臺上的人，到底是演給誰看？我怎麼失去了感受？」這些「準確的、科技的、富有感情但未必能讓我感動的一些演出」，對賴聲川來說，「好像在劇場裏面無法凝聚一種整體社會了」。〔註21〕在面臨危機、求解無方的時期裏，在指導老師的介紹下，賴聲川結識了荷蘭阿姆斯特丹工作劇團和他們的主要導演雪芸·史卓克（Shireen Strooker）。初識劇團演出的晚上，賴聲川興奮地回憶：「我聽不懂荷蘭語，但是那一天晚上所看的戲是我這一輩子最重要的一齣戲之一。臺上主景是一排公共廁所，那一齣戲在探討公廁管理員的尊嚴問題，用的是喜劇、音樂、歌唱、肢體動作、雜耍等等。滿座的觀眾跟著笑、跟著哭、跟著呼

〔註20〕　馬森，《當代戲劇的歷史縱深》，《臺灣戲劇：從現代到後現代》，臺北：秀威信息科技，2010 年 12 月版，第 80 頁。

〔註21〕　賴聲川口述，黃靜惠整理，《草創時期的創作模式》，《劇場家書：國立藝術學院戲劇系演出實錄》，邱俊良、李強，臺灣：書林出版有限公司，1997 年版，第 8 頁。

吸。在那荷蘭的初秋的夜裏，我興奮極了，我看到了我能夠認同的演出，一種活力，一種結合臺上與臺下的演出，透過社會議題，透過精彩的表演，透過幽默，透過關懷。我很想知道這種戲劇是怎麼做的。」〔註22〕

待到賴聲川回到伯克利幾個月，雪芸就來到伯克利當客座教授，教授「即興創作方法」，而賴聲川則在博士論文寫作最緊張的時候做了雪芸的副導演。與常年一起合作的學弟妹們完成了改編法國劇作家席拉度對美人魚聯想的作品《昂丁》，並演出。之後，賴聲川給當時伯克利戲劇系主任馬尼‧伍德發出了一封信，坦陳他心目中集體即興創作的可貴之處：「在工作劇團方式之下，演出製作的所有部門是多麼有機性的連結在一起。要讓這樣一種方法成功，需要所有參與人之間極大的信任，同時需要一種非常確定的目標感。雪芸的個性增進了團隊中所有人的彼此信賴，同時提供了非常強而明確的藝術方向」。「對演員和編劇而言，雪芸的『過程』給予他們一種基礎來真正利用他們自己，他們的私人經驗和感受，當做他們創作的精華。」〔註23〕

賴聲川回到臺灣後，面對戲劇創作和劇本創作的沙漠，他開始嘗試用集體即興創作的方法給戲劇藝術拓荒。賴聲川從帶領學生創作的第一個戲《我們都是這樣長大的》，就開始使用集體即興創作方法，導表演共同探索創造戲劇演出和戲劇文本。之後，《摘星》、《過客》、《那一夜，我們說相聲》、《變奏巴哈》、《暗戀桃花源》、《田園生活》、《圓環物語》、《回頭是彼岸》、《這一夜，誰來說相聲》、《臺灣怪壇》、《紅色的天空》、《又一夜，他們說相聲》、《我和我和他和他》等臺北元尊文化出版的 4 冊劇本集 16 個劇本中，除了《西遊記》和《先生，開個門！》是先出文字劇本、後排練演出的，其他全部都運用了集體即興創作的手法。1994 年演出的《紅色的天空》，直接受益於雪芸導演的《黃昏》（Avenrood）的影響。

賴聲川從阿姆斯特丹工作劇團採擷了集體即興創作手法的種子，在迄今為止近三十年的戲劇創作中，賴聲川經歷了三萬小時的排演歷練。如今，集體即興創作在臺灣政治與社會大變遷的時代中落地生根、枝繁葉茂。在近三十年的創作中，賴聲川對於集體即興創作，從學習、揣摩、實踐，到慢慢領會和逐漸形成了屬於他自己的「集體即興」。

〔註22〕 陶慶梅、侯淑儀，《剎那中──賴聲川的劇場藝術》，臺北：時報出版社，2003年 1 月版，第 174 頁。

〔註23〕 陶慶梅、侯淑儀，《剎那中──賴聲川的劇場藝術》，臺北：時報出版社，2003年 1 月版，第 176～177 頁。

此外，他還受邀到香港、新加坡和大陸傳授賴氏集體即興，進行教學和交流。1995 年美國康奈爾大學的沈曉茵（Shen, Shiao-Ying）博士論文《異鄉／地（客）：楊德昌、賴聲川、張毅與侯孝賢的作品研究》中也有記錄，到一九八〇年代，香港話劇團因賴聲川所帶領的集體即興創作取得的成就，而邀請他當地編排和教學集體即興創作。〔註 24〕

從本質上講，賴聲川戲劇集體即興創作的核心詞是「劇場性」。這種劇場性，意味著現場中，演員的表演是獨一無二的，甚至是稍縱即逝的。所以需要用即興的方法，將這種身體、語言和思想的創造力激發出來。彼得・布魯克在《敞開的門——談表演和戲劇》中談到「空的空間」時候，也強調了「即興」的關鍵性，認爲「有些演員習慣於一開始就守著張桌子演戲，還少不了在脖子上繫根圍巾、手裏端杯咖啡，用這些道具作爲掩體把自己保護起來，這時候需要的就是相反的做法，要用形體動作和即興表演來解放他們身體的創造力。爲了讓演員完全自由地去感受角色之間的關係，常常需要創造劇本以外的臺詞和動作來改善文本。當然，這只是暫時的做法，目的是幫助演員找到那個很難找到還稍縱即逝的接觸點」〔註 25〕。所以對於「接觸點」的追求，將話劇創作變爲少則幾位、多則十多位、幾十位演員和導演共同創作的作品。

第二節　賴聲川集體即興創作法的發展演變史

賴聲川不僅身體力行，把集體即興創作從歐美帶回臺灣，還讓這種新型戲劇創作方法在異國他鄉成功地進行本土化，更是從經驗和知識層面有意進行了大力介紹並廣泛推廣。早在 1988 年，賴聲川就在《中國戲劇》發表了《無中生有的戲劇——關於「即興創作」》，介紹集體即興創作方法。迄今，採用集體即興方法創作的戲劇已有 20 多部。隨著學院學生的關注和賴聲川的支持，如今臺灣學界已有四篇碩士論文專門關注集體即興創作方法：包括郭佩

〔註 24〕 Stan Lai has succeeded in East Asia in associating his name with the improvisation method.Daniel Yang, artistic director of the Hong Kong Repertory Theater, expresses in his article written for The Drama Review that he plans to invite Lai to teach his company the improvisational type of play production. 參見 1995 年美國康奈爾大學的沈曉茵（Shen, Shiao-Ying）博士論文《*Permutations of the foreign／er: a study of the works of Edward Yang, Stan Lai, Chang Yi, and Hou Hsiao-hsein*》第二章，第 79 頁。

〔註 25〕 〔英〕彼得・布魯克，於東田譯，《敞開的門——談表演和戲劇》，北京：新星出版社，2007 年 12 月版，第 43 頁。

霖的《作爲劇場語言的即興創作》（賴聲川指導，臺灣：國立藝術學院碩士論文，1997 年）、蔡宜眞的《賴聲川劇場集體即興創作的來源與實踐》（馬森指導，臺灣：國立成功大學中文系碩士論文，2000 年）、白泰澤的《由〈千禧夜，我們說相聲〉看賴聲川所領導的集體即興創作》（賴聲川、朱靜美指導，臺北：臺灣大學戲劇研究所，2002 年）、鍾欣志的《威尼斯雙胞案》（賴聲川指導，臺灣：臺北藝術大學碩士論文，2003 年），大陸和臺灣近幾年還不斷有評論文章進行個案和專題研究，包括朱靜美的《賴聲川早期的「開放式集體即興創作」〈變奏巴哈〉個案研究》〔註26〕，岳磊的《從〈暗戀桃花源〉看集體即興創作》〔註27〕，蘇健的《論賴聲川集體即興的人物創造方法和故事敘事結構》（周豹娣指導，上海戲劇學院碩士論文，2014 年）和周愛華的《賴聲川即興創作研究》（陸軍指導，上海戲劇學院博士論文，2015 年）。筆者嘗試進行對集體即興創作的二十多部戲劇，進行更加完整地梳理和分期，以更清晰地瞭解「集體即興創作」在賴聲川戲劇創作過程中的演變，及其對敘事結構產生的影響。

1984 年 1 月，第一部集體即興創作戲劇《我們都是這樣長大的》，到 2011 年的《那一夜，在旅途中說相聲》，賴聲川共有 22 部以集體即興創作所作出的原創性劇作：

序號	演出名稱	首演年月	首演場地	演出單位
1	我們都是這樣長大的	1984.1	臺北市耕莘文教院大禮堂	國立藝術學院
2	摘星	1984.3	臺北市立社教館	蘭陵劇坊
3	過客	1984.6	臺北市國立藝術館	國立藝術學院
4	那一夜，我們說相聲	1985.3	臺北市國立藝術館	表演工作坊
5	變奏巴哈	1985.6	臺北市立社教館	國立藝術學院
6	暗戀桃花源	1986.3	臺北市國立藝術館	表演工作坊
7	田園生活	1986.6	臺北市立社教館	國立藝術學院
8	圓環物語	1987.3	臺北市國立藝術館	表演工作坊
9	回頭是彼岸	1989.5	臺北市社教館	表演工作坊
10	這一夜，誰來說相聲	1989.9	臺北市國立藝術館	表演工作坊

〔註26〕 朱靜美，《賴聲川早期的「開放式集體即興創作」〈變奏巴哈〉個案研究》，《戲劇研究》（臺）第 7 期，2011 年 1 月，第 199～228 頁。
〔註27〕 岳磊，《從〈暗戀桃花源〉看集體即興創作》，《劇作家》，2007 年第 6 期，第 101 頁。

序號	演出名稱	首演年月	首演場地	演出單位
11	臺灣怪譚	1991.4	臺北國軍文藝活動中心	表演工作坊
12	紅色的天空	1994.9	臺北市國家戲劇院	表演工作坊
13	又一夜，他們說相聲	1997.9	臺北市國家戲劇院	表演工作坊
14	我和我和他和他	1998.4	臺北市新舞臺	表演工作坊
15	如夢之夢	2000.5	臺北官渡國立藝術學院展演藝術中心	國立藝術學院
16	千禧夜，我們說相聲	2000.12	臺北國家戲劇院	表演工作坊
17	亂民全講	2003.11	臺北國家戲劇院	表演工作坊
18	這一夜，Women 說相聲	2005.1	臺北城市舞臺	表演工作坊
19	如影隨形	2007.12	臺北國家戲劇院	表演工作坊
20	陪我看電視	2008.9	深圳大劇院	大陸集體即興
21	寶島一村	2008.12	臺北國家戲劇院	表演工作坊
22	那一夜，在旅途中說相聲	2011.3	臺北國家戲劇院	表演工作坊

　　二十餘部戲劇原創作品，都是導演和演員共同發力下產生出來的智慧結晶。當俯首回望近三十年「集體即興手法」運用歷程，會發現在最初賴聲川從雪芸手中接過的智慧之方，在經歷了上萬小時的歷練之後，發生了一定的調整和變更。同時，因為集體即興創作並不是線性和單一的發展定式，在每一個發展時期的劃分和特點歸納上，多少會有過渡、穿插甚至共存。為更清晰地理解和領會集體即興創作的方法與發展，大致可將其發展歷程分佈在三個階段，也呈現出一定的階段敘事特徵：

　　第一階段：1983～1985 年，「自由、奔放、大膽」的即興實驗，與詩意的敘事結構，代表作品包括《我們都是這樣長大的》、《摘星》、《變奏巴哈》，過渡期的《過客》、《那一夜，我們說相聲》等。第二階段：1986～2000 年，「導演藍圖規劃、演員從綱出發」規劃的即興生發，與拼貼、並行、環狀、穿插的戲劇敘事結構，代表作品包括《暗戀桃花源》、《田園生活》、《圓環物語》、《回頭是彼岸》、《這一夜，誰來說相聲》、《臺灣怪譚》、《紅色的天空》、《又一夜，他們說相聲》、《我和我和他和他》、《千禧夜，我們說相聲》等。第三階段：約為 2000 年後，「導演經驗先行，演員細節再現」控制的即興填充，與縝密嚴謹的敘事結構，代表作品包括《如影隨形》、《如夢之夢》、《寶島一村》、《那一夜，在旅途中說相聲》等。下面進行分別陳述：

第一階段：1983～1985 年，「導表演一起沒有預設、沒有框架」大膽的即興實驗
　　　　　戲劇敘事結構：自由、奔放的詩意結構

　　賴聲川早期創作的《我們都是這樣長大的》、《摘星》都使用了大膽實驗的手法，激發和調動演員的主觀能動性和自身經驗儲備，對於演員成長經驗和生命智慧的運用佔據了相對較大的比例，在創作生發的過程中沒有預設任何框架，在沒有任何壓力的情況下發展起來，形式完全由內容來帶動。

　　在這個階段，戲劇往往僅僅從一個思想或者感性、主題出發，先有了演員們的即興演出的片段，再由導演將這些片段串聯和整合在一起，串聯起來的工具可能是意象、氛圍或者主題。這樣形成的戲劇，往往形式上沒有那麼規則和標準，常常出新、出奇。

　　《我們都是這樣長大的》從賴聲川要求戲劇課程上的學生，下一次上課的時候用任何方式表現出「他們生命中重要的經驗」，出乎預料的看到了同學們以最大的真誠和勇氣，用不成熟的肢體和語言，用不完整的創作手法，表現出一幕一幕令人感動、同時令人感慨的故事。賴聲川「在他們的成長片段中，模糊的感覺到一個更大的東西，一個連結大家在一起的力量，它是劇場，它是社會，它都不是。經過一學期的探索、重塑、編輯、組合，這些零零碎碎的、關於八○年代初期在臺灣成長的故事或畫面，成了一個形，這個形叫做《我們都是這樣長大的》。」〔註28〕

　　《摘星》的副標題叫做「探索智慧不足的世界」，以關懷和洞見啓智幼兒園的智慧不足孩童的世界，探索屬於人性的共通部分和普遍問題，共分成 16 段，是賴聲川與蘭陵工作坊的演員共同探索、積累、即興創作出來的。這時，集體即興創作方法的運用，不僅要調動演員的潛能，還要求他們進入表現對象的環境中，進行學習、探索和磨練：

步驟	任　　務	時　　間	主　體
1	建立創作理念：「啓智園的孩童關照」	演員群被選擇、開始拍戲之前	導演
2	進入啓智園觀察生活	即興排練之前	演員
3	排斥大綱，不做計劃 創作完全跟著一切遭遇走，詩性結構	經過 2～3 個月即興排練	演員和導演
4	寫作劇本	導演叫停排練的一個星期中	導演
5	按照拿到的劇本磨練	演出前剩下的一個月時間	演員

〔註28〕　賴聲川，《賴聲川：劇場 2》，臺北：元尊文化企業公司，1999 年 1 月版，第
　　　　　12 頁。

　　在《摘星》的創作過程中，演員肩負的任務平行於、甚至高於導演的創造力，同時也將演員的訓練和演員的開發視爲相當重要的任務。戲劇從一個命題開始，給予演員諸多修煉、尋找、創造的機會和時間，這樣演員所給予戲劇成品的內容和靈感會很豐富。在這個過程中，演員成爲舞臺前和舞臺中的創作者，導演是整個過程的調控者和協調者，保證主題作業的去粗取精、整合黏結，使得散落的創意和素材成爲一個有機的整體。

　　這一階段的戲劇創作，其敘事結構呈現出節奏的詩性和手法的拼貼特質。尤其是在《變奏巴哈》中，三幕戲劇隨著巴赫十二平均律鋼琴曲第一部第一首C大調前奏曲與賦格曲、第二部第七首降E大調賦格曲、第九首E大調賦格曲等樂曲，而緩緩流出。戲劇主旋律一再重現，多旋律同時並進，對話穿插、呼應、平行，敘事的線和意象的點在舞臺上交匯，偶有擦身而過。《變奏巴哈》是賴聲川戲劇創作第一階段的結構探索最大膽的一齣，也是近30年戲劇創作的結構嘗試中最富有意象性的一齣戲。這和集體即興創作初期的開放、自由精神是相通的。

第二階段：1986～2000年，「導演藍圖規劃、演員從綱出發」規劃的即興生發戲劇敘事結構：拼貼、並行、環狀、穿插。

　　從1984年開始的大膽實驗到1986年賴聲川坦言《暗戀桃花源》的集體即興創作，創作方法已經和之前的「自由、奔放」有了不小的調整：不知可惜還是不可惜，我漸漸無法像《摘星》那個時期那麼自由、奔放，那麼相信在這種方式之下，一切終究會「合」的奇妙原理。我現在作即興表演之前先擬定一齣戲的結構「藍圖」，才開始和演員溝通。〔註29〕

　　直至1994年，賴聲川在回答美國首要劇場季刊《戲劇評論》（The Drama Review）關於「典型化的作品或者製作過程」的問題時，講到沒有典型化的作品，但是製作過程是有典型化的集體創作方法：也就是「由導演帶領，在一個有嚴謹結構的排練過程中大量使用即興表演進行創作」，這種方式之下創作出的作品，「可以呈現並反映當代臺灣經驗中的某一種精華生命力」〔註30〕。同時，還特別說明在戲劇創作中導演讓演員的生發有一個前提，就是導

〔註29〕　陶慶梅、侯淑儀，《刹那中——賴聲川的劇場藝術》，臺北：時報出版社，2003年1月版，第184頁。

〔註30〕　賴聲川，《在地勾勒出宇宙性的處境》，《自序二——關於創作方式》，《賴聲川：劇場2》，臺北：元尊文化企業公司，1999年1月版，第16頁。

演需要給予「角色」和「狀況」以清楚的「定義」：「只有一種方法可以讓演員真實情感透過即興表演有意義的提煉出來，也就是當角色和狀況非常清楚的被定義之後，所有的界線也非常清楚的被劃上之後。於是我們可以花很多天或者很多星期在討論角色，但很少時間話在討論狀況（那是我所指定的），也從來不去討論戲劇動作。」〔註31〕

　　白泰澤作爲導演助理，記錄了《千禧夜，我們說相聲》創作過程的七個階段：基本藍圖——凝聚共識——角色設定——編導者設定狀況、演員即興發展表演內容——表演文本——排練——演出。並列舉了每一次創作排練時間的記錄，以下筆者對記錄做的部分摘取，以示明確這一階段的創作規律：

　　　　2000 年 8 月 14 日（第一次排練聚會）：演員們第一次見面，互相之間從政治到生活多方面的溝通。導演提出「上下半場相隔一百年」、對比兩個不同時空、回顧過去、關照現在、展望未來的概念，大家很喜歡。

　　　　2000 年 8 月 16 日（第二次排練）：角色設定，導表演一起討論，上半場確定有一個大官兒、身邊一個名叫「玩意兒」的跟班。

　　　　2000 年 8 月 27 日（第三次排練）：角色設定，導表演一起討論，下半場確定有一個具有浩然正氣的角色，另一個是阿諛奉承、爲了五斗米而折腰的小老百姓。

　　　　2000 年 8 月 28 日（第四次排練）：上半場角色設定大致完成，金士傑飾演被雷劈著的人，趙自強飾演金士傑的搭檔，倪敏然飾演闖入茶館的貝勒爺。下半場角色初步設定，金士傑飾演拾荒老人、變成演出中途的介入者、一個傳奇故事版的老人，倪敏然飾演茶館的大老闆兼黑道民意代表、或者是黑道立委，趙自強飾演倪敏然的手下，一開場就說要去接拾荒老人。

　　　　2000 年 9 月 4 日（第五次排練）：導演提出對上下半場大方向上比較明確的概念，上半場，一個現代人在講過去的事。下半場，一個過去的人預知了現在的事。〔註32〕

〔註31〕　賴聲川，《賴聲川：劇場 2》，臺北：元尊文化企業公司，1999 年 1 月版，第 19 頁。

〔註32〕　白泰澤，《由〈千禧夜，我們說相聲〉看賴聲川所領導的集體即興創作》，賴聲川、朱靜美指導，臺北：臺灣大學戲劇研究所碩士論文，2002 年，第 27～32 頁。

從《千禧夜，我們說相聲》的前段創作實錄來看，賴聲川是和演員一起，在大致藍圖的指導下，共同商討、創作出具體人物、大綱、情節，乃至於最後每一個細節，從而形成表演文本，最後依據文本進行排練和正式演出。

在這段時間的方法應用中，賴聲川認同了「嚴謹結構」、「角色」和「情境」設定的必要性，經過了 1986 年之後的過渡和反覆實驗應用，賴氏集體即興創作方法逐漸成熟、基本穩定。「大綱」的出現，也是賴聲川和雪芸的集體即興創作不同的一點。因爲賴聲川「當『刺激者』的角色當得更爲進取」，「會預設結構或故事情節和角色，有時第一次拍戲就會給演員整齣戲的大綱。」〔註33〕藍圖出來後的細節，由演員在人生智慧的指示下，充分調動自身的潛能，給予補充和充分探索，按照這時的狀況記錄下劇本，最後按照這個劇本來實施演出。

羅曼菲在回憶 1987 年編排歌劇《西遊記》的紀念文章《深沉批判的企圖心》中，坦言和賴聲川集體即興創作的過程，作爲演員「只要跟著導演發展的情況走，讓自己的舞蹈專業適時地靈活進出戲中」。相對而言，導演的事情則包括了「結構、空間、節奏」等大動作和大手筆。這樣一場戲排練下來，演員「好像無法明確說出自己做了些什麼，但又彷彿和每個細節都有關」〔註34〕。也就是說，演員已經不像第一個階段那樣完全和導演負責所有大手筆和小細節，而只是一定程度上的協同、協助者。

總的來說，賴聲川能成功將集體即興創作從歐美移植到臺灣、香港、大陸和新加坡等地，一個關鍵的因素在於將歐美的藝術方法「落地」異鄉時，能夠做到結合當地文化和社會特徵，以「接地氣」。賴聲川指導的國立藝術學院戲劇研究所（臺灣）學生郭佩霖，在其碩士論文《作爲劇場語言的即興創作》（1997 年）中也明確提出，「在這十多年之間，即興創作從剛開始單純的被視爲劇場訓練的技巧之一，到它被完整的開發出因創作者而異的內在邏輯，並眞正成爲一種創作上的方法，賴聲川的新創之處，在於他以歐美的方法和視界融入臺灣的情感和關懷，成功的將個人的創作經驗環扣臺灣劇場的發展經驗，因此也得到社會的共鳴和認同」〔註35〕。

〔註33〕　賴聲川，《賴聲川：劇場 4》，臺北：元尊文化企業公司，1999 年 1 月版，第 101 頁。

〔註34〕　羅曼菲，《後記：深沉批評的企圖心》，賴聲川，《賴聲川：劇場 3》，臺北：元尊文化企業公司，1999 年 1 月版，第 88 頁。

〔註35〕　郭佩霖，《作爲劇場語言的即興創作》，賴聲川指導，臺灣：國立藝術學院碩士論文，1997 年，第 67 頁。

　　這一階段的戲劇敘事結構，呈現出多元的探索勢態。《暗戀桃花源》中「暗戀」和「桃花源」兩個劇團搶排練場地而造成的拼貼、穿插的戲劇敘事結構。《圓環物語》則將「甲乙丙丁戊巳庚」的連環結構，運用在「小賈、以樂、炳忠、阿丁、小悟、己欣、耕偉」七人人物的環狀情感關係和臺北圓環故事中。《回頭是彼岸》中將海峽兩岸、大陸歷史和臺灣政治大背景下，探討人的自我身份追尋問題，形成了「家中姐姐彼岸歸來」、「情人家出軌彼岸何方」、「武俠世界大俠追尋彼岸」三重時空、三重結構並排進行，又時有穿梭。

第三階段：2000 年後，「（導演）經驗先行，演員細節再現」規劃的即興生發戲劇敘事結構：縝密嚴謹

　　2000 年之後，在《如夢之夢》、《寶島一村》、《那一夜，在旅途中說相聲》等戲劇中，逐漸顯示出導演賴聲川對於戲劇結構的「控制」與「主導」。2001年，在賴聲川接受白泰澤的訪談中，他提到：「到了八五年，開始做《那一夜，我們說相聲》、《暗戀桃花源》的時候，變成我在編劇上面的一些才能就慢慢的發展出來，所以慢慢的會變成說我預設的，跟排練室裏即興出來的這兩件事情中間就會一直有個比例上的變化，也就是說我預設的東西會越來越多，然後演員即興的東西不是變少，而是說演員影響我架構的力量就會變小，我的架構會比較去駕馭那個即興，而演員的即興會在我那個架構當中找到可以發揮的地方。……可能《暗戀桃花源》是一個重要的分野。」〔註36〕分野後的轉向，在 1985～2000 年的戲劇創作中就有所呈現，即興開始不那麼自由奔放；在千禧年之後，這種「預設」的「駕馭」能力也越發強勢。從素材的收集、到結構的設定、人物角色的安排以及相關的情景，都是在導演或者編導的工作範疇之內。等到演員第一次和導演見面之時，是劇目的人物、每一幕的出場人物，以及每一幕的主要情景和細節安排。演員需要做的是，將導演頭腦中的情境變為現實的動作、對話、走臺等細節充實。

　　以《寶島一村》為例，導演和演員的第一次見面會（2008 年 4 月 29 日），演員拿到的大綱中，就已經明確〔序場〕人物包括：「鹿女士、說書人、說書人的女兒、推土機工人」，〔開場〕的情景包括：

　　　·一個美麗的女性，穿著正式，裹著小腳，撐著拐杖，越過舞臺。

　　　　她看著遠方，若有所思。

〔註36〕　白泰澤，《由〈千禧夜，我們說相聲〉看賴聲川所領導的集體即興創作》，賴聲川、朱靜美指導，臺北：臺灣大學戲劇研究所，2002 年，第 20 頁。

· 舞臺上聽到推土機的聲音。說書人帶著女兒出現在一側，說：「2007
　年除夕，我們過了一個很不一樣的年，回到寶島一村，跟所有從
　小長大的朋友、長輩歡慶新年。那是最後一次在寶島一村過年，
　我一定要帶孩子去看看，讓她知道我們是從哪裏來的。」

· 臺上一片廢墟、一棵樹。推土機鏟掉殘餘的磚瓦，本想鏟掉那一
　棵樹，想一想，算了，開走了。臺上一片塵土。

· 神秘的美麗女士看著看著，突然飛走，消失。

· 遠方聽到大聲喇叭在報告：請大家集合……〔註37〕

戲劇從眷村人回到眷村吃最後一次年夜飯，之後眷村就要被拆掉，開始了歷
史的倒敘。在即興創作之前，戲劇的結構、人物、情節安排、節奏已經由導
演規定好，演員只負責化虛為實，將情節變為實際的對話和舞臺走場，以及
在細節推進上與導演溝通和調整。

　　2000 年長達近八個小時的《如夢之夢》，是常被論及和研究的一部戲，演
出時主觀眾區在劇場中央，觀眾坐在旋轉椅上，演出過程中演員一直環繞著
觀眾，觀眾也隨著故事的展開，自行旋轉。通過賴聲川自述的《如夢之夢》
創作歷程，反觀這一時期的集體即興創作，也會發覺導演在藝術形式和內容
創造階段的全情投入。

　　故事的素材和啓發主要來自於七個事件：

1. 1990 年 6 月，羅馬展覽館畫展上一幅楊·勃魯蓋爾的畫，畫中畫。「畫中
　 畫」的概念轉成「故事中的故事」的構想，記下一個非常長的作品名字：
　 《在一個故事中，有人做了一個夢。在那個夢中，有人說了一個故事》。

2. 1999 年臺藝大戲劇系下學期的製作課程，要我做導演，公佈了一個簡單
　 構想，題目開放。

3. 1999 年 9 月，我和太太和梵耘一起去倫敦，突然決定去法國，到了法國
　 鄉下的一個城堡，一樓面對湖的起居室牆壁上，有一幅過去城堡主人的
　 畫像。畫像下面的銅標上寫著，「某某某，法國駐意大利大使，1860～
　 1900」。假想了這位是駐中國大使，認識並愛上了中國女子，帶回來。
　 如果我有機會採訪這位中國女子，她會說什麼？那天 9 月 20 日，臺灣
　 地震。

〔註37〕　資料來源於《「賴聲川的戲劇學」——賴聲川創意及導演高級研修班》的交流
　　　　　材料，限於材料的非公開性，僅摘取部分材料做研究分析之用。

4. 回到臺灣，12 人的創作課，來了六十位同學！原來的劇本只能廢掉，重新想。不管做什麼，用的演員要多。

5. 1999 年 10 月，倫敦近郊發生慘烈的火車車禍，過了幾星期，看《國際先驅論壇報》（International Herald Tribune）得知更正車禍的死亡人數，因為有人車禍後沒有死，買了機票出國去了，後來到了家裏，才知道原來人沒有死。我想到那些人的想法，「天哪，我現在可以一走了之。不論我人生捅了多大的婁子，不論我欠多少債務，銀行的或感情的，我自由了！我死了！這麼一走，一切歸零，一切一筆勾銷。」這一切讓我很不安，很想掉淚。

6. 不久，同樣報紙上，有以為紐約醫生寫的一篇動人文章，關於現代醫學中愈來愈多無法診斷的病症，病人不但最後死亡，並且無法知道理由。

7. 1999 年 11 月，我連續到印度菩提迦葉－釋迦牟尼二千六百年前證悟的地方。路上看《西藏生死書》，一段關於一個榮鳥醫生，索甲仁波切給了她很實際的方法面對瀕臨死亡的病人，包括一種叫做「自他交換」的修行。看到這一頁的時候，以上所敘述的所有不相干的、在我人生中不同時間發生的經驗突然在心中冒了出來，並串聯到一起，形成一個複雜但清晰的作品。

　　第二天下午，我走到舍利塔，開始把前一天晚上在腦子裏組合的一切寫出來。「一個醫生的故事，一位病因不明的絕症病人的故事，他和一位孤獨的巴黎女服務生的關係，他和一位隱居上海的老太太的關係，這位上海老太太年輕時的故事，她如何遇見一位法國伯爵外交官，和他結婚，到法國湖邊大城堡居住、學藝術，他們的關係激烈地發展下去，最後有一天他死於一場慘烈的火車車禍。還是沒死，反而離開了，去展開自己全新的生命？」

　　玄奘曾經形容的這座古老舍利塔，成為我寫作的背景。時間流逝著，我也留意到有些人繞完塔，走了，也有新的人進來，還有人繼續地繞，象生命一樣。「如果把觀眾當做神聖的塔，讓故事、演員環繞著觀眾，是不是有可能將劇場還原成一個更屬於心靈的場所？」這樣的形式顛覆了一般人看戲的經驗，但是完全符合我正在構思的作品。於是《如夢之夢》的形式與內容同時被創造出來。二十幾頁長的大綱，不知道要演出多久，北藝大同時鼓勵，通過加州大學和北藝大同學的共同努力，第二年《如夢之夢》臺北演出，觀眾

坐在中間的旋轉椅上，故事環繞著觀眾開展。〔註38〕

而經過多年的生活和智慧的沉積，在「自他交換」和「環繞舍利塔」的刺激下，故事穿成了戲劇的敘事：

一個剛從醫學院畢業的草鳥醫生，在臺大醫院服務的第一天，她所負責的五位病人中有四位死亡。她深感醫學院的訓練沒有教他如何面對這些瀕臨死亡的病人，於是她去找一位早已離家出走、遠赴印度流浪的堂妹，詢問其他文明如何面對瀕臨死亡的病人。她得到一個答案是：「讓病人說出自己的生命故事，對病人非常有益。」

於是「五號病人」的故事展開了。在他不幸的一生中，他太太失蹤，然後他染上了一種不知名的病，現代醫學無法診斷，醫院只說：他終究要死亡。他決定去旅行，想從旅途中看是否能為自己的病況得到一種說法。旅途中，他在巴黎認識了一位與他同樣孤獨的中國女子，他們共同發現了一些線索，到了法國鄉下一個城堡，看到一幅法國貴族和中國女人的畫像，他有一種神秘的感覺：這一副畫像中的人物與他有關。

經詢問，畫像中的法國貴族早已死亡，但中國女子還活著。五號病人遠赴上海尋找這一位年老的女人，在一家醫院中找到她。於是故事的週期重新開始，這一下是五號病人向這一位躺在病床上的上海老太太詢問她的人生故事。

這一位名叫顧香蘭的女人，原來是二十世紀二十年代的上海名妓，在一個特殊緣分下認識了法國駐上海的領事，這位伯爵外交官瘋狂迷戀她，把太太休了，把顧香蘭娶回法國。到了法國，住在這美麗的城堡之後，顧香蘭得到一切的自由，學習藝術，但想不到她很快地紅杏出牆，讓伯爵痛苦不堪。後來伯爵卻在一次慘烈的車禍中失蹤，而失蹤當天，伯爵戶頭中的所有錢被領光，讓顧香蘭慘淡地面對餘生。

其實伯爵沒有死，後來遠赴非洲發展事業，娶妻生子，老年回巴黎之後被顧香蘭發現，並在臨死前病床上被她詛咒未來承受十倍於顧香蘭的痛苦。

〔註38〕 賴聲川，《小火慢燉的靈感：〈如夢之夢〉》，《賴聲川的創意學》，桂林：廣西師大出版社，2011年8月版，第42～50頁。

－109－

這互相憎恨和報仇的故事延續下去，直到最後，觀眾漸漸瞭解所有故事、夢、人物之間的關係。人與人之間的互相折磨與憎恨是否必須不斷「輪迴」？五號病人是否為伯爵的「輪迴」？在七個半小時及三種死亡之後，整齣戲走向一個儀式般的結尾。〔註39〕

至此，積累數十項的故事元素，磨礪數年的耗時，近百年的故事時間跨度，都匯總在《如夢之夢》的構架中。而這個構架，多是來自於導演賴聲川本身的生活經驗、佛學頓悟、生命覺醒的收穫。不論是他旅行途中所看到《西藏生死書》中的「自他交換」，還是個人修持體驗到舍利塔下的「曼陀羅」頓悟，都是導演經驗成為將所有經驗拼合在一起、把積累的生活智慧貫穿在一起的「紅線」，成為承載各個片段的戲劇結構平臺，而遠非第二個階段中導表演一起從人物到情節的步步推進。

賴聲川坦言三十年即興創作方法上，素材與產出之間關係的變化：「在早期的作品中，我經常累計非常多的素材，遠超過所需。以《摘星》（1984）為例，我記得我們在排練室發展的素材和實際演出的材料比例大約是四十比一。《那一夜，我們說相聲》大約發展出七小時的相聲段子，最後變成兩個半小時的演出。隨著時間過去，素材與演出的比例愈來愈縮小。迷霧散去，原本在我面前一篇模糊的畫面，漸漸成形、清晰。到了《如夢之夢》（2000）的時候，大部分我發展的場景都納入了最後劇本，排練室發展的素材和最後劇本的比例大約是一點二比一。迷霧散去後，我得到一種能力，當我在編一小場戲的時候，能夠看到整齣戲。我也可以在過程中，這邊加幾句話，那邊刪幾句話，我知道這樣做會如何影響整個演出。這種能力如何取得？在以上的例子中，其實方法一樣：訓練，練習和實際經驗。通過不斷地練習及經驗積累，技巧也會有驚人的蛻變。《如夢之夢》前期創作是在加州大學伯克利分校完成的。當時根據我的大綱，我和演員花很多時間討論角色，然後我會在排練場建構出一些即興情境，讓這些角色可活動於其中。……我自己在為 2002年香港演出修戲時寫過這麼一次 email 給設計師：

我覺得自己實際就在作品之中「雕塑」。當情境在我面前，我試圖讓自己放空，放掉所有既定概念，在這一剎那中，就好比我手上有一把劍，讓我切入角色、情境，切到角色更深的動機中，這些動

〔註39〕 賴聲川，《小火慢燉的靈感：〈如夢之夢〉》，《賴聲川的創意學》，桂林：廣西師大出版社，2011 年 8 月版，第 40～42 頁。

機造就了這一場戲，也像「燈塔」一樣，立在劇本之中，照向前後劇中的其他「燈塔」。我把劍輕輕地切割、雕塑，從空氣中找到關鍵點。有時這關鍵點一下找到，手術立即進行。(《如夢》節目場刊，香港話劇團演出，香港，2002.)」〔註40〕

從 80 年代中期第一階段的 40：1，到之後的 7：2.5（近 3：1），到 2000 年後的 1.2：1，從演員導演提供的素材取捨比例的角度，我們看到了素材利用的有效性。同時，從《如夢之夢》的材料來看，賴聲川更多地發掘自己身邊人事的積累和智慧，而非大量開掘和採用演員的生活經驗，這也是新近階段賴聲川集體即興創作在取材方向上的特點。

《如影隨形》的兩部分經驗來源湊齊後，賴聲川才開始與表演工作坊演員們一起創作劇本的過程。創作經歷，跨越兩年，三個城市，三組人群。劇作的兩部分經驗來源，一部分是 2005 年 10 月上海戲劇學院的八天研修營，提出了「中陰生」的概念，和一場無法結束的愛情故事，到了第八天用如夢式的環形劇場形式呈現了一個小時的作品《上海·故事》；第二部分是 2006 年 1 月，在美國斯坦福大學，用了八周時間和學生一起探討，並演出的《為死者說故事》(Stories for the Dead)，故事設及到了《如影隨形》的故事情節。一位來自芝加哥的男學生想起他從小最要好的朋友，十五歲那年，好友爸爸因為懷疑他媽媽有外遇而槍殺了他媽媽，他爸爸逃亡幾天後還打了一個電話給了男學生的爸爸，也是他最要好的朋友，說了一些聽不懂的話，第二天他們就在另一個州找到了好友爸爸的屍體。〔註41〕

到 2007 年下半年，賴聲川拿著之前的積累和表演工作坊的演員進行磨合和第二次創作的時候，先成形的是戲劇中的角色、富有故事的角色。當演員逐漸進入與角色的對話後，就會跟隨角色，成為有故事、有歷史的角色的現時延伸，進入或幻想、或真實的背景故事世界，聆聽角色要發出的內心呼聲，生發出豐富的角色形象。最終，故事從寫實入手，進入到現實與虛幻、想像與真實、生與死、夢與醒融合在一起的，富有詩意，又充滿玄妙感的形而上的戲劇。

〔註40〕　賴聲川，《賴聲川的創意學》，桂林：廣西師大出版社，2011 年 8 月版，第 241 ～243 頁。
〔註41〕　賴聲川，《如影隨形的創意旅程》，《如影隨形》影碟介紹，臺北：群聲出版有限公司、木棉花國際股份有限公司，2008 年，第 3～4 頁。

　　鍾欣志在回憶《威尼斯雙胞案》的創作過程時，提到自己跟從賴聲川做《如夢之夢》的導演助理，開始瞭解和學習集體即興創作的來源、特點和遊戲規則。在這一階段的集體即興創作，特別關注導演和編劇二者結合的思考：「在正式排練之前，重要的是『邊界的建構』，也就是角色和情景的預先構思，此二者一內一外，有了清楚的設定演員才能提供合理的反應，才能推動『戲』的發展，這是屬於編劇部分。導演部分，則是對過程中每一刻的變化保持敏感，隨時觀察戲的走向並做出反應，再觀察戲的反應再反應⋯⋯但其實這兩部分的工作是分不開的。」〔註42〕

　　在這一階段中，導演的功能和編劇的功能有部分重合。結構一旦有了很好的依託，諸如「電視」、「寶島一村」、「輪迴」、「自他交換」、「中陰生」等，就會凸顯編導控制的縝密優勢。反之，如果戲劇缺少有效的依託，導演對素材的割捨不下，就會導致素材堆積、主題不明。《那一夜，在旅途中說相聲》推介冊中，賴聲川也坦言，「通常『我』在戲中的哪裏不是很好找，應該不會是某一個單一角色，也不會運用生命中完整的原始經驗。我的戲通常是許許多多人與物參雜拼貼而成，我比較是個旁觀者，『自傳』性格不強。但這次不一樣。引用所謂表演工作坊『說相聲』『相聲劇』的格式，我試圖把自己多年的旅行經驗寫下，並且轉換成相聲⋯⋯這部作品從質感上可能更像對話，像戲。」〔註43〕

　　賴聲川從西方移植到東方的集體即興創作，有三十餘年的創作歷程。在最初階段，集體即興創作「透過即興表演，演員個人內在的關懷可以被提煉出來，而經過正確的指導，個人的關懷可以促進集體關懷的塑造。而透過這個過程所發覺出來的集體關懷，可以塑造演出的作品。」〔註44〕集體即興，是對演員個人能量和關懷的體現和提煉。方法使用的前期，導表演在平等位置上，甚至演員的作用比重更大。然而，隨著導演／編劇的作用逐漸加權，演員的個人積累和能量的挖掘程度遠不及前期的狀況。這樣看來，通過演員的個人關懷促進戲劇集體關懷的努力逐漸式微。

〔註42〕　鍾欣志，《威尼斯雙胞案》，賴聲川指導，臺灣：臺北藝術大學碩士論文，2003年，第42頁。

〔註43〕　表演工作坊、北京央華文化，《編導的話》，《那一夜，在旅途中說相聲》保利劇場演出推介冊。

〔註44〕　賴聲川，《賴聲川：劇場2》，臺北：元尊文化企業公司，1999年1月版，第17頁。

第三節　集體即興創作史背後的精神世界

　　借用榮格的觀點，由於藝術創作的動因來源於崇高的理想和偉大的抱負，因此本質上藝術不是個人的東西，而是出自一種「集體無意識」。這種集體無意思積澱在藝術家的心靈深處，它總是要找到適當的形式才能噴發出來，從而成就了藝術創作。那麼，集體即興創作，從本質上說，是將個體經驗通過即興創作的方式，合成集體經驗或者歷史經驗。賴聲川戲劇，就是通過集體即興創作，實現了以私人敘事解構臺灣的宏大歷史、以個人視角進入心靈與精神的意圖。這種集體無意識，彷彿是賴聲川劇場上空的召喚，只不過是借由集體即興創作的手法表達出來而已。

　　縱觀歷史題材的文學作品，常常採用「宏大敘事」或者「私人敘事」兩種不同的敘事立場和視角。其中，「宏大敘事」，是以群體抽象為基礎，用宏大的建制來表現歷史和現實，追求完整性、目的性，力爭「再現」重大的歷史事件，敘述人被定位於觀念及信仰的「代言人」的社會角色。相比較而言，「私人敘事」，則是在面對歷史的時候，以個體經驗為基礎，從一個或幾個歷史事件的「見證者」或「親歷者」的感受角度，側面反映和填補關於歷史的記錄和呈現。「私人敘事」是對傳統史學、文學、藝術作品中所謂「宏大敘事」進行解構的產物。

　　賴聲川戲劇反「宏大」而行之，戲劇敘事的視角大多為邊緣敘事、微觀敘事的「私人敘事」視角，從「感動的動機」入手展開對於大時代的剖析。這種敘事立場，與他在指導臺北聽障奧運會開閉幕式大型活動時的理念一致——「感動更重要」、「做演出就像請客吃飯」。於是在閉幕式上，4000運動員看到由人扮演的「臺灣小吃」列隊入場，他們有的裝扮成小籠包，奔跑著跳入由彈簧床為基座的蒸籠。有的扮成香菇、牛肉、麵條甚至蔥，一躍進入「牛肉麵湯碗」……

　　戲劇中私人敘事視角下，「小人物」的歷史敘事中，透露出大歷史背景中現實的人和事。於是抗戰時期的重慶就濃縮在《那一夜，我們說相聲》的「防空洞」裏平民的慌亂與豁達中。王地寶和舜天嘯回憶，自己與老崔等幾個朋友在陪都重慶，共用一個防空洞的生活：老崔家的防空洞，我們也就五六個人躲。防空洞都修繕得很舒服，老崔老家在北平，雖然沒有滿漢全席，但總有個「梅花三弄」，因為什麼時候都得有規矩。這「梅花三弄」，就是精彩的

三樣小菜——砂鍋「芋」頭、北平烤「芽」、紅燒乳「竹」（「砂鍋魚頭」、「北
京烤鴨」、「紅燒乳豬」）。鬼子在外面大轟炸，梅花三弄砸到地上成了十面埋
伏，老崔被炸怕了，把埋了400年的酒罈子從一人深的老窖挖出來給大家喝。
酒興高漲，老崔喝後念了「唐——詩——三——百——首」。老田念了七言絕
句「一二三四五六七，七六五四三二一……」。我也念詩一首「無」言絕句。
防空洞外面還是稀哩嘩啦、颼颼的聲響。老崔看外面後，跪倒在地「完了！
重慶完了！一片漆黑」。我給他兩巴掌鍋貼，因為他都沒有開門！抗日戰爭時
的困難，沒有把普通老百姓嚇倒，他們還頑強地在日軍雷雨般的轟炸中苟活，
並且透露著民間生活的苦中作樂。

　　「文革歷史」，則被濃縮在《這一夜，誰來說相聲》紅衛兵無理取鬧的批
鬥會和主人公挨整挨揍的歷史回憶事件中：

〔嚴站到定位，白從口袋中抽出一頂共產黨的紅星帽，戴上，白在
　嚴背後徘徊。〕

白壇　嚴同志，我問你，你覺得你這個人怎麼樣？

嚴歸　〔不好意思〕你問我這個，那我怎麼回答比較好？

白壇　你不管，照實說就行了。

　　……

嚴歸　〔誠懇的〕我覺得我這個人對良心還對得起。

白壇　〔突然打嚴一巴掌，用嘴模擬巴掌的聲音〕「啊不呀！」（同飆
　　　！引者注，後不再注）〔嚴大愣，白快速大罵〕你看你這個人
　　　的穿著打扮是資本主義壓榨廣大勞工的代表！看你氣色紅
　　　潤，腦滿腸肥，一幅小走資營養過剩的樣子！你怎麼對得起廣
　　　大的無產階級群眾？

嚴歸　〔對觀眾〕廢話背得比我們還多？〔對白〕好，那我說我這個
　　　人壞透了。

白壇　〔再打〕「啊不呀！」〔嚴又愣〕你口是心非，言不由衷，見風
　　　轉舵，油腔滑調，完全是封建主義的餘毒，軟弱分子的代表！

嚴歸　〔畏縮〕那我一半一半可以吧？

白壇　〔再打〕「啊不呀！」〔嚴又愣〕你這個不要臉的修正主義分子！
　　　牆頭草兩面倒！革命就怕這種意志不堅的騎牆派！

嚴歸　那我不說話可以吧！

白壇　〔再打〕「啊不呀！」你怎麼可以放棄你神聖的發言權利？敵我意識的矛盾就是人民內部的矛盾！你啊！你內心有矛盾！〔再打〕「啊不呀！」

嚴歸　我矛盾什麼？……

白壇　〔再打〕「啊不呀！」

嚴歸　〔欲分身〕你……

白壇　〔再打〕「啊不呀！」

嚴歸　唉！

白壇　〔連續打〕「啊不呀！啊不呀！啊不呀！……」

嚴歸　你怎麼一直打人，不說話？

白壇　〔平實〕我還沒想到要說什麼。〔想一想，再打〕「啊不呀！」

嚴歸　〔躲開〕好了！

白壇　以前我們鬥人鬥得沒詞了就這麼混時間。〔註45〕

這場荒唐滑稽、不知所云的政治鬥爭中，個人的穿著打扮和臉色容貌可以被隨意扣上「資本主義壓榨廣大勞工」、「小走資營養過剩」的帽子。說自己良心對得住要挨打，說自己壞透了要挨打，說自己一半好一半壞要挨打，說自己不發言了更要挨打，不論被整的人說一句話還是一個字，整人者總是能夠找到更多的理由來修理對方，就毋寧說從蛛絲馬蹟中尋找到更加反動和批鬥良民的理由。「挨打」的對話，來自於簡單的歷史現實，但呈現出的混亂文革過往，確實讓觀眾從一打而知全劇，啼笑皆非、欲哭無淚。

　　對歷史的重演，戲劇抓住了小人物的對話敘事和個人記憶，讓歷史背景自然流暢地展現。抗戰時期的陪都重慶，群眾爭相躲進防空洞裏，講究吃「梅花三弄」聊以自慰——砂鍋「芋」頭、北京烤「芽」、紅燒乳「竹」；大陸解放後臺灣的眷村裏人們熱切地輪班、簇擁一起看村里第一臺電視機；文革時期紅衛兵揪鬥批整無辜百姓……這些小事件在戲劇中，成為一個個鮮明的符號，窺一斑而道出宏觀的歷史畫面，同時啟發觀眾透過小人物的視角和立場，對大歷史和大背景進行反思。

〔註45〕　賴聲川，《賴聲川：劇場3》，臺北：元尊文化公司，1999年1月版，第253～254頁。

　　集體即興創作將每一位參與的導表演所承載的個體經驗，在劇本創作過程中調動和激發了出來。它所強調的是演出劇本，而非普通意義上所講的文本劇本。而演出劇本的誕生，和每一個內心當中、生活裏面多包涵的精神和內心有關，凝聚了眾多個體的意識和無意識。所以戲劇即使是談論永恆性、深入性問題，也往往都是從個體經驗出發的，私人視角的，而不是宏達敘事。而這種平民的、個體的、私人的，甚至隱秘的角度，更加符合觀眾的接受習慣，也更加貼近普通人的歷史過往與現實生活，所以格外能夠引起觀眾的共鳴與反思。

第四章　喜劇和悲劇相互映襯：
　　　　　含淚之笑的喜劇理性

第一節　悲劇和喜劇是一體之兩面

　　20 世紀的西方戲劇創作發展呈現出明顯的喜劇化傾向。比如荒誕派戲劇、存在主義戲劇、表現主義戲劇等流派，以及皮蘭德婁、布萊希特、迪倫馬特等劇作家的創作都是如此。瑞士著名的劇作家弗里德里希‧迪倫馬特在《戲劇問題》（1955 年）中，提出關於 20 世紀戲劇創作的觀察，「一種悲劇所賴以存在的肢體齊全的社會共同體的整體已經是屬於過去的時代了」，今天的世界已經變成「肢體不全的」、「喧囂不已的」，一切都變得荒謬了，因此「只有喜劇才適合我們」〔註1〕。而這個世界恰恰是賴聲川戲劇中所體現出的那個喧囂、躁動、荒誕的臺灣怪壇，其戲劇的美學傾向體現出明顯的荒誕化和狂歡化傾向。

　　賴聲川在加州大學伯克利分校攻讀博士學位時，就試圖通過希臘悲劇及日本能劇等戲劇形式，探索悲劇與喜劇之間的互動關係。他發現古代希臘人要在看完三部悲劇之後，還要看一個羊人劇（Satyr play，為調節氣氛演出的笑劇），而羊人劇多半是諷刺前面的三個悲劇。賴聲川認為，三個悲劇加一個喜劇的結構，使情感激烈到一個程度，再用另一個方式來嘲諷這種激烈，這

〔註 1〕〔瑞士〕弗里德里希‧迪倫馬特，《戲劇問題》，葉廷芳、黃雨石、張榮昌譯，
　　　　《迪倫馬特喜劇選‧譯本序》，人民文學出版社，1981 年版，第 24 頁。

樣就能達到淨化的目的，產生更高的境界。不僅古希臘的悲劇加羊人劇組合有這種特點，日本能劇加狂言，也同樣可以產生這樣的觀演效果。日本能劇十分嚴肅、哲理、深沉，道盡萬事無常，那麼多鬼魂執著於激烈的事情上。然而在上、下半場中間，還有演出一則狂言，「狂言」大多直接諷刺「能」的部分，用通俗的方式，穿插著笑料向觀眾解釋前面發生的事。希臘悲劇後的「羊人劇」和日本能劇最後部分的「狂言」，都淡化了戲劇原本的悲劇色彩，增加了戲劇的敘述性，讓觀眾可以跳出悲劇氛圍和戲劇假定性，以便反觀戲劇。賴聲川反觀自己的人生經驗，認為「笑到極致，以及哭到極致，人的面部表情是一樣的，所到達的『境界』也是類似的，所謂『樂極生悲』大概就是這個意思」〔註2〕，對希臘人和日本人的編劇策略表示贊同。

　　對賴聲川影響最大的莎士比亞戲劇，每一部悲劇都帶有喜劇成分。莎劇研究專家塞繆爾·約翰遜在《莎士比亞戲劇集》的《序言》中，指出了莎劇的複雜性，「莎士比亞的劇本，按照嚴格的意義和文學批評的範疇來說，既不是悲劇，也不是喜劇，而是一種特殊類型的創作。它表現普通人性的真實狀態，既善又惡，亦喜亦悲，錯綜複雜，變化無窮……幾乎在他的全部巨作裏都是嚴肅的和可笑的人物平分秋色，而且在情節的先後發展過程中，時而引起嚴肅和悲傷的感情，時而令人心情輕快，大笑不止。」〔註3〕

　　賴聲川戲劇中，悲喜因素融合的喜劇，多於悲喜因素融合的悲劇。而且，悲喜之間的關係，互相混同、彼此同一，原本對立的關係被轉化成為互為表裏的關係。所以，絕望的大悲可能會被轉化為荒誕的大笑，而荒誕的大笑後會引發撕心裂肺的痛苦和慘淡的大悲。正如林青霞觀看《寶島一村》後，在《蘋果日報》副刊的「客座隨筆」中坦言自己的觀演體會：「時而感傷，時而欣慰，有時大笑，有時哭得抽泣，淚還沒乾又破涕為笑，還沒笑完又哭將起來」。〔註4〕

　　賴聲川逐漸形成了自身獨特的悲喜劇觀念，在他看來悲劇、喜劇絕非相反詞，而是一體之兩面。敘事內裏的「悲劇調子」和敘事外的「喜劇形式」所呈現的衝突，產生了強烈的衝擊力，讓觀者在笑中流淚、在悲傷中有溫馨的一絲

〔註 2〕　陶慶梅、侯淑儀，《刹那中——賴聲川的劇場藝術》，臺北：時報出版社，2003年1月版，第53頁。

〔註 3〕　〔英〕塞繆爾·約翰遜，《〈莎士比亞戲劇集〉序言》，李賦寧、潘家洵譯，《莎士比亞評論彙編》（上），北京：中國社會學出版社1979年版，第42～43頁。

〔註 4〕　見豆瓣網信息，網址 http://www.douban.com/group/topic/5188898/

安慰。從這個意義上講，悲喜劇的一體兩面，可以看做是黑色幽默將悲喜劇的情感界限打通，以悲爲喜、以喜爲悲，將原來兩者的對立關係轉變爲互爲表裏的關係。這種悲喜劇戲劇體裁，將悲劇和喜劇融合在一起，從本質上改變了喜劇的自身性格，是一種新的戲劇形式。借用馬丁·艾思林的觀點，「悲喜劇是一種複雜的體裁，它要求觀眾高度地深於世故。因爲一切戲劇對觀眾的效果，基本上決定於種種期待和滿足這些期待之間微妙的相互影響」，〔註5〕馬丁指出，進入 20 世紀之後的 70 多年裏，悲喜劇開始大量湧現，除了契訶夫之外，布萊希特、貝克特、尤奈斯庫以及皮蘭德婁的戲劇大多都是這樣的混合體裁。而這些導演都是賴聲川所熟識、改編或者研究過的戲劇導演。

　　賴聲川悲喜劇的處理過程中，常常採取三種對比策略：其一是有的戲劇必須演得十分嚴肅，嚴肅之後通過滑稽的對比產生一種喜劇性效果；其二是有的戲劇採用喜劇風格進行演出，再經過悲劇部分的對比後，產生深切的悲哀和悲劇性的洞察力；其三是採用劇中劇、平行結構等方式，使得戲劇人物在不同時空之間穿梭，從而形成了戲劇從這種風格到那種風格、從一個場面到另一個場面的不斷變換，從而產生移景換情的情感起伏效果。總的來講，悲喜劇的悲喜程度的拿捏、悲喜之間的過渡或者悲喜之間的對衝，都是比較難於準確、恰到好處地把握的。要產生「笑著哭」的恰當效果，需要對戲劇衝突和情緒起伏的精準設計，也需要導演和演員對舞臺演出的精準設計。尤其在市場機制引導下，爲爭取更多關注度，不少娛樂笑星或諧星進入喜劇部分的演出。而喜劇演出的尺度過大，甚至誇大到鬧劇狀態，而悲劇部分沒有足夠力量進行等量對衝，就容易產生喜劇情緒超過悲劇情緒的嬉笑狀態，從而被詬病爲過度娛樂化和戲謔化。這樣也就遠離了原本希冀喚起洞察和思考的力量原點。

第二節　賴式喜劇言語

一、黑色幽默

　　賴聲川戲劇中的喜劇因素可以稱爲是「黑色幽默」。黑色幽默恰恰又是 20世紀西方悲劇創作的一個重要的趨向。從觀眾反應上來看，黑色幽默，常常

〔註5〕〔英〕馬丁·艾思林，羅婉華譯，《戲劇剖析》，北京：中國戲劇出版社，1981年 12 月版，第 71 頁。

用荒誕感消解傳統戲劇的滑稽感，用沉痛的無可奈何的苦笑替代傳統戲劇輕鬆開懷的大笑。其情感模式，可以總結爲「以荒誕性消解了傳統悲劇的嚴肅性，以絕望的慘笑替代了悲劇的痛感，大悲轉化爲大笑。把人物的悲劇抗爭精神轉化爲無可奈何的認命、宿命精神。黑色幽默用笑來表現悲慘，悲慘情結借荒誕戲謔加以宣洩」〔註6〕，黑色幽默的笑，是至悲的笑、慘烈的笑，以笑爲悲。

　　黑色幽默將悲喜劇融合爲一。然而細看賴聲川對現代生活進行揭露和展示的戲劇，在其喜劇因素的表層下，卻是難掩悲劇意味的旨向。悲喜劇的平衡天平表面上偏向喜劇，實際上重心卻在悲劇所引發的思考體悟上傾斜。觀看賴聲川戲劇，觀眾們往往會被搞笑的對話，滑稽的表演，偶然的巧合，錯位的衝突所吸引，發出肆無忌憚的笑聲。然而，觸及觀眾心靈的，往往是在喜劇表層之下的失落感、逝去感和悲劇感。人生無常，時而滑稽可笑，時而悲痛欲絕，背後透露出的是人生悲苦觀念。這才是賴聲川戲劇最打動人的力量所在。

　　看賴聲川戲劇，「笑」的機會很多，但這笑同時又絕對殘忍。賴聲川一直認爲讓觀眾笑不是一件難事，但是如何讓觀眾笑得有意義，這個需要費心思。笑是一個很利的工具，可以很嚴肅，也可以超過嚴肅所能達到的嚴肅。喜劇家普羅陶斯（Plautus）、莫里哀（Moliere）、卓別林和伍迪·艾倫（Woody Allen）都對賴聲川的喜劇觀形成有一定的影響。賴聲川特別追求喜劇或笑背後可能透露出的意義，並努力引導觀眾進行有深度的思考。

　　經過賴聲川重新演繹的意大利喜劇家高多尼（Carlo Goldony）的《一婦五夫》、《一僕二主》，和達里奧·弗（Dario Fo）的《開放配偶！非常開放！》《一個無政府主義者的意外死亡》、《絕不付帳》，都將嬉笑手法和深度思考相結合，成爲賴聲川戲劇及其改編的外國戲劇的一個突出特點。這種悲喜劇交融的美學風格，和前面所提到的反諷一脈相承。

　　具有反諷精神的悲喜劇與具有揭露功能的現實主義戲劇相比較，有兩處明顯不同：其一，現實主義戲劇在揭露和批判時候，常常兩相比較，提供好的、理想的一面，屬於先破後立。而反諷戲劇意在揭示生活中所謂的合法性的不合法、所謂合理性的不合理，但是不給提供理想的模式，屬於只破不立。

〔註6〕 邱紫華，《悲劇精神與民族意識》，武漢：華中師範大學出版社，2000年3月版，第381頁。

其二，現實主義戲劇中很少有幽默、滑稽的部分，但是反諷戲劇中常常出現因爲偏差、錯覺、誤解等帶來的啼笑皆非和欲哭無淚的喜劇元素。

二、反諷的三個層面

作爲社會現實中存在的文化衰落、經濟混亂、政治骯髒、全民娛樂等現象的觀察者、評論者和批評者，賴聲川廣泛運用了反諷修辭，並結合悲喜劇交融的戲劇特點，引發受眾在笑聲中反詰。

「反諷」一詞，源於希臘文，最初有三個意思：一是佯裝、二是矛盾、三是反語。反諷往往言此而意彼，表層的所指內裏卻往往隱藏著豐富的潛臺詞，兩者之間產生具有衝擊力的嘲弄式反襯效果。D.C.米克相容反諷「既有表面又有深度，既曖昧又透明，既使我們的注意力關注形式層次，又引導它投向內容層次。」〔註7〕在大量運用反諷的語言中，讚美的言語隱藏了諷刺的意味，頌揚的語言往往可以被理解爲挖苦，佩服和恭維的言辭其實常常表達出莫大的輕視。

在 20 世紀 30 年代以來的浪漫主義理論來看，反諷不僅僅是一種修辭手法，更是情景、存在、命運對人的嘲弄，也就是所謂的「命運反諷」，從而把反諷上升到一種形而上的哲學高度。「在他們看來，生活中的每一個人都或多或少地是反諷的受害者，而每一個反諷的背後，都隱藏著一個持反諷態度的、充滿敵意的上帝或命運。」〔註8〕所以，在思想言論不開放的時期，可以用此進行反諷的事和人都少之又少，稍有不慎就會被誤讀或者歪解，從而導致不白之冤。

在臺灣 80 年代末期解禁開放之後，文學創作和戲劇創作的生態空間有了溫和的緩解。在寬鬆的環境中，帶刺的植物也有了一定的生存和生長空間。環境對於反諷、尤其是對政治反諷的容納程度，在一定程度上依靠藝術創作者不斷觸碰「天花板」。臨界點的尺度越頂越高，戲劇創作借助反諷手法，對社會政治亂象的批評和諷刺，就會更加大膽和靈活。

賴聲川戲劇的反諷，不是如王朔小說一般對於「崇高」的反諷，並非「躲避崇高」，而是站在正義、理性、良知立場，對社會亂象、政治怪談、烏煙瘴

〔註7〕〔英〕D.C.米克，周發祥譯，《論反諷》，北京：崑崙出版社，1992 年 2 月版，第 7 頁。
〔註8〕嚴程瑩、劉啓斌，《西方戲劇文學的話語策略：從現代派戲劇到後現代派戲劇》，昆明：雲南大學出版社，2009 年版，第 267 頁。

氣的反諷和嘲弄。賴聲川戲劇中的反諷，體現在語言層、敘事層和空間層三個局面中。

第一，從語言層面來看，戲劇題目、戲劇人名和人物對話，都呈現出戲謔語言，流露反諷意味。『戲謔，如同做夢，藝術性地掩蓋了潛在的富於攻擊性的想法，並把這種經過喬裝打扮的攻擊性與娛樂性糅在一起，當這種運用機智的攻擊性本能暴露之後，戲謔即在隧道的另一端露出頭來，從而轉化為大笑。』〔註9〕戲謔語言與政治、正統、慣性的結合，使語言成為顛覆政治、正統與常規的利器，讓受眾在大笑的過程中，逐漸剝離娛樂性，體會戲謔語言藏著的攻擊性和批判性。

戲謔語言常顛覆人們的審美慣性。賴聲川在 1995 年戲劇創作低潮期接拍的電視劇，每天用集體即興創作的方式即時編劇。劇場演員即興編排、演出反映臺灣多變時事的喜劇電視《我們一家都是人》，連續播出 600 集。與時事新聞同步的另類電視劇，打破了《我們都是一家人》的溫情傳統。在戲劇創作中，「標題黨」突破審美常規的現象也屢見不鮮：傳統意義上的《回頭是岸》竟然是《回頭是彼岸》，人們熟悉的《天使降落人間》變成了《新世紀，天使隱藏人間》，而《全民亂講》的審美習慣則被《亂民全講》的表述方式所逆轉。

戲謔語言常呈現審醜化的傾向。戲劇中人物用名稱特意醜化，富含反諷意味，《亂民全講》人物「於弄仁」諧音是「愚弄人／仁」。《千禧夜，我們說相聲》中的「勞正當」、「沈京炳」諧音是「撈正當」、「神經病」，貝勒爺的跟班「玩意兒」。《又一夜，他們說相聲》中龐門、左道諧音為「旁門左道」。讓人啼笑皆非的是，這些頂著醜陋名字的角色反倒做的都是些「正經」事情：《又一夜，他們說相聲》中左道出場頂替未到場的中國思想大師、玄學大師馬千，大談儒道墨法農民雜、陰陽縱橫小說家的沒落，感慨在臺灣，在全世界，我們中國思想真正剩下的都是旁枝末節、旁門左道。

戲謔手法常借助政治波普語言發揮效果。波普〔註10〕是英文 POP 的音譯

〔註9〕 〔美〕馬丁‧格羅強《在笑之外》，〔加拿大〕諾思羅普‧弗萊等，傅正明、程朝翔等譯，《喜劇：春天的神話》，中國戲劇出版社，1992 年 7 月版，第 334頁。

〔註10〕 栗憲庭認為「政治波普，係指 70 年代末至 90 年代初，陸續並普遍出現在社會主義國家的一種藝術潮流。這個潮流借用波普樣式，存在對西方商業符號與社會主義的政治形象的處理中，以呈現某種幽默與荒誕的意味」，《政治波

詞，波普藝術利用兩種以上的現成藝術品為材料，對其加以組裝和拼接以達到戲謔和反諷效果。政治波普經典作品《列寧可口可樂》，成功地利用了反諷修辭，實現了對政治烏托邦主義和商品消費主義的雙重諷喻和戲謔。同時在兩者之間建立起一種互相解構的機制。這種批判性機制的建立，正是波普藝術魅力的來源。

賴聲川戲劇對於政治的反諷，尤其集中體現在對於政治人物和政治事件的嘲諷上。《紅色的天空》中要搬往敬老院的老李看到堵在門口停下的車子，不停抱怨到：「誰的車又擋在我們家門口？無能的里長什麼事都不會幹」，「羊毛出在羊身上，選他當里長有個屁用！里長只會裝聾作啞，立法院請客他就去，路燈壞了也不修！只有當國民黨的走狗！」……「為了當里長花了兩百萬！兩百萬給民進黨都能當個常委！」〔註11〕《圓環物語》中用政治人物對話中荒誕的「側面的傳說」，解釋了臺灣在清晚期光緒年間因為《馬關條約》割讓給日本的歷史：

> 甲　有一天早上太后老佛爺還在床上睡覺，一睜眼就瞧見李鴻章那張大臉湊在她面前。李鴻章說：〔對庚作揖〕「老佛爺吉祥，奴才稟報您一件事……臺灣沒了！」老佛爺說……
>
> 庚　〔扮演慈禧太后〕「臺灣『黴』了？拿出去曬曬太陽去！」
>
> 甲　李鴻章當時不好意思恥笑老佛爺，繼續稟報說：〔結結巴巴對庚〕「老佛爺！這……臺灣……它不是條棉被，它是長得有點像……〔用手比〕番薯，它是……」
>
> 庚　〔扮慈禧，插嘴〕「番薯『黴』了？拿出去喂豬去！」
>
> 丙　於是這塊番薯就送給了日本。〔註12〕

而在《這一夜，誰來說相聲》中，用「信口開河」、「透明之光」、「兩岸猿聲」來形容和反諷三個主體：「信口開河」，是明天給立法委員的；「透明之光」，是拿給我們姐妹華光牛肉廠的女主角的；「兩岸猿聲」就送給了來自大陸的相聲演員。

普——意識形態的即時性消費》，《今日先鋒》，北京：三聯書店，1994 年 5 月刊，第 59 頁。

〔註11〕　賴聲川，《紅色的天空》，《賴聲川：劇場 4》，臺北：元尊文化公司，1999 年 1 月版，第 33 頁。

〔註12〕　賴聲川，《賴聲川：劇場 2》，臺北：元尊文化公司，1999 年 1 月版，第 315 ～316 頁。

　　戲謔效果還常借用多元舞臺藝術手段來展現。從現代戲劇的意義上來說，戲劇語言不僅僅指人物對話語言，還包括燈光、布景、服裝、音樂、道具等在內，通過誇張、突出和變異成為戲劇語言的一支，共同展示戲劇的詩意真實。殘酷戲劇代表安托南・阿爾托也提出：

> 　　劇場不存在於任何東西之中，但它使用所有形式的語言：動作、聲音、話語、火、喊叫。它正是存在於心靈需要言語來表達之處。

> 　　把劇場固定在一種語言之中：書寫話語、音樂、燈光、聲音——說明它短期內就要垮了。因為選擇一種語言就表示，我們貪圖這種語言的便利，但語言的限制必造成語言的枯竭。〔註13〕

賴聲川戲劇在人物對話之外，尤其重視對於音樂、燈光、道具等藝術表意「語言」的應用。《千禧夜，我們說相聲》就用燈光和音樂的超炫、超俗，昭示了戲劇演出的時空穿梭到了百年後的最後一天、最後一夜：臺北「千禧夜」。

> 〔流行音樂起，燈亮。與上半場同一個舞臺，但被「美化」／「俗化」了，多了許多閃爍的檳榔攤燈，臺上燈光大作，氣氛熱鬧。〕

> 〔上場了。沈京炳、勞正當從左右上舞臺上，到達定位。〕

> ……

> 沈京炳　今天是一百年來第一天開張！

> 勞正當　哇……看看我們這舞臺真的是「粉犀利」啊！

> 〔臺上燈光大作〕

> 沈京炳　等一下。你是誰啊？

> 勞正當　你怎麼了？

> 沈京炳　我在哪裏？這什麼地方？

> 勞正當　你怎麼了？

> 沈京炳　喔，知道了，現在是公元一九零零年十二月三十一號，世紀夜，咱們在北京！

> 勞正當　啊？！

〔註13〕〔法〕翁托南・阿鐸，劉莉譯注，《劇場與文化》（可能寫於 1936 年作者墨西哥之旅以後），《劇場及其複象》，杭州：浙江大學出版社，2010 年 6 月版，第 9 頁。

〔架在臺上的檳榔燈瘋狂的閃爍〕

沈京炳　〔指〕你看清楚，我們在臺灣！看到這麼有創意和惡俗的燈

　　　　　就知道我們在臺灣！

勞正當　啊……唉呦，對不起，對不起，現在回過神來了！〔註14〕

舞臺上的檳榔燈不斷瘋狂閃爍，提示觀眾這一場演出的背景，已經從十九世紀最後一天的北平穿梭到了二十世紀最後一夜「千禧夜」的臺北。粉炫的舞臺，透露出臺北當下的世井與惡俗，爲之後戲劇人物參選議員做清涼 show 的曾立偉的出場，製造出恰當的、合乎人物形象的氛圍。粉炫彩燈和音樂等手段也同樣配合著戲謔效果的營造。

　　第二，戲劇情節充滿反諷性。《亂民全講》「關於辭職和覆議的問題」中，如果要不停止覆議的話，戲劇或者現實只能在覆議中循環不斷。它反映的現實問題很反諷：在所謂民主的籠罩下，大量的「合理合法」程序浪費了眾多寶貴的時間，翻來覆去、毫無進展的「民主」是那麼可笑。

　　《非要住院》的主人公是一位沒有「病」而非要住進醫院、尋找寧靜的「病人」，以此批評現代臺灣極端病態的環境。沒有病，爲什麼非要住院？醫護人員百思不得其解，不斷懷疑與調查，把一個單純地需要一小片安靜空間的「病人」變成一個可疑的人物。而同病房的黑道人物及其女友，反而是因中彈而無奈住院，卻一心往外跑。兩者之間的對比形成了鮮明的反諷力量，使觀眾在一波波的笑浪和掌聲背後，反思這個不想入院的人無奈入院、想要入院的人不得入院的荒唐社會。

　　情節故事的反諷效果，常常借助語言溝通的錯位效果來營造。語言能指與所指的偏差，突出了溝通的不暢快、以及言語的無效能感。《亂民全講》的「全球化／劫機」一節裏，中年婦女打算劫機的橋段，劫機婦女用臺灣方言威脅空姐，卻被空姐誤會成她需要幫忙。《如夢之夢》第八幕「異國之戀」的第一場「伯爵來訪」中，亨利伯爵和翻譯沈先生第一次來到上海繁華的妓院天仙閣，見到老鴇十里紅和金姨。十里紅用極盡尊貴的敬語向亨利問號、介紹中國傳統的飲食文化，到翻譯沈先生向伯爵翻譯時，都變成了平淡無味的索言俗語：「蓬蓽生輝」成爲「打招呼」，「紅樓夢」裏頭一套著名的點心，

〔註14〕　賴聲川，《賴聲川劇場（第二輯）／這一夜，Women 說相聲&千禧夜，我們說相聲》，北京：東方出版社，2007 年 12 月版，第 168 頁。

有松瓤鵝油卷、藕粉桂糖糕，還有富貴醉雞」翻譯成「有東西吃」〔註15〕。雖然演員說的都是普通話，翻譯的過程任觀眾想像，卻可以感知到跨文化間的交流中語言的傳達功能顯得那麼疲乏無力。

敘事手法的遊戲化，在戲劇中體現爲無釐頭、時空穿越、娛樂化，以及荒誕的戲劇語言。受後現代理論的影響，賴聲川戲劇語言修辭呈現出遊戲化、戲謔化傾向，達到嘲諷、戲謔、反諷的目的。《那一夜，我們說相聲》的段子一「臺北之戀」中，故事穿越在現代的臺北西門町、唐代的長安城街頭茶館、戰國時代之間。無釐頭的「穿越」劇情、矯情的情緒對話、荒誕的故事結構，一切遊戲化面貌，都讓觀眾感覺到非眞實的無趣感。遊戲化，在文字上體現爲語言的狂歡和遊戲，在情節上常表現爲不合常理、前後混亂、時空穿梭。而狂歡的本質是嚴肅的，不同於這裡的無釐頭、無章法，甚至混亂。這種對於「壓抑」的反抗、宣洩，和西方的狂歡化詩學不無聯繫。這和玩世不恭的「遊戲」有的時候很難明顯區別開來，給「狂歡」和「遊戲」的合適度把握提出了難度。

第三，空間設計具有豐富的反諷寓意。語言和情節之外，戲劇的外在形態舞臺設置也同樣，合力在一起「可感可聽可看」的反諷：《田園生活》中大家住在田字格一樣的方塊式的現代生活中，被殺的經濟要犯吳家、噪亂不堪的賭場莉莉家、擔心孩子不能很好成長乾脆不生育的沈家和老人孩子一堆問題的歸家，在「田園生活」中，一點都不「田園」地活著，和「田園生活」的理想截然相反。將現實和理想衝突著的「田園」展現在舞臺上，有讓觀眾欲哭無淚的悲劇感。

受達里奧·弗的影響，賴聲川作爲一位反諷者，對於被諷刺者的態度是批評與規勸。在樂觀主義諷刺家的眼裏，「人的本質狀況是健全的，儘管我們中有許多人因愚昧而破壞了我們社會的正常秩序，因爲粗心大意而感染了疾病，還有一些傷寒帶菌者甚至水庫投毒犯和毒品販賣者在我們中間游蕩，但是他們一定會被發現、被判罪、被消滅。」〔註16〕所以我們看到，賴聲川劇作的諷刺意味十分明顯，好像一部道德和正義寓言，採用喜劇手法揭露社會現實中的種種問題。但在這個過程中，導演並沒有「站」出來教育，而是讓角色立起來說話，這一點顯然不同於一般以教育爲目的戲劇。

〔註15〕 賴聲川，《如夢之夢》，臺北：遠流出版社，2001 年 6 月版，第 252～253 頁。
〔註16〕 〔美〕吉爾伯特·哈特，萬書元、江寧康譯，《諷刺論》，廣西人民出版社，1990 年 5 月版，第 203 頁。

三、叫罵的狂歡

　　賴聲川戲劇中，處於社會生活的弱勢群體女性，尤其是年老的女性同志，沒有改造世界和社會的權利和地位，她們反抗社會、批判社會、改造社會的工具就在於「罵」。她們沒有其他更好的工具，「罵」是一種無奈的選擇。觀眾聽到後，會覺得說出了自己的心聲，因爲自己想抱怨卻沒有那麼痛快地演說出來。所以觀眾的覺得第一感覺會笑，第二感覺痛快，第三感覺有同感，第四感覺很無奈。話劇通過與觀眾的情緒共鳴，然後到思考的共鳴。這種狂歡情緒是通過對於高位、權貴、不合理的「叫罵」來實現的。通過叫罵，所謂崇高的卑微、所謂純潔的骯髒、所謂合理的不公、所謂有序的混亂，統統被拉下神壇，打回原形，從而實現心理層面的快感。

　　2005 年演出的《這一夜，Women 說相聲》第一幕段子一「罵街」，通過女人的叫罵，揭露政府城市管理的低效，活脫脫展示了城市街道的「活拉鍊」問題：

　　　　呦呵，睡一覺起來怎麼又多了一個坑啊？昨天早上不是才鋪好的嗎？什麼嗎？電信局又來挖了？！我們這日子還過不過啊？上回挖了各把月，好不容易補好了，自來水公司又來了，這一挖挖了三個月，補好之後，瓦斯公司又來挖了，這一挖挖了半年。等到瓦斯公司好不容易補回去後，公園路燈管理處又來了，整個給它挖開來，又整個給它補回去！然後電力公司又來挖，他這一挖，好傢伙！把前面那幾個單位的管子、線路都給挖斷了！然後他們就這麼一個一個回來挖，又一個一個補回去，就這麼挖呀補啊弄了十年。好了，我想這回差不多，我總該解脫了吧！不，時代進步，地鐵開挖了！這一挖挖的更凶、挖的更狠啊！一挖就挖了三年啊！耶，我說這前後六個單位，你們彼此之間到底是認識不認識啊？就算不認識，你們彼此之間能不能夠聯繫聯繫，選個黃道吉日一塊兒來挖，挖完了之後再一塊把它補回去，水溝蓋也不用小小的你一個我一個，乾脆來個這麼大的蓋子，小偷也抗不走了！〔註17〕

〔註17〕　賴聲川，《這一夜，Women 說相聲》，《賴聲川劇場（第二輯）／這一夜，Women 說相聲&千禧夜，我們說相聲》，北京：東方出版社，2007 年 12 月版，第 16 頁。

相比賴聲川戲劇的「叫罵」狂歡，孟京輝的喜劇更多是「欲望的狂歡」。孟京烽的《思凡》裏面，仙桃庵裏的小尼姑色空，受不得寂寞，決定「從今後，把鐘樓佛殿遠離卻，下山去，尋一個年少哥哥！憑他打我罵我！說我笑我！一心不願成佛！不念般若波羅！」「把袈裟扯破，埋了藏經，棄了木魚，丟了鐃鈸」。碧桃寺中的小和尚不想謹遵五戒——「斷酒除葷，炒香掃地，念佛看經，香酪美酒全無分，紅粉佳人不許瞧」，於是也「脫了袈裟，把它僧房封鎖，從此丟開三昧火」。一介風流和尚，一介幼尼容貌，突破了世俗和道德束縛，「仙桃也是逃，碧桃也是逃，尼姑和尚，逃之夭夭」。小和尚領悟到，「看經念佛彌天謊，謹遵五戒真荒唐，大小菩薩爹娘養，你我成家理應當！」最後是，「僧尼成雙」，唱響了「男有心來女有心，哪怕山高水又深，尼姑和尚成雙對，有情人對有情人」的頌歌〔註18〕。

根據中國明代無名氏的傳本《思凡·雙下山》中的「思凡成真」和意大利作家薄伽丘的長篇小說《十日談》中「偷情成功」的情節改編而成的三段故事《思凡》，表現的是三份開放、張揚、自由的欲望。從這個角度來看，孟京輝的喜劇美學可以用「欲望的狂歡」來形容。這種「你有情來我有意，咱們倆人配成雙」的讚歌，哪裏管什麼封建思想、傳統倫理，通通予以打破和顛覆。這種從古到今、從東方到西方、上至國王下到馬夫，無論尼姑和尚還是青春戀人皆大歡喜的狂歡，造就了《思凡》的喜劇面貌。

狂歡化的欲望滿足，突破了傳統與規範，造成了喜劇效果。和尚和尼姑是社會中本應絕情絕欲的人物，他們對於性愛、情慾的追求，相比其他人物而言，對社會倫理和傳統道德的衝擊力更大、更徹底。劇中將人的欲望完全還原為自然人，崇尚的是自然的、原始的欲望，並以大團圓結局歌頌和肯定了這種人性張揚和倫理突破。

第三節　賴聲川喜劇的改編策略

一、源自西方的喜劇改編

赫茲列特在評價《奧瑟羅》時，提到悲劇「使我們產生一種想像中的同情而忘掉單純的個人打算。它超越在我們的本身的利益上，使我們對人性發

〔註18〕　孟京輝，《孟京輝先鋒戲劇檔案》，北京：新星出版社，2010 年 1 月版，第 243～249 頁。

生崇高的永恆的興趣。它使我們看到偉大的、遙遠的、可能的事物就像看到
真實的、細小的、眼前的事物一樣。它猶如一面鏡子，照我們現實人的生活、
思想和行為，從而告訴我們在這世上還有一些或有過一些別的人像我們自己
一樣。它揭開了人類心靈的內幕。……它可以使感情達到平衡。」〔註19〕賴
聲川的喜劇面貌下蘊藏著淨化感情和心靈的悲劇力量。

　　2011年8月，賴聲川在北京師範大學輔仁校區開講的創意導演課程中，
坦言他很欣賞契訶夫的戲劇。面對時代的悲哀，戲劇可以笑，笑中又有悲憫
和同情，悲喜劇交融。彷彿戲劇是站在更遠的地方看人類。賴聲川心中的戲，
不是教育，不是娛樂，不是哲學，但似乎又都是。因為在他看來，戲劇讓我
們有更多的方式思考這個世界，看一場好戲有種被昇華的感動。這種感動的
力量，是賴聲川對於戲劇孜孜以求、力量不竭的動能源泉。

　　契訶夫戲劇的時代，是十九世紀批評現實主義的戲劇時代。賴聲川和表
演工作坊改編演出的國外戲劇，包括契訶夫的《海鷗》、三部意大利劇作家卡
羅·高多尼的劇作，四部意大利劇作家達里奧·福的劇作、兩部愛爾蘭劇作
家貝克特劇作等共十餘部。

　　賴聲川和表演工作坊曾經演出的西方改編喜劇，包括1988年改編愛爾蘭
劇作家貝克特的多幕劇《落腳聲——古歷中的貝克特》，1988年改編意大利劇
作家達里奧·福《開放配偶（非常開放！）》，1990年改編英國劇作家湯姆·
史塔坡德的多幕劇《非要住院》、意大利劇作家達里奧·福《來！大家一起來
跳舞》、改編俄國劇作家契訶夫的多幕劇《海鷗》，1991年改編劇作家範·意
大利的多幕劇《面試》，1993年改編英國鬧劇《廚房鬧劇》，1995改編意大利
劇作家卡羅·高多尼的多幕喜劇《一夫二主》，1995改編意大利劇作家達里奧·
福的多幕政治諷刺喜劇《意外死亡（非常意外！）》，1996年改編美國尼爾·
賽門的百老匯式喜劇《情聖正傳》，1996年改編美國劇作家東尼·庫許納的多
幕劇《新世紀，天使隱藏人間》，1998年改編意大利劇作家達里奧·福的多幕
社會喜劇《絕不付帳！》，2001年改編意大利劇作家卡羅·高多尼的多幕喜劇
《一婦五夫？！》，2004年改編卡羅·高多尼的多幕喜劇《威尼斯雙胞案》。

　　賴聲川和表演工作坊對於國外喜劇的改編創作，突出集中在90年代，共
有九部之多，全部為喜劇或者鬧劇。經過選擇和重新演繹的西方喜劇，都強

〔註19〕〔英〕赫茲列特，《奧瑟羅》，〔德〕歌德等，張可、王元化譯，《讀莎士比亞》，
　　　　上海：上海書店出版社，2008年1月版，第128頁。

調嬉笑手法和深度思考的融合。這也成為賴聲川改編的外國戲劇的一個突出特點。這種悲喜劇交融的美學風格，也同樣是對意大利喜劇的一種傳承。段馨君在《西方經典在臺灣劇場：改編與轉化》一書的緒論中總結，「臺灣實驗劇場的發展，在西方劇作改編上，由 1980 至 1990 年代，多為忠實直譯呈現的作品，到了 20 世紀末期，則多轉為後現代東西方文化的拼貼方式，以及加入因地制宜的本土化改編」〔註 20〕。通過改編創作和本土化，這些西方喜劇找到了立於臺灣的根基和現實性。西方經典改編後的喜劇情緒，分為啟蒙主義者的睿智之笑，批判現實主義者的痛恨冷笑，超現實主義者的荒誕苦笑。

作為啟蒙主義者的睿智之笑，突出體現在改編意大利劇作家卡羅‧高多尼〔註21〕創作的喜劇上。高多尼創作了包括《一夫二主》、《一婦五夫？！》、《威尼斯雙胞案》等 100 多部喜劇。劇作大多是現實主義的「風俗喜劇」或者「性格喜劇」，是十八世紀啟蒙主義思潮的典型代表。喜劇設置了諸多的誤會和巧合，人物形象鮮活，生活氣息濃鬱。《一夫二主》原作中，「楚法丁諾」為了多賺幾個錢服侍了兩位主人，兩位主人「比雅」和「佛林都」恰好是一對愛情悲劇的主角。楚法丁諾為了不讓他們識破自己一僕侍二主的身份，周旋於他們之間，鬧出很多誤會和尷尬。在整理兩位箱子的時候，不巧把兩人的相片和信件裝錯了箱子，被兩位主人發現後，楚法丁諾就謊稱是已經死去的主人送他的禮物。一對戀人差點陰差陽錯選擇為情自殺，幸好被人阻止，兩位戀人才得以相見。戲劇最終以克莉斯和西維歐、比雅和佛林都、楚法丁諾和比雅的女僕丁娜得到了美好的結局劇終。

經過賴聲川的劇本一稿和演員們的即興創作之後的二稿、三稿之後，戲劇加入了更多映像臺灣現實的情節。第五場畢老闆飯店中的聞名世界的「餐廳場景」，由兩個廳變為三個，楚法丁諾為了滿足兩位主人不能見面、潘大龍和倫巴第不能見面，還有伺候回來飯店的主人佛林都，在三個房間的慌亂服務中，牛肉糊了，乳鴿飛走了。在這一場中，楚法丁諾的表演難度超過了一

〔註20〕 段馨君，《西方經典在臺灣劇場：改編與轉化》，臺灣：國立交通大學出版社，2012 年版，第 40 頁。

〔註21〕 意大利劇作家卡羅‧高多尼（Goldoni，1707～1793），是 18 世紀歐洲啟蒙主義思潮中的傑出戲劇家代表，他從理論和實踐上對意大利流行了 200 多年的「即興喜劇」（又名「假面喜劇」）進行了大刀闊斧的改革，反對「三一律」等條條框框的束縛，主張從生活出發，反映客觀現實中的矛盾，刻畫鮮活的人物性格。

般的雜技，表演情境營造了快速、瘋狂和荒謬的感覺。第九場畢老闆飯店後花園的大結局中，威尼斯商人潘大龍的女兒克莉斯宣佈要去米蘭參與革命，西維歐追隨她而去，楚法丁諾被商人潘大龍和倫巴第大法官都要讓他做僕人，所以他要開啟另一段一僕二主的生活。賴聲川還在戲劇的開場、中場休息後和結束時，都安排了演員的獨白，開場白的『劇場是一個盒子，一旦打開包羅萬象，有人生的真諦，生命的意義……其實我想念下我的想法，致連院長的一封信……』，第六場開場繼續宣讀給連院長的公開信，『院長先生大鑒：您的地位高高在上，我的身份卑卑在下……』。於是，賴聲川和演員的集體創作，將 200 多年前的劇作和當時臺灣現實相結合，「在不同舞臺質地的考量下，費心將全劇修補得滴水不漏，並且強調了臺灣此時此地的敏感話題，企圖透過這部兩百年前的劇本，和觀眾直接對話，針砭我們共同的現實」〔註22〕。西方傳統喜劇與臺灣當下現實的結合，是賴聲川喜劇改編的一項重要內容。

　　賴聲川和表演工作坊的創作，對傳統意大利喜劇的當代集大成者達里奧・福〔註23〕頗為關注，曾依據達里奧・福的劇作而改編演出多幕政治諷刺喜劇《開放配偶（非常開放！）》、《來！我們一起來跳舞》、《意外死亡（非常意外！）》以及《絕不付帳！》。賴聲川認為，達里奧・福的劇場風格和表演工作坊的感覺很相投，達里奧・福的創作給予自己很多靈感，戲稱達里奧・福是自己的兄弟。〔註24〕他們二人的劇作都飽含著作為批判現實主義者傳達的痛心諷刺與痛恨冷笑。

　　達里奧・福在《不付帳！不付帳！》再次演出的劇本序幕中介紹了六年前演出的戲對於後來社會生活的影響：「我們初次上演的時候，戲裏的故事似乎顯得有些超現實。的確，那是我們所講的種種事件，當時還沒有發生。觀眾在劇場裏聽著對白，感到十分困惑。他們看著我們演戲，有點覺

〔註22〕　鴻鴻，《關於〈一夫二主〉的點點滴滴》，《一夫二主》影碟宣傳冊，《一夫二主》，臺北：群聲出版有限公司、木棉花國際股份有限公司，1996 年，第 14 頁。

〔註23〕　〔意〕達里奧・福（1926～），意大利當代最著名、最有影響力、最富代表性的喜劇演員和劇作家，自編自導自演的舞臺劇充滿尖銳的政治諷刺，代表作包括《一個無政府主義者的意外死亡》、《不付錢！不付錢！》、《他有兩把手槍，外帶黑白相間的眼睛一雙》等。

〔註24〕　傅裕惠，《他是我兄弟——賴聲川談達裏歐・弗》，（臺）《表演藝術》第 69 期，1998 年 9 月，第 14～15 頁。

得我們是群瘋子」，「但是，誰知過了幾個月，這樣的事果然發生了，竟像是把我們的這齣喜劇照搬過去了似的。當時，有一些男男女女襲擊了兩家超市，而且，在想像力方面還超過了我們的腳本，有過之無不及：有些人後來甚至拿了幾袋大米、幾瓶酒，不付錢就揚長而去。當時，被捕的男男女女為數很多。這樁案子只審理了很短很短的時間」，「在法庭辯論的時候，有目共睹的是：超市規定的價格是名副其實的明火搶劫。最後，所有的當事人——被控有罪的男男女女——全部獲釋，因為這件事『不構成犯罪』。簡單地說吧，法庭宣佈，這些顧客是按照商品的應有價值付錢的。因此，結論是店主蠻不講理地提高物價，而且把物價翻了一番，企業主才是真正的明火搶劫的強盜。」〔註25〕

賴聲川的《絕不付帳》將臺灣時局中房地產的畸形凸起和地產商情人在小區開辦的暴力商店，作為臺灣經濟社會「明火搶劫強盜」性質的一個縮影。賴聲川在處理社會中的種種亂象和爭相反抗的題材中，並沒有直接暴露自己的態度，而是通過角色說話，訴說自己的無奈、氣憤、迷惑和無助。在《絕不付帳》中，賴聲川對動盪的政商勾結黑幕進行揭露。作品肯定了對經濟形式有深入、獨到看法的人們，側面批評了人云亦云、牆頭草、容易被洗腦的人物。

「政治離鬧劇不遠」，這是鍾明德這樣評價達里奧·福對臺灣戲劇的借鑒意義。他回憶第一次看《意外死亡》的興奮之情，因為在 80 年代困擾臺灣民眾的「陳文成命案」、「王迎先命案」、「林家血案」等社會怪相，全被達里奧·福在 1970 年就寫入了《意外死亡》中。賴聲川的改編，就是在用反諷和戲謔的方式來正視這些議題，「在臺灣，談意大利的問題就是在談臺灣的問題」〔註26〕。

除了改編意大利劇作家卡羅·高多尼喜劇，透露出啟蒙主義者的睿智之笑，改編達里奧·福的劇作，飽含批判現實主義者的痛恨冷笑之外，賴聲川還改編 20 世紀現代派戲劇的黑色幽默、荒誕派劇作，創作了《等待狗頭》、《落腳聲——古歷中的貝克特》，露出超現實主義者的荒誕苦笑。

〔註25〕〔意〕達里奧·福，黃文捷譯，《不付錢！不付錢！》，灕江出版社，2002 年 4 月版，第 3～4 頁。

〔註26〕鍾明德，《政治離鬧劇不遠》，《意外死亡（非常意外！）》影碟宣傳冊，臺北：群聲出版有限公司、木棉花國際股份有限公司，1995 年，第 8 頁。

二、「桃花源」的悲喜劇改編

《暗戀桃花源》由兩部分組成，一部分是根據中國東晉詩人陶淵明的《桃花源記》進行現代改編的「桃花源」，另一部分取自臺灣社會顛沛流離中的真實故事創作的「暗戀」。劇作將兩份欲望置於殘酷、荒唐的虛構與現實中，兩份欲望都不得滿足。所以，在賴聲川看來，喜劇的意義、目的和動機，不在於狂歡和嬉笑，而在於喜劇面容下的悲劇思索。

賴聲川在《暗戀桃花源》中的欲望書寫，包含三份渴求：第一是袁老闆與春花的婚外情慾，第二是老陶渴望與春花維持美好婚姻的婚姻欲望，第三是老陶對於桃花源，以及江濱柳對於雲之凡的美好追求。可惜的是，這三份渴望，僅僅袁老闆與春花得到了一段時間的歡愉，最終結局是兩人的相互詆毀、看不順眼，這三份渴求都在殘酷現實中以失敗告終。

馬斯洛人類動機理論把人的需要分成「生理需要」、「安全需要」、「社交需要」、「尊重需要」和「自我實現需要」五類，依次由較低層次到較高層次。從這個理論來看，「人的生理需要是基本需要，是生理驅動」。〔註 27〕對合理欲望的滿足是生存的基本需求，處於人的各種需要的最底層。作家刁斗在一次訪談中說，「人是一種欲望的集合體，其中情慾是根本」，「情慾在我的小說裏是一塊基石，就像它在我的生命裏也是一塊基石一樣。」〔註 28〕而喜劇中對欲望的態度，以喜劇創作見長的賴聲川和孟京輝兩人，卻在戲劇處理方式上呈現出不同的特點。孟京輝呈現的是一種欲望的狂歡，而賴聲川的喜劇更多的是對欲望的思而不得，即使暫時滿足，終將破滅。

《桃花源記》是東晉文人陶淵明的代表作之一，記錄了武陵人偶遇桃花源、小住桃花源、暫別桃花源、再尋桃花源未果的故事：「晉太元中，武陵人捕魚為業。<u>緣溪行，忘路之遠近。忽逢桃花林，夾岸數百步，中無雜樹，芳草鮮美，落英繽紛</u>，漁人甚異之。復前行，欲窮其林。<u>林盡水源，便得一山，山有小口，彷彿若有光。</u>便捨船，從口入。初極狹，才通人。復行數十步，豁然開朗。<u>土地平曠，屋舍儼然</u>，有良田美池桑竹之屬。<u>阡陌交通，雞犬相聞</u>。其中往來種作，<u>男女衣著</u>，悉如外人。黃髮垂髫，並怡然自樂。見漁人，

〔註 27〕 〔美〕馬斯洛，許金聲等譯，《動機與人格》，北京：華夏出版社，1987 年 11 月版，第 40～69 頁。

〔註 28〕 林舟：《反抗無奈的寫作──對刁斗的一次書面訪談錄》，《花城》1997 年第 6 期，第 126～127 頁。

乃大驚，問所從來。具答之。便要還家，設酒殺雞作食。村中聞有此人，咸來問訊。自云先世避秦時亂，率妻子邑人來此絕境，不復出焉，遂與外人間隔。問今是何世，乃不知有漢，無論魏晉。此人一一爲具言所聞，皆歎惋。餘人各復延至其家，皆出酒食。停數日，辭去。此中人語云：『不足爲外人道也。』既出，得其船，便扶向路，處處誌之。及郡下，詣太守，說如此。太守即遣人隨其往，尋向所志，遂迷，不復得路。南陽劉子驥，高尚士也，聞之，欣然規往。未果，尋病終，後遂無問津者。」原作中劃線部分語言，都成爲戲劇人物的獨白表達臺詞。

《暗戀桃花源》的「桃花源」部分保留了原作的悲喜參半的情感比對。同時，戲劇的跨文體改編，主要體現在兩個方面的調整上：其一是在桃花源記的原型故事中加入了世俗的欲望喜劇／鬧劇；其二是增加和豐富了悲劇命運的女性形象。所以儘管有袁老闆和春花偷情時候的曖昧喜劇情節，觀眾仍然會因爲悲劇故事（新情侶關係破裂、桃花源復尋未果、白衣少女尋找劉子驥未果）而引發沉思。

首先，對於桃花源記中武陵人的美好經歷，賴聲川在戲劇舞臺上突出了老陶、春花、袁老闆之間猜忌與偷情交織的喜劇：「無能漁夫老陶的老婆春花在外面偷漢子，和房東袁老闆兩情相悅。老陶一起之下往上游去，不小心碰到了那『芳草鮮美，落英繽紛』的美麗絕境『桃花源』。此地的老百姓是在古代避亂世才住進去的，對歷史一無所知。在這仙境中，老陶驚訝地遇見一對長得像春花、袁老闆一模一樣的夫妻。他起先痛苦極了，後來慢慢學習如何跟他們相處，過著快樂的日子。可是他仍然思念著老家的春花，最後他決定回去，想帶著他老婆一起去那遙遠、美麗的地方……」〔註29〕然而老陶回到家中，本想帶春花一起去那個美麗世界，卻發現春花和袁老闆已經有了孩子，且生活很不美滿：袁老闆聲討春花，「你看你現在的這副嘴臉，當初我還送你一床被子！呸！」春花反擊袁老闆：「呸！一床被子讓我跟你一輩子！我才虧呢？蓋上就感冒！」老陶感覺他倆又重走了自己的老路，無奈地痛苦離開，唱著「嘿──嘿──喲」的划船號子，想要重回桃花源。怎奈再也尋找不到回路：「浮標呢？我留下的記號怎麼找不到？」桃花源再也回不去了。正如賴聲川戲劇所展示的，喜劇世俗風貌下，透露著不完美的現實是生命的常態。

〔註29〕 賴聲川，《賴聲川劇場（第一輯）》，北京：東方出版社，2007 年 8 月版，第110 頁。

「桃花源」演出部分的第二版本中，「春花」的扮演者丁乃箏，在回憶錄中坦言扮演「春花」時最重要的是，「應該表現出她『要』性、『要』男人的渴望，將之推到極致，而不只是在臺上不斷逗觀眾發笑，要脫開對『好女人』、『壞女人』傳統的僵化觀念，將潘金蓮這樣的性格與處境詮釋出來。」〔註30〕然而，春花在欲望暫時得到滿足、老陶從偶遇的桃花源歸來尋她時，她已重蹈與老陶的惡劣關係，爭吵、無聊、不屑頻頻出現在她和袁老闆之間：

　　　　〔春花一人在臺上桌旁疊一堆尿布。她臉髒髒的，表情臭臭的，
　　　衣服也破舊了，整個人失去了第四場的光彩。〕

　　春花　〔自語〕天天疊尿布……什麼日子？〔回頭看一眼屏風後面〕
　　　　　天天睡大覺，什麼男人？一晚不回來，一天不起來，這什麼家？
　　　　　〔激動起來〕什麼什麼綿延不絕的子孫？美麗的田園？……

　　　〔註31〕

《暗戀桃花源》中的「桃花源」和「暗戀」，又喜又悲，相互融合，以大眾文化的喜劇外衣，包裹著精英文化的悲劇內核。兩個故事中的多重欲望，思念、偷情、嚮往美好，統統被現實的社會、無奈的人生、弄巧成拙的命運壓在身下，不得喘息。觀眾在笑聲中掛著淚反思：在大時代中，渺小的人物命運，不掌握在自己的手中。婚姻的弦外之音，到頭來全都被現實蹂躪地破爛不堪、味同嚼蠟。人生無常便是有常。

其二，《暗戀桃花源》的「桃花源」部分，第一次出現關照女性形象的場幕。丁乃箏評價春花這個角色時候，說道，「春花的生命力很強，在劇中是要以性的方式來呈現。她浪漫、幼稚，相信、也願意去追求袁老闆的理想。她不夠聰明，但富幻想力，這也是她能引人共鳴的地方。……這種想要就去爭取、不顧別人看法的女人，一般女演員可能會怯於發揮。這樣的角色發展也符合《桃花源》的走向，《桃花源》本來就極富精力，而且是像性一樣的精力。」〔註32〕而演員越是將春花的生命力表現出來，越是能夠表現出春花面對袁老闆終日吵鬧背後的絕望。

〔註30〕　鴻鴻、月惠，《我暗戀的桃花源》，石家莊：河北教育出版社，2003 年 12 月版，
　　　　　第 129 頁。
〔註31〕　賴聲川，《賴聲川：劇場 2》，臺北：元尊文化公司，1999 年 1 月版，第 178
　　　　　頁。
〔註32〕　鴻鴻、月惠，《我暗戀的桃花源》，石家莊：河北教育出版社，2003 年 12 月版，
　　　　　第 129 頁。

在《暗戀桃花源》之後，賴聲川戲劇中的女性形象中，鮮有性格獨立者。她們大多為婚姻、愛情所困擾、牽絆、糾結，都是典型的悲劇人物。《在那遙遠的地方，一粒沙》、《永遠的微笑》中的想念著爸爸的媽媽，都是為感情牽腸掛肚、生死相隨的女性，在失去了愛人、男人的肩膀之後，寧願用「在外星球上、被外星人綁架」的意象安慰自己（《在那遙遠的地方，一粒沙》），或者不願聽到爸爸已經墮落和忘記她的事實、而寧願將自己消失在浩瀚的大海裏（《永遠的微笑》）。《十三角關係》中，在遭遇丈夫劈腿的事實面前，妻子還要去小三的公寓請教如何贏回丈夫的心、假扮成打掃衛生的歐巴桑清潔工偷聽丈夫和小三的對話。《他和他的兩個老婆》中兩個老婆在老公和老公好友的掩蓋下，竟然被隱瞞在丈夫重婚的真相下不知不覺，還對丈夫百從百順，戲劇到結尾也沒有透露出女性意識覺醒的那一刻。早期的《過客》中小艾上臺有一段關於「現代女性」的演講式語言，「身為一個標準的現代女性，我們一定要有強烈的自我意識。尤其是在我們和男人建立關係的時候，我們要保有我們的自尊心和自信心，否則的話，男人是很容易就會忽略我們存在的價值。」然而從另一個方面，對男人給女人的各種限制找到了合理化解釋，「反而是一種自由」〔註33〕，女性主義的觀點終了還是向男權思想做出退步。

觀眾們在爆笑中得到釋放的歡愉，亦或在沉重的思考中體會深刻的頓悟。這兩種情感體驗相去甚遠。然而，觀眾卻能夠在一齣賴聲川的喜劇中頻繁體驗到「爆笑」與「沉重」的交替出現、更迭對撞。這是悲喜劇的戲劇處理，所帶來的情感體驗。

〔註33〕 賴聲川，《過客》，《賴聲川：劇場 1》，臺北：元尊文化公司，1999 年 1 月版，第 204 頁。

第五章 「對人類宇宙性的處境作一種表達」：戲劇意象與母題分析

　　母題是文學作品中反覆出現的人類精神現象和基本行為。母題研究，是通過追根溯源的方式、以宏觀的研究視角和系統的研究方法，探求這種反覆出現的人類精神現象和基本行為的原初形態，及其在文學史中的歷時性流變與整合。目前，中國文學中的母題研究呈現出敘事性文學的事件母題和抒情性文學的意象母題各自為陣的趨勢。「生死母題」和「自我追尋母題」，是賴聲川戲劇中的兩大母題。對這兩個問題的追思，讓賴聲川的戲劇有了深刻、豐富的內蘊。這二大母題。與頻繁出現的意象又有直接的聯繫，生死母題與天使意象、人生如夢的夢意象，自我追尋事件與此岸彼岸意象、本尊分身意象，都有著密切的聯繫。

　　對「意象」的理解，可以從心理學和文學兩個領域來觀察。韋勒克和沃倫提出，「意象是一個既屬於心理學，又屬於文學研究的題目。在心理學中，『意象』一詞表示有關過去的感受上、知覺上的經驗在心中的重現或回憶，而這種重視和回憶未必一定是視覺上的。」[註1]意象還可以是嗅覺的意象、觸覺的意象，甚至是聯想的意象，如同我們常在修辭中使用的通感手法。榮格提出了藝術的價值在於其超越了創作者自身的經驗，而深入到「集體無意識」層面。他還認為「原始意象或原型是一種形象（無論這種形象是魔鬼，是一個人還是一個過程），它在歷史進程中不斷發生並且顯現於創造性幻想的

〔註1〕〔美〕勒內・韋勒克、〔美〕奧斯汀・沃倫，劉向愚、邢培明、陳聖生、李哲明譯，《文學理論》，南京：江蘇教育出版社，2005年8版，第211頁。

自由表現的任何地方，因此它本質上是一種神話形象」〔註2〕。賴聲川戲劇的內涵豐富性，和戲劇中頻繁出現的原型意象與主題不無關係。

　　賴聲川的戲劇對臺灣社會的表象關注背後，隱含著母題和意象的運用。這使得賴聲川戲劇的內蘊更加深刻。與古今中外的傑出劇作家一樣，他的戲劇作品將深沉的思考和關注落在了人生和人類永恆的哲學命題上。而對這些命題的關注，也和他的宗教信仰密不可分。

　　賴聲川與佛法的淵源很深，他從學生時代就開始接觸藏傳佛教，其夫人丁乃竺也堅持宗教的心靈修持。賴聲川曾研修和翻譯法國馬修・李卡德（Matthieu Ricard）著作的《頂果欽哲法王傳》，尚・方斯華・何維爾（Jean-Francois Revel）和馬修・李卡德（Matthieu Ricard）合著的《僧侶與哲學家——父子對談生命意義》，頂果欣哲法王著作的《覺醒的勇氣——阿底峽之修心七要》，以及馬修・李卡德的著作《快樂學——修煉幸福的 24 堂課》等與佛法修行相關的書籍。〔註3〕可見，他在宗教修為和禪修方面投入了大量精力。反過來，這些修為又潛移默化地影響到賴聲川的戲劇創作。具體的說，在印度佛教進入中國、與儒家互動的歷史中，佛教史上大乘和小乘是同時進入中國的，因為儒家傾向於入世，最終漢文化還是選擇了具有入世傾向的大乘佛教。因為「大乘講求慈悲普度，利生濟世，關注人間，傾向於入世。小乘注重隱遁潛修，各人自度，成為羅漢，傾向於出世。」〔註4〕影響賴聲川修身、創作很深的以大乘佛教為主的藏傳佛教，就特別提倡慈悲、愛心、利眾、施捨。藏傳佛教，尤其是密宗教義對他的影響，可以說是深入骨髓的。雖然他不在戲劇中念唱坐打，但卻深深地將佛教教義的思想和理念印在了戲劇理念、戲劇結構、戲劇走向、甚至戲劇人物塑造上面。在賴聲川的戲劇中，不

〔註2〕〔瑞士〕榮格，馮川、蘇格譯，《心理學與文學》，北京：三聯出版社，1987年11月版，第120頁。

〔註3〕馬修・李卡德（Matthieu Ricard），賴聲川編譯，《頂果欽哲法王傳》，臺北：橡樹林出版，2010年1月版。尚・方斯華・何維爾（Jean-Francois Revel）、馬修・李卡德（Matthieu Ricard），賴聲川譯，《僧侶與哲學家——父子對談生命意義》，臺北：先覺出版，1999年12月版。頂果欣哲法王，賴聲川譯，《覺醒的勇氣——阿底峽之修心七要》，臺北：橡樹林出版，2005年4月版。馬修・李卡德，賴聲川、丁乃竺譯，《快樂學——修煉幸福的24堂課》，臺北：天下雜誌出版，2007年8月版。

〔註4〕鄭飛編輯，《中國佛學是理解宋明理學的鑰匙——訪賴永海教授》，《中國社會科學報》，2012年4月23日 B～01宗教學版。

難看出戲劇藝術挖掘人物內心和藝術深度的努力。賴聲川作為對大人生的思考者，在劇中流露出從心靈出發，對生死、對人生、對人類的體悟，對普度大眾的哲理關懷。

　　同時，恰如賴聲川對於夢和無意識的強調，『夢和無意識成為了一個門徑，通過它們現代人接近了他們的意識。在斯特林堡、阿爾多、葉慈的作品中，這扇門引領他們進入對東方思想和文化的沉思』〔註5〕。賴聲川戲劇所包括的夢、天使、岸、分身等相聯繫的意象，從根本上與生死主題和自我追尋的持續關注關係密切，同時集中表現了賴聲川所主張的戲劇觀念：「對人類宇宙性的處境作一種表達」〔註6〕。

第一節　失落的意象

　　「烏托邦」（Utopia），從詞源學的角度看是 Utopia 由 u 和 topia 組成。u 來自於希臘文 ou 表示否定，topia 意思是地方或者地區，合起來就是「不存在的地方」。同時，u 也可以和希臘文中的 eu 聯繫起來，表示美好的、完美的意思，Utopiay 又有了「美好的地方」的解釋。這樣，從詞源學的分析得出，烏托邦通常具有的「好的，但不能到達的地方」，或者「目前不可能實現」的含義。

　　吳成澤在博士論文《論臺灣實驗劇場中的烏托邦理念及其實踐（1970～1989）》第一章中，將張曉風《武陵人》中「外省族群特定的流亡經驗，結合上現代主義知識分子的態度轉化成一種烏托邦理念」，「對張曉風的主人翁黃道真而言，真正的烏托邦並不是一種遠離苦難的狀態，沉溺在某種舒適、安逸、具有逃避特質的地點或時空當中。而是一種在當下屬己的生活情景當中秉持著希望、真理同苦難共存的決心，也就是說在流亡狀態下的族群，無法將任何空間視為烏托邦，真正的烏托邦只能是一種流亡過程中所堅持的態度，以及伴隨著這種態度而來的希望。」〔註7〕然而，與其指出的賴聲川《暗

〔註5〕　筆者譯，見賴聲川博士論文，《現代西方戲劇中的東方逆流》第 323 頁，原文為「Dreams and the unconscious have become a gateway through which modern man has approached this consciousness, and in the cases of Strindberg, Artaud, Yeats, this gate has led to the contemplation of Oriental thought and culture.」

〔註6〕　賴聲川，《賴聲川：劇場 2》，臺北：元尊文化公司，1999 年 1 月版，第 20 頁。

〔註7〕　吳成澤，《論臺灣實驗劇場中的烏托邦理念及其實踐（1970～1989）》，鍾明德指導，臺灣：臺北藝術大學博士論文，2009 年，第 75 頁。

戀桃花源》「反烏托邦」觀點不同的是，本文認爲賴聲川戲劇中的「烏托邦」是對於人生智慧和群體精神的理性，而不是個體所構建的理想世界，所以《暗戀桃花源》不是「反烏托邦」，而是在構建精神烏托邦過程，用「人生無常」、「萬物不完美」展示的智慧理性。

《暗戀桃花源》的「桃花源」和「烏托邦」的差別在於，看到了現實的殘酷、荒唐。《暗戀桃花源》第七場、第八場，漁夫老陶無奈中了妻子春花和袁老闆的激將法，冒著危險泛舟遠涉上游捕魚，進入一個和武陵完全不一樣的陌生地方，一個與世隔絕的烏托邦「桃花源」。沒有聽從「桃花源」中白袍男女的勸說，回到武陵要將妻子接來，卻發現武陵的變化也是翻天覆地。妻子和袁老闆在一起了之後，仍然被生活中的柴米油鹽醬醋茶所困擾。面對物是人非，老陶決定回去桃花源，但是之前的標記已經蕩然無存。這種人生無常和《暗戀》中的基調，穿越了古今，一脈相承。

一、「天使」意象

「天使」形象，或者「天使」角色，在賴聲川戲劇中明顯反覆出現五次之多。第一次出現天使形象，是在《田園生活》（1986）的第三幕，沈家女主人宋潔和好友馬芳，重新布置本來就很雅致的房間，看到掛在牆上的畫，「畫的內容是一個正在飛揚的天使」，用天使寄託自己對作掉孩子的所有美好想像。《十三角關係》（1999）中，女兒身背天使的翅膀，到「天使維修站」工作，幫助翅膀有問題的天使重新獲得飛翔的能力，並認爲自己是上天派下來，幫助爸爸媽媽能夠相互恩愛，但終究以失敗告終。《在那遙遠的星球，一粒沙》（2003）中女主人面對乖張的親女兒怪怪，假想其溫順、體貼、善解人意，用天使一般的幻覺乖乖來替代親女兒怪怪。《亂民全講》中 John 在人聲鼎沸的KTV 包間，默默地唱著歌，這是她最後的卡拉 OK，在遺書中她認爲離開這個世界，到了另一個世界會成爲天使，保祐她愛的、但拒絕她的那個人。《如影隨形》（2007）中漁業商人大橋和老婆藝術治療師夢如的女兒露露，從小認爲自己是天使，她在「墮落天使機車行」工作，主要工作就是修繕墮落天使、檢修他們的翅膀，爲天使們充電，以便天使在人間繼續布施善德。

天使的出現，顯然與心靈關照有必然的聯繫，也與 80 年代之後的文學藝術創作背景密不可分。臺灣自 1979 年開始由農業社會轉向工商社會，面臨著每一個現代資本主義時代裏社會無法躲避的政治小說的興起。黎湘萍認爲，

這類政治小說「超出了單純以文學形式來追求或達到某種政治效果和目的功利範圍，成爲一種新的文化現象。新生代試圖創造這種新文化來重建現代人格，作爲走出困境的救贖之道」，「在當代臺灣，陷入現代社會二難困境中的作家，扮演了耶穌的角色，意欲以自己的小說藝術來承擔救贖的大任，解脫自我，拯救社會」。〔註 8〕心靈上的救贖與撫慰，爲天使在戲劇的出現埋下了伏筆。正如 2003 年《亂民全講》的演出說明所言，「臺灣的政治評論或政治諷刺實在太多，我們卻始終覺得，根本的亂是來自於心靈層面的亂」〔註9〕。出於對心靈的慰藉和對現實的超越，戲劇舞臺設計出「天使」的形象，來增加虛構舞臺的溫暖力量。

　　《十三角關係》中女兒安琪認爲自己是個折翼的天使，來自很遠的地方，天空才是她的家，她是被派來人世間做爸爸媽媽的女兒、并幫助媽媽和爸爸。結果安琪以失敗告終，「天使的時間到了」。只得留下一份遺書，獨自回到天國：

　　　　親愛的爸爸媽媽，本來來到你們家，我心中充滿著喜悅。我認爲我在世界上的日子，可以在歡樂中度過。後來我發現「歡樂」並不見得是一件容易的事，也不見得是人類來到這個世界上確定能享有的權利。對啊，我以爲我的任務很簡單，老闆交代我做的事情，我以爲不難。我的任務是：讓你們兩位能夠從我的身上看得到天國的景象。對啊，我以爲不難，因爲我在你們的身上看到了。時間久了，我開始失去信心，我越來越不覺得我的任務可以達成。關於這點，我不會怪你們的，我只能怪我自己能力不足、方法不好。爸媽，我們每一個人在世界上的日子都是有限的，只是有些人比有些人更有限，我的時間到了，我沒有完成任務，對不起，我失敗了，帶著一片想念你們的心，我走了。祝你們如意、美滿、歡樂。安琪敬上，1999 年 4 月 17 日 ps.不要想找我，我去的地方，你們找不到的⋯⋯

　　〔註10〕

〔註 8〕 黎湘萍，《文學臺灣：臺灣知識者的文學敘事與理論想像》，北京：人民文學出版社，2010 年 4 月版，第 242、247 頁。

〔註 9〕 《亂民全講》碟盤宣傳冊，《亂民全講》，臺北：群聲出版有限公司、木棉花國際股份有限公司，2003 年，第 2 頁。

〔註10〕 賴聲川，《十三角關係》，《魔幻都市：十三角關係　在那遙遠的星球，一粒沙》，臺北：群聲文化公司，2005 年 2 月版，第 118～119 頁。

在父母蔡六木和花姐世俗的多角婚姻現實中，自認是天使的女兒安琪以及陪伴奶奶轉世三重子的爺爺，都顯得有些唐突，甚至有些玄虛、生硬。然而在這個關於「愛」的主題中，爺爺和女兒安琪是最願意真心誠意愛別人的人。他們身上實際寄託了超越現實世俗的渴望，寄託著擺脫不會愛的迷失的希望。安琪是最想要愛別人和給別人愛的，但是她沒有獲得一點愛的給養，所以沒有能量再給他人，最終枯竭、離去。這是一個天使的悲劇，也是一個關於都市裏愛的能力喪失的悲劇。

《亂民全講》中「The Last KTV」一幕中，John 在人聲鼎沸的 KTV 包間中，一個人默默地唱著歌，字幕上留下了她的遺書：

> 你可能會問，為什麼我決定離開這個世界
>
> 我也不知道，我也不明白，我只是覺得很辛苦。
>
> 也許離開後，那種辛苦會消失。離開這個世界，可能是開心的，
>
> 我想我會到了另一個世界，成為天使。
>
> 若我成為天使，我一定會回來保護你，
>
> 永遠在你的身邊，聽你心底裏的說話，
>
> 再用歌聲回覆你。再見了。
>
> 我希望你能盡快忘記我……〔註11〕

一封遺書，帶出了折翼天使意象。苦苦的戀情中，迷失了自己的女人，在看似喧囂、熱鬧、有人情味、溫暖的 KTV 裏說著自己最後的留言。世事要如何艱難，才能將一顆年輕的心冷落成這樣？

《在那遙遠的星球，一粒沙》中媽媽在女兒怪怪之外，還意象想出一個天使般的「女兒乖乖」。乖女兒像天使一樣善解人意，能夠理解媽媽、善待媽媽，永遠聽媽媽的話，和媽媽保持一致。但隨著媽媽的意識越來越清晰，要勇敢面對這個殘酷的世界，終將天使女兒趕出了自己的假想意識。天使只是替代了女兒怪怪，滿足了媽媽對於良好母女關係的期待；真正要解決媽媽對失蹤多年的爸爸的思念與盼望，只能靠女兒怪怪。在這齣戲劇中，天使女兒乖乖同樣是無力的。

〔註11〕《亂民全講》碟盤宣傳冊，《亂民全講》，臺北：群聲出版有限公司、木棉花國際股份有限公司，2003 年，第 6 頁。

從 1986 年的《田園生活》，到 2007 年的《如影隨形》，賴聲川戲劇中「折翼的天使」意象頻繁出現。近三十年的戲劇創作，天使意象從沒有在舞臺上消失：《田園生活》掛在牆上「一個正在飛揚的天使」，是被流產的孩子；《十三角關係》在「天使維修站」工作，幫忙翅膀有問題的天使重新獲得飛翔的能力的女兒，最終留下了一封遺書，去到了父母找不到的地方；《在那遙遠的星球，一粒沙》中天使一般的乖乖女兒實際是不存在的；《亂民全講》中 John 唱最後的卡拉 OK，也是在和友人告別，她即將離開世界，化爲另一個世界的天使；《如影隨形》中大橋和老婆夢如的女兒眞眞，在「墮落天使重型機車行」幫忙修繕墮落天使的翅膀，然而自己目睹父母親的感情不和、溝通失調，雖想盡一切辦法緩和與挽回但都無濟於事，於是自閉壓抑、沉默寡言。這些天使，面對人間與現實的磨難，隱藏在人間，也隕落在人間。

西方的天使，猶如中國傳統文化中的飛天形象。天使和她的翅膀，背後都有一種「飛躍」、「拯救」的力量；她們的形象本身，就具備一種飛翔、輕盈、超脫、神秘的感覺。天使意象透露出的是，渴望飛翔、渴望擺脫束縛、渴望超越俗世的願望。不幸的是，賴聲川戲劇中的天使大多是「折翼天使」。她們來到人間，本想帶動凡人超脫俗世，無奈自身都無法掙脫現實的枷鎖，更何況去拯救人類超脫苦海。

對「天使」這樣最純淨、最有愛的意象的持續關注，也是賴聲川對美好世界與事物的嚮往和期許；戲劇中「折翼天使」受到人間的折磨與痛苦，可以看做是賴聲川對於現實的悲涼體悟。從這個意義上講，賴聲川是一個樂觀的悲觀主義者，內心裏隱藏著對人世的關照，希望給予世間以美好和安慰。但同時他發現這種假定的美好和期待是脆弱無力的，所以常常在表面採取黑色幽默的方式來嘲笑世事的荒唐與無奈。觀眾生出更多的同情與悲憫，這也是折翼天使的一種價值。

二、「岸」和「彼岸」意象

假設「桃花源」是人們對美好的、終極的、大團圓結局的想像，那麼「到達不了、回不去的「桃花源」，則是賴聲川戲劇中「岸」和「彼岸」意象的概況。看似 1989 年的《回頭是彼岸》，是賴聲川第一次明確在戲劇演出中提出「岸」和「彼岸」的意象。而實際上，早在 1986 年的《暗戀桃花源》和 1987 年的《西遊記》中，就已經出現了諸多「岸」的實體意象與隱喻意象。除此

之外，戲劇《如夢之夢》、《寶島一村》、《如影隨形》中，也包含著或隱或現的岸和彼岸的意象。

「彼岸」是佛教語，梵語爲波羅，漢譯爲彼岸。佛家以有生有死的境界爲「此岸」。超脫生死，即涅槃的境界爲「彼岸」。古印度佛教大德龍樹菩薩（約三世紀）撰寫的大乘佛教中觀派重要論著《大智度論》十二中有記載，「以生死爲此岸，涅槃爲彼岸」。這是岸和彼岸意象的第一層含義。第二層含義，是暗指對於大陸和臺灣，互爲此岸與彼岸。對於雙方而言，彼岸的未知與神秘，是籠罩在心頭的束縛和渴望。這份渴望裏，有眷村人對於家鄉親人與親情的割捨不下，也有所謂「收復大陸」、「推翻共匪」的政治期盼。第三層含義則直指人生的完滿桃花源或者烏托邦的想像，對於人生到達不了的疆域的渴望與幻想。

而在當代戲劇的創作中，有兩個戲劇家是特別喜歡採用「岸」的意象的，一位是本論中的賴聲川，還有一位是慣於引佛禪入戲的高行健。郭寶崑評價賴聲川和高行健的戲劇藝術關照時，談到在一個多世紀以來，多舛的命運給華人知識分子培養了一股強烈的民族憂患意識，久而久之，籠成了一種強悍的內向性格。五四時代的文化巨人群，在吸納現代世界文化以求自救的過程中，表現了非凡的開放胸襟和恢弘氣度，但其後的文學藝術卻長期自陷於政治糾葛的層面。因此，超越這種狹隘的文化心理便成了後世作家的急務。在華人世界的劇場領域裏，賴聲川是立意要超越這種格局的一位開拓者，和高行健一樣，他越來越把自己的藝術關照多向伸拓，因此，他的劇場也就越來越寬闊深厚，在臺灣以外看他的作品，這種感覺更加明確。〔註12〕

有趣的是，賴聲川祖籍江西贛州會昌，高行健也出生於江西贛州。兩人又都在戲劇中滲透進入自己對於信仰、世界、人生、生死等深刻問題的關照和體會。其戲劇引導人們進行的看向內、看精神、看透徹，使得戲劇更加有力，彷彿「在空中翱翔的鳥，居高臨下，俯瞰人生百態：你若是鳥／僅僅是隻鳥／迎風即起／率性而飛／眼睜睜／俯視人間／這一片混沌／飛躍泥沼／於煩惱之上／了無目的／自在而逍遙」。〔註13〕

〔註12〕 郭寶崑，《還是序幕，他還年輕》，賴聲川，《賴聲川：劇場1》，臺北：元尊文化公司，1999年1月版，第13頁。

〔註13〕 方梓勳，《以無住爲本——高行健戲劇論的背後》，高行健、方梓勳，《論戲劇》，臺北：聯經出版公司，2010年4月版，第3頁。

　　賴聲川和高行健對於佛教和藏傳佛教的領悟與體會，對佛禪與戲劇之間關係的認識存在著不同的觀念，也就導致了戲劇面貌中佛與禪的隱藏與顯現。但對於佛教中「回頭是岸」的關照與思考，確實有著相通又不同的處理方式。

　　在《回頭是彼岸》爲代表的大多數作品中，賴聲川都是小心採用間接的手法去呈現他對於藏傳佛教的感知和理解。在賴聲川看來，學佛的意義更多的是相信一個因跟緣跟果，「就是說任何一件事它一定要有一個前因，才會發生，發生之後，它本身也可能成爲下一件事情的因，有點像物理的作用力與反作用力。」〔註14〕在因緣果的影響下，世界和人類社會才有了應有的秩序和規則。

　　《回頭是彼岸》，突破了傳統意義上的「回頭是岸」。將對岸的思考，放在三個歷史現實和虛構眞實的空間進行，三個空間以燈光明亮來啓用或者關閉進行交替穿梭：「石寓」，臺北近郊的一棟獨棟房子，武俠小說作家石之行和他的父、母以及妻子海倫住的房子；「陳寓」，市區內一間小套房公寓，石之行情婦陳明月的家；「武俠世界」，也就是石之行正在報紙副刊上連載長篇武俠小說《回頭是岸》的虛幻世界，其場景包括孤島的岩岸、彼岸的路上，以及藏有武功秘籍的山洞。

　　《回頭是彼岸》開場時，在孤島上穿著古裝的雲俠，在岩岸邊的荒地上勤練武功拳法，練到一半心急如焚，要師傅傳授他失傳的「乾部心法」，以結合先前的「孤島十八式」這「乾坤大法」中「坤法」至高心法，使得乾坤合一，一門心思想要去彼岸的「明月山莊」學藝。即使到了彼岸，參了五年的石壁秘笈，雲俠仍然苦思不解，甚至跳到現實中的明月公寓裏，問小說作者石之行：「五年了。對牆上之秘笈仍一無所知，心中彷徨、苦痛，盼高人指點，讓徒兒重見光明。……秘笈是不是反的？」遇到寫作瓶頸的石之行，也想找到繼續寫下去的靈感，加之與妻子的婚姻問題，都使得情人陳明月的小公寓房成爲他寫作和生活的「彼岸」。從大陸來到臺灣看望父母、弟弟的姐姐雨虹，來到了彼岸（台灣）。這團圓美滿背後，卻隱藏著一個眞相：她不是「雨虹」，雨虹已在文革中慘死，她作爲好友幫忙來看望親人，完成遺願。弟弟之行也不是雨虹的親弟弟，而是當年幫傭歐巴桑帶的男孩，親弟弟在到臺後不久病世，於是，父親和母親把歐巴桑送他們的男孩當之行帶大。來到彼岸的，發現彼岸也不是自己想要的，能不能回得去原點也是一個問題。

〔註14〕 鍾欣志、王序平提問，簡秀芬記錄，《〈如夢之夢〉和劇場創作──賴聲川訪談》，（臺）《戲劇學刊》第 2 期，2005 年 7 月，第 289 頁。

　　《回頭是彼岸》在空間設計上，緊密鏈接了現實和虛構兩個世界。在情節中，結合了當時熱門的「開放」大陸人士來臺探親的社會時事，以及石之行和他小說中的雲俠對於「彼岸」的追求。戲劇所探討的「彼岸」問題，完全依託在講述歷史、發展人性和針砭時弊的情節中，戲劇成分遠遠高於高行健戲劇中的禪悟和禪思，凸顯了當時代的人性、人心和人情。雖然全劇都是在冷冷的基調中行進，還是有一種發人深省的力量，強調了觀眾作為旁觀者的立場，以便更自然地進入、「更深沉的思考自己所處的時代、自己的人生」〔註15〕。

　　高行健的作品中最早體現「禪」的是 1986 年的《彼岸》。《彼岸》的表演時間：說不清、道不明。地點：從現實世界到莫須有的彼岸。人物：玩繩子的演員、玩牌的主、賣狗皮膏藥的、女人、少女、瘋女人、模特兒、人、少年、影子、心、母親、父親、禪師、老太婆、看圈子的人、演員們、眾人。它是一齣抽象劇，全劇從一根繩子的變化開始，慢慢進入形而上思考的層次。全劇除了幾件簡單的道具之外，並無布景，這讓整齣戲劇都集中在演員的表演與語言的力量上。當繩索變為河流，彼岸也就成為了演員心中想要抵達的對象。然而，這茫茫彼岸，真的存在嗎？又為什麼非要抵達不可呢？高行健戲劇集之《彼岸》的扉頁上，也發出了這樣的思索。

　　《彼岸》是為了讓演員從戲劇即語言之藝術的局限中走出來，恢復戲劇這門表演藝術的全部功能，而創作的一齣戲。「演員們一邊跑，一邊高呼：『到彼岸去！到彼岸去！』便從習以為常的生活軌道中衝了出來，進入到另一番境界，以超脫的眼光，才看出他們賴以生存的人世間竟如此荒誕，他們構成的那眾生相也離奇古怪。」〔註16〕劇中，和尚、尼姑和禪師口中念著南無阿彌陀佛，誦經聲四起。人們尾隨著他們，也都念念有經文。其中，禪師的話語禪宗的意味頗濃：

> 禪師　善男子，善女子，發阿褥多羅三須三菩提心。
>
> 　　　應如是住，如是降伏其心，雄然，世尊，願樂欲聞。
>
> 　　　佛告須菩提，諸菩提薩摩柯薩，應如是降伏其心。〔註17〕

〔註15〕　王世信，《後記：消逝與破滅的中間地帶》，賴聲川，《賴聲川：劇場3》，臺北：元尊文化公司，1999 年 1 月版，第 180 頁。

〔註16〕　高行健，《禪與戲劇》，《論戲劇》，臺北：聯經出版公司，2010 年 4 月版，第152～153 頁。

〔註17〕　高行健，《彼岸》，《十月》，1986 年第 5 期。

禪師形象的出現，並非在於弘揚佛法逃避人生，而是「善男子、善女子」擺脫生活苦難的一種寄託。高行健認為，「這是東方人認識自我，找尋自我同外界的平衡的一種感知方式，不同於西方人的反省與懺悔，東方人沒有那麼強烈的懺悔意識，那是被基督教文化發展了的一種社會潛意識。東方人靠超越自我的悟性得以解脫。」〔註18〕在他眼中，對禪的重視，不僅是在表達一種宗教情結，也體現了東方人的一種審美習慣經驗。可以說，禪是一種智慧，一種不同於西方人理性思維的智慧。高行健認為，禪對他而言並非宗教，「而是一種獨特的感知和思維方式」。〔註19〕

賴聲川的《西遊記》中，此岸與彼岸被賦予了東方向西方學習和取經的兩岸意義；《如夢之夢》的此岸與彼岸，則落在臺北與巴黎、大上海「天仙閣」與諾曼地「伯爵城堡」之間，在東方與西方之間，在女性的牢籠與解放之間，在守舊與奔放之間，在仇恨和放手之間，在生與死之間。此岸與彼岸又一定是前者與後者的關係嗎？大上海的春樓天仙閣是女性的牢籠，巴黎郊區的城堡就不是牢籠嗎？顧香蘭所經歷的兩次儀式感強烈的「淨身出戶」，都是一種女性尋找彼岸的掙扎，然而到頭來，終是從一個牢籠鑽到了另一個牢籠。直到顧香蘭敘述完結故事，才在痛定思痛中決定放手，才是真正從仇恨的牢籠中獲得了女性的解放與人生的解脫。

「桃花源」裏，老陶見到了和春花、袁老闆長得一模一樣的神仙人兒，於是返回家中想要將春花也帶到那麼美麗、祥和的「彼岸」：

> 「〔對春花〕是希望能把你一塊帶走」，「因為那個地方實在太好了，那地方的每一個人，看起來都是好平靜、好祥和。每個人都會為別人著想，每一件事情看起來都是很美好，每一個聲音傳到耳朵裏，都好像是從很遙遠的地方傳過來的美麗的、動聽的音樂。」〔註20〕

然而返回「此岸」，老陶卻發現春花和袁老闆在婚姻生活的柴米油鹽醬醋茶中疲倦不堪。無奈，老陶只得獨自回去桃花源那個美麗的「彼岸」，卻怎麼也找尋不到去路。最終對美好和理想的「彼岸」追求，以失敗而告終。

〔註18〕 高行健、馬壽鵬：《京華夜談》，《對一種現代戲劇的追求》，北京：中國戲劇出版社，1988 年 8 月版。

〔註19〕 高行健，《禪與戲劇》，《論戲劇》，臺北：聯經出版公司，2010 年 4 月版，第152 頁。

〔註20〕 賴聲川，《賴聲川：劇場 1》，臺北：元尊文化公司，1999 年 1 月版，第 187頁。

　　「桃花源」和「暗戀」兩部分的舞臺間隔上，看似不起眼、卻起著串聯作用的白衣女子，不停地在兩個劇組爭搶舞臺的空檔時間，到處尋找「劉子驥」這個誰也沒有看到的人。南陽劉子驥，本是陶淵明的《桃花源記》中，「高尚士也」，要尋找傳說中武陵漁夫見過的桃花源，「聞之，欣然規往，未果，尋病終」。戲劇將無法抵達彼岸的悲劇，更進一步推進，不但老陶找不到桃花源，就連文本中尋找桃花源的劉子驥也莫知所終。這荒謬、無果的尋找，散落在劇裏劇外，暗戀的彼岸桃花源是永遠到不了的幻境。

　　賴聲川戲劇所暗含的佛禪思想，都不是直接通過禪宗語言表達出來的，而是含蓄在戲劇觀念、體現在觀眾反思裏。賴聲川所預留出來的空間，使得戲劇有了含混的意義闡釋，也給予了觀眾更大的想像空間。在這兩點上，與大膽直白的高行健都有很大的差異。然而，不論手段如何，劇作家的思想理念都和他們的創作息息相關，不僅影響著他們的劇作風格，也制約著戲劇的意義空間。同樣，也都爲兩者的戲劇創作道路，起到了心靈滋養站的功效。在佛禪的世界裏，賴聲川和高行健都從中汲取養料，再從人類角度、精神層面，繼續將思考或隱藏或顯現地蘊含在戲劇創作中。

三、「分身」意象

　　借心理學理論來看，戲劇舞臺上的本身與分身的思想與行動實際都是關於個體「自我」的。分身，是爲了充分展示出個體人的豐富內在和精神世界，從而設立出來新的舞臺角色形象。心理學理論，尤其是榮格心理學給戲劇分析很多啓發。榮格將藝術創作的起因歸於集體無意識的展示，並依據此理論將藝術創作分爲大致兩種模式：其中一種模式是「心理的」，另一種模式是「幻覺的」。榮格認爲，「心理的模式加工的素材來自人的意識領域，例如人生的教訓、情感的震驚、激情的體驗，以及人類普遍命運的危機，這一切便構成了人的意識生活」。而後者「幻覺的」藝術創作，「爲藝術表現提供素材的經驗已不再爲人們所熟悉。這是來自人類心靈深處的某種陌生的東西，它彷彿來自人類史前時代的深淵，又彷彿來自光明與黑暗對照的超人世界」，「這種經驗的價值和力量來自它的無限強大，它從永恆的深淵中崛起，顯得陌生、陰冷、多面、超凡、怪異」。〔註21〕

〔註21〕〔瑞士〕榮格，馮川、蘇克譯，《心理學與文學》，北京：三聯出版社，1987 年11 月版，第 127～129 頁。

　　賴聲川戲劇創作，借助榮格所劃分的兩種藝術創作心智模式，可以將對人物和內心的聚焦，也可以相應劃分為兩種戲劇形式。一種是從日本能劇、印度佛教思想得來啓發，具備夢意象的夢幻能劇；而另一種則是從通過本尊與分身的同臺演出，展現人的豐富內心和精神世界的心靈劇。和榮格堅持的兩種模式相互獨立不同的是，賴聲川戲劇中，常常有夢幻能劇和心理劇的穿插。在這兩種類型的戲劇創作中，出現兩類頻繁出現的、相對突出的意象，一個意象是「夢」，另一個意象是人的「分身」形象。

　　對於神秘、甚至玄妙的人物內心和精神世界而言，戲劇人物處理的本尊與分身各自呈現舞臺的做法，無疑是帶有一定的剖析意義的。一般來講，戲劇空間存在於兩個分析層面，一個是具象的戲劇舞臺空間，另一個是抽象的戲劇人物關係空間。而無論具象或抽象，都以立體、形象性和現場性，將戲劇和文本區分開，也使得戲劇改編充滿多區域、多聲部的複雜性和可能性。

　　賴聲川戲劇的心理呈現部分，通過多時空、多角度的交叉和融合，來表達戲劇對於人生、智慧、精神的關照。戲劇中，對人物的刻畫往往離不開心理意象和意識流動的呈現。呈現方式多表現為人物語言中無意識狀態的流動，也包括利用書信等形式表露人物內心活動。戲劇將過去、現在和未來的時空拉近，將這裡、那裡、任何地方集合在一個舞臺上呈現，將我和他、以及我和他的心理也都呈現於斯。這種包括夢境在內的無意識和意象表現，突破了傳統的時間和空間觀念。於是，電影鏡頭蒙太奇戲劇手法，燈光、道具分割開舞臺空間等手法的運用，在心理展示豐富的戲劇中被高頻使用。

　　孫惠柱在《心理與時空》中談到，「如果將適當的下意識活動的形式與理性的意識結合起來，在向人的內心深入開掘並自由表現的同時，使之合於一定的規律，能使觀眾在開闊的再造與創造想像中悟得其中的奧秘，那就是戲劇的好形式。」〔註22〕賴聲川心理戲劇正具備這種豐富再造與理性思考兼備的「好形式」。

　　早在 80 年底初期《變奏巴哈》中，賴聲川就已經開始探索用「寫信、讀信」的方式展現一個人的心靈世界。劇中按照巴赫賦格音樂的結構，做了三幕賦格劇，劇中多聲部敘事不僅被應用於四位讀信者和逝去人的連結，還應用於四位讀信者和未來、有緣人、外星人的連結。同時，抑揚頓挫、情感曲折的音

〔註22〕　孫惠柱，《第四堵牆：戲劇的結構與解構》，上海：上海書店出版社，2006 年
　　　　8 月版，第 94 頁。

樂結構，應和著戲劇敘事的情緒進展，幾條敘事線路時而並行發展、時而交叉穿行。對現實婚姻、感情、家庭等世俗故事的關注，將觀眾留在當下。對歷史和現在的勾連，讓觀眾產生思索和冥想，走入了更深層面的心靈世界。

讀信者二　……高中聯考放榜時，看到你的名字就在我的附近，我還好高興的告訴我媽說，這就是小時候的那個佩娟。後來因為種種理由，我沒念那學校，也就沒見到你。結果沒有想到，再也見不到你了。

我真的有點怪你，怪你不該就這樣結束你的生命，你知道嗎？人要活在這個世界上，是老天爺賦給你的寶貴權利。想想星光閃爍的夜空，和變化無窮的雲朵，這世界不是很美嗎？你卻放棄享受它。

不管怎麼樣，我關心的是你目前的生活，真的希望你能獲得快樂。

祝　心怡

亞綸上，一九八五

……

讀信者四　……也許，和你一樣，每一個得到了誕生的權力，卻沒有出聲的孩子，都會懷恨著爸爸和媽媽，不過也許現在你知道了人活在世界上所必須遭遇和發生的一切問題之後，你反而會覺得，就這樣離開是幸福的。或許你會認為，辛苦的擊敗那幾億萬個對手，擠得頭破血流，筋疲力盡的，去爭取那到世間走一趟的權利，是毫無意義的舉動。不過，也許在你知道了這一切之後，你仍然，寧願，辛苦的走這一遭。當然，你會有你自己的想法。

小弟……〔註23〕

在亞綸同學寫給高中放榜後自殺的佩娟同學的信中，在三哥寫給沒有出生、被剝奪了活在世間權利的小弟的信中，都體現了對生命本身的反思。同時，沒有生命權利的可能想要得到這個權利，得到生命的卻放棄了自己生存的權利，這兩相對比的衝突和悖論，也不能不引起觀眾對於生命的拷問。

〔註23〕　賴聲川，《賴聲川：劇場2》，臺北：元尊文化公司，1999年1月版，第36～37頁。

　　之後的《田園生活》，又奇妙地通過劇中人物的自言自語或者人物對話，將自言自語中的臆想生成的怪物，和對話中的回憶，都展示在一個舞臺上，有了幻覺型情節和心理型情節的混合。沈家女主人宋潔在作掉孩子之後，做夢看見天空中有一個綠色的生物，對於「怪物」的臆想寄託著對孩子逝去的痛惜。歸家的老奶奶對年輕時候的一段萍水戀情念念不忘，時常回憶起年輕時候兩情相悅的片段：

宋　潔　　怪物。飄在那兒。我跟你，靜宇，還有鄭臺生，和其他一
　　　　　大群人就站在一棟大樓屋頂，看著那隻怪物。怪物慢慢下
　　　　　降，慢慢靠近我們，你們都跑了，就跑到那棟大樓裏面的
　　　　　小房間，隔著小窗戶，看著那隻怪物。最後，就只剩下我
　　　　　跟那個怪物，就這樣子兩個面對面。〔註24〕

　……

奶　奶　〔自言自語〕……好大一個田裏，就只有我跟他，有風聲、
　　　　　蟬鳴，還有鳥叫聲，那感覺……真安靜。慢慢的，他把我……
　　　　　壓下來，我看見整個天空，好藍、好大……

　……

奶　奶　　我張開眼睛，天上的雲變成紅色，我什麼都聽不到了……
　　　　　什麼都不知道了，只看到那紅色的雲，那好大好大的藍色
　　　　　的天……

　……

奶　奶　　……下過雨，真個田裏濕濕的，我的身上還有一點泥土，
　　　　　他幫我擦……我們約好了隔天再碰頭……

　……

歸美雲　　……那第二天呢？

奶　奶　　沒有了。

歸美雲　　怎麼沒有了

奶　奶　　沒有了。

〔註24〕　賴聲川，《賴聲川：劇場 2》，臺北：元尊文化公司，1999 年 1 月版，第 264
　　　　頁。

> 歸美雲　那他呢？
>
> 奶　奶　走了
>
> 歸美雲　走？走去哪？
>
> 奶　奶　沒有再回來過。
>
> 歸美雲　那你怎麼辦？
>
> 奶　奶　沒有了……
>
> 歸美雲　什麼沒有了？
>
> 奶　奶　沒有了。〔註25〕

這些敘事都讓觀眾感受到一種對逝去歲月的美好、對美好又銘心的愛的懷念，以及一種支持生活的重要力量。

　　賴聲川心理戲劇的展示最充分的戲劇代表作，一部是《我和我和他和他》，一部是《如影隨形》。現實和虛幻的人物形象更為錯綜複雜的戲劇當屬《如影隨形》，劇中處於「中陰」地帶、影子般的人物，有大橋和被他殺害的妻子夢如；舉止反常的露露和她想像出來的同伴 YEA 時常處於同一時空；露露爸爸祥哥，雖然看不到 YEA，但為了迎合女兒而假象有個分身，以便配合女兒演出。種種怪異、神秘又複雜的人物形象，時常同時同地在舞臺上行動，也容易讓剛剛進入戲劇想像空間的觀眾，混淆了本尊和分身、現實與中陰、想像與真實之間的界限。

　　在《我和我和他和他》中，四個演員扮演的角色，兩個活在現實中，另外兩個活在意念裏。深藏在內心的感性聲音被豐富地展示出來，表層和內裏、理性和感性、世故與純真之間的糾結與衝突展現得淋漓盡致。戲劇主人公簡如鏡和沈墨，兩個本尊身體之外，還各有一個分身「另一個男人」和「另一個女人」。兩個分身是十年前相戀的他們，是逝去的、精神的、感性的、情感的象徵結合體，彼此保有感情，熾熱相愛。而本尊所處的現在時的、物欲的、無情的、理性的象徵代表體，卻因為現實的種種隔閡與利益訴求，漸行漸遠。即使兩人重又有肉體的親近，精神和感情卻走向了更加隔離的遠方。現代人的情感與理性分離、物質拋棄精神、「靈」與「肉」分割開來的絕情與無奈，在簡如鏡、沈墨和兩個分身共四個人的多角式人物關係結構中顯現得格外清晰。

〔註25〕　賴聲川，《賴聲川：劇場2》，臺北：元尊文化公司，1999 年 1 月版，第 282
　　　　　～285 頁。

戲劇的十二場演出，序場之一和之二，火車軟臥和飛機上，另一個男人和另一個女人分別找到了遺失十年的本尊。於是從戲劇開場的部分，戲劇就將觀眾帶入了豐富又奇妙的精神與肉體的對話之旅，行程貫穿在套房、電梯、咖啡廳、會議室、海邊、地鐵／街道到蘭桂坊等十二場戲劇空間和時間的切換中。尤其在第五場「會議室（一）」、第六場「海邊」和第七場「會議室（二）」中，一度出現了另一個男人和另一個女人對話、本尊對話、本尊和各自的分身對話等穿插交錯的複雜言語空間。第七場中，大陸神舟集團總裁、特權分子的女婿、赴港談判的沈墨，和代表臺灣新亞集團的臺品公司董事長簡如鏡，分坐談判桌兩端，忘記了十年前兩人的生死之戀，進行爭取物質利益最大化的商業談判。兩個分身卻總想將兩人拉回到原來的軌道，最終發現於事無補：

簡如鏡　　　你到底要什麼？

另一個男人　〔對簡如鏡〕我要你不可以忘記。

另一個女人　〔對沈墨，拍桌〕你不可以忘記！

另一個男人　〔對簡如鏡，吶喊〕我沒有死掉！

另一個女人　〔對沈墨，喊叫〕那段記憶沒有消滅！

另一個男人　我們十年以來都在！

另一個女人　從來沒有離開過！

　　　　　　〔簡如鏡起身，離開座位，站著。沉默。〕

沈墨　　　　簡小姐，談判桌上最忌諱的就是犯情緒，到這個節骨眼兒上你要這樣的話，我們還要繼續嗎？

另一個女人　〔對沈墨〕再給他一點時間，我們過去共同的一切即將要回到生命中，所有破壞的一切都要找回來了。

簡如鏡　　　簡如鏡，你太天真了。

另一個男人　〔對簡如鏡〕我們失去的就是生命中最天真的那段歲月。

另一個女人　〔對簡如鏡〕你不要不承認，我已經看到了你的掙扎。

簡如鏡　　　〔說話對象多重〕我沒有任何掙扎。我剛剛不說話的確是有點情緒，我難過的是我公司竟然會走到這個狀況，我沒有失去什麼，我也不需要任何過去，今天我們的會議就到此結束，〔走向另一個女人〕因為這個房

間裏的狀況已經變得太複雜，有必要讓它單純化，我
相信我一個人可以扭轉這一切，請你聽清楚，我絕對
不會讓任何人來操縱我！你懂吧？〔註26〕

在社會現實的逼迫下，本尊完全沒有和分身要合二為一的想法，並狠狠地打擊了過往的自己，要和過去做徹底的決裂。從這個意義上講，兩個角色還不是簡單的外在的自己和內心的自己的分裂，而是完全迥異的兩個角色形象。本尊絕不妥協的力度越大，越說明她和原本的自己漸行漸遠，甚至到了現代商業社會「異化人」的狀態。

這種「我和我」、「他和他」的戲劇人物關係處理手法，在田沁鑫的《紅玫瑰和白玫瑰》中也有過嘗試。在田沁鑫改編戲劇的舞臺具象空間方面，《紅玫瑰與白玫瑰》的舞臺空間，被一條玻璃長廊隔成了紅玫瑰和白玫瑰左右兩個活動空間，戲劇人物和故事同時進行又相互穿插，在舞臺結構上的安排是戲劇超出原作的一次探索。對於人物關係的重新梳理和調整方面，《紅玫瑰與白玫瑰》的調整更為淋漓盡致，劇中的角色雙影雙聲，不僅增加了角色和內心、「自我」和「本我」、或曰「社會我」和「欲望我」的對話藝術，也通過雙影雙聲增加了戲劇的張力和可延展性。主要角色佟振保、王嬌蕊、孟煙鸝各有兩位演員，六位演員同時出現、互為補充、對話闡釋，讓戲劇人物的內心展示更加清晰、也更為複雜。

和賴聲川戲劇中的雙重人物關係比較而言，田沁鑫戲劇中的人物關係更為複雜，甚至有時候不能清晰地判斷出「本我」與「自我」的界線。但兩者都試圖通過雙聲部的語言、平行又交錯的人物關係結構，闡釋人物的糾結心理和對真我的尋覓。

四、「夢」意象

莊公夢蝶，不知何為莊之夢、何為蝶之夢，感慨浮生若夢，若夢非夢，浮生何如，如夢之夢；桃花源中，黃髮垂髫，怡然自樂，問今是何世，乃不知有漢，無論魏晉；《牡丹亭》緣起柳夢梅夢中梅下會佳人、杜麗娘與柳書生夢裏牡丹亭畔相幽會，這些如夢、似夢的古代傳統，都閃爍著深埋在中國傳統文化和文學中的夢功能。

〔註26〕 賴聲川，《我和我和他和他》，《賴聲川：劇場4》，臺北：元尊文化公司，1999
年1月版，第320～321頁。

　　到了現代文學和戲劇作品中，少了傳統文學裏的「朗日清風」、「大漠孤煙」、「春花秋月」等人與自然感應的意象，「萬事皆夢」等反映宇宙人生觀念的意象更是難以覓到。這種背景下，賴聲川戲劇從日本能劇和印度佛教的影響中生發出的豐富夢意象，在當下戲劇舞臺和文學創作領域都具有特別的典範意義。

　　這些夢境是用來做什麼的？為什麼要使用夢的意象？這需要從文學創作的動因和源泉說起。賴聲川在澄清創意或者創作來源的時候，提到『在不同的智慧體系中，這神秘泉源有不同的面貌、不同的名稱──榮格所謂的集體潛意識，或者說集體無意識，道家的道，佛家的佛性，基督教的上帝，甚至基因密碼中最原始的共同基因。雖然這些概念有些不同，但相同之處在於，不管怎麼稱呼它，人是通過這個泉源才展現出創意活動，人和這泉源互動來創造創意。同時，大部分的人只有處於生命的特殊情境下才能清楚地觸碰到這神秘泉源。它是隨時運作的，在夢中，在幻想中，在創意中』〔註27〕。所以，對於夢的展示、對於幻想的表現，都是從一定意義上對於集體無意識、集體潛意識、道、悟性等深層思想與集體智慧的表達。

　　拉康的主體哲學對於「夢」意象的研究〔註28〕，也可以給予分析研究以一定的啓發。拉康認為，「主體的歷史是發生在一系列或多或少典型的理想認同之中的。這些認同代表了最純粹的心理現象，因為它們在根本上是現實了意象的功能。」〔註29〕也就是說，自我就是他者，只不過是在自我還沒有清晰認知之前，由不是「我」的「他」者搶先佔據了位置，從而讓「我」無意識地認為「他者」就是「自己」。「意象則是那個可以定義在想像的時空交織中的形式，它的功能是實現一個心理階段的解決性認同，也就是說個人與其

〔註27〕　賴聲川，《賴聲川的創意學》，桂林：廣西師大出版社，2011 年 8 月版，第 84
　　　　　～85 頁。

〔註28〕　雅克・拉康（Jacques Lacan）在 1949 年的第 16 屆國際精神分析學會上提出的
　　　　　「鏡象」理論，他發表了論文《來自於精神分析經驗的作為「我」的功能形
　　　　　成的鏡象階段》。自此，「鏡象」成為拉康主體哲學領域中的一個重要概念。
　　　　　他認為，6～18 個月的嬰兒不具備肢體協調能力，對自我沒有確立完整的認
　　　　　知，但他們能夠從鏡子中的影像所提供的視覺存在，來認識自身肢體的整體。
　　　　　而這個主體形成的基本階段就是鏡象階段，每個人的自我認同初步形成，同
　　　　　時也是想像性思維方式的起點。也就是說，通過對鏡中自我形象的認同，自
　　　　　我才得到完整和實現。

〔註29〕　〔法〕拉康，《拉康選集》，褚孝泉譯，上海：上海三聯出版社，2001 年 1 月版，
　　　　　第 184 頁。

相似者關係的一個變化」〔註30〕。給戲劇研究的啓發意義，可以理解爲，「鏡象實際上成爲了人物一種牽涉性的或者後涉性的存在，通過這種意象的符號意味，受眾可以將人物的過去、現在和將來的人生鏈條和命運節奏連接起來，形成一種完整的印象。」〔註31〕從這個意義上講，夢境，實際也可以作爲戲劇拿來傳達對「自我」認識的一種途徑與工具。通過做夢、在夢裏講故事、一個套一個的故事、一層套一層的夢，串聯起所有的「他者」，從而才能更清晰地認識做夢人，也就是「自我」想要傳達的思考與認識。這和賴聲川對於源泉的觀點是一致的。

如果按照的弗萊觀念，認爲「儀式是敘事情節（mythos）的原型方面，而夢幻是思想要旨（dianoia）的原型方面」〔註32〕，那麼對於賴聲川而言，夢幻必定是寄託了他所要表達的觀念和思想。賴聲川在分析夢劇時援引史特林堡的觀點，認爲夢劇的特色就是「破碎而又似乎合理的形式」，「既然以夢爲藍本，因此一切不合乎外表世界的意象在夢劇中都能存立。許多角色、意象及意念，都是多方面的綜合體」，期冀夢劇可以既有「心靈的呻吟」，還要有「對人生社會的關注」〔註33〕。而在夢境裏的「怪物」，如同是具有意象的符號，玄虛又神秘地昭示著人物內心的隱秘感受。被美國《新聞週刊》（Newsweek）譽爲「狂想的後現代歌劇」《西遊記》，深藏著豐富的原型意象和古老象徵，嘗試對於「西遊」的「西」進行定義。《回頭是彼岸》中借由弟弟石之行所營造的武俠人物對彼岸的追尋之夢，竟然與現實發生了超乎想像的對接與穿越，夢的營造與破滅之間，蘊含著深層次的人生思考與精神內涵。

2000 年首排、2005 年公演，2013 年再次與大陸演員創作、亞太巡演的《如夢之夢》〔註34〕當中，賴聲川用近八個小時的時間，將夢劇的精神關懷、心靈

〔註30〕 〔法〕拉康，《拉康選集》，褚孝泉譯，上海：上海三聯出版社，2001 年 1 月版，第 191 頁。

〔註31〕 劉家思借用此理論分析曹禺戲劇中人物形象的人生命運之間的相互指涉與鏡象連接，認爲《雷雨》中的周家三父子的性格命運具有一種強烈的鏡象效果。劉家思，《曹禺戲劇的劇場性研究》，北京：中國社會科學出版社，2010 年 11 月，第 334 頁。

〔註32〕 〔加〕諾斯羅普·弗萊，陳慧、袁憲軍等譯，《批評的解剖》，天津：百花文藝出版社，2006 年 1 月版，第 153 頁。

〔註33〕 胡耀恒，《「夢劇」中只有呻吟，沒有梵唱：評賴聲川先生的論文》，（臺）《中外文學》第 6 期第十三卷，1989 年 11 月，第 48 頁。

〔註34〕 2001 年出版的《如夢之夢》劇本，是根據 2000 年在臺北國立藝術學院戲劇演出的版本基礎上，將刪減的場次又填充後的完整版，加入了第一部分看診、

體察、對人生如夢與生死循環的哲學思考，展現與發揮到極致。亮軒曾經在 1986 年的《聯合報》上對上演的《暗戀桃花源》予以夢的評價，認為《暗戀桃花源》是「一層套一層的夢」。而如今，這一層套著一層、再套一層的夢，夢裏一個故事連著的另一個故事，從三十年前的起點一直講述到當下的創作中。夢境和夢裏的故事，也愈加繁複與神秘。這背後直接與戲劇透露出的宗教思想有關，譬如生死輪迴、人生無常、生命是曼陀羅的無數軌跡等。

《如夢之夢》演繹了如夢境般的故事，可以說是一個故事的體系：醫生聽五號病人說故事 A，故事 A 裏五號病人遭受了和夢境故事 A1 相似的被拋棄的故事 A2，夢裏草原上的牧民妻離子亡，現實中同樣子亡妻走；醫生繼續聽五號病人說故事 B，故事 B 裏五號病人在尋找自我的旅途中相識了在巴黎中餐館打工的江紅，聽江紅講述她從北京到巴黎的故事 B1。持續發燒的五號病人與江紅一起去請教占卜的吉普賽人，從而得到了城堡和湖的信息，並去往城堡、看到城堡和湖水，以及冥冥中感覺有連接的畫像，聽城堡老總管講關於畫像中人物的故事 B2；醫生繼續聽五號病人說故事 C，故事 C 裏五號病人輾轉找到了醫院晚年顧香蘭，顧香蘭給五號病人講她過去在上海的天仙閣時期與王德寶的愛情故事 C1、法國的外交官亨利伯爵迷戀上顧香蘭、為顧香蘭贖身、香蘭第一次淨身出戶的故事 C2，跟隨伯爵到法國之後的受困和掙扎的生活 C3，以及伯爵遭遇車禍後人間蒸發、香蘭第二次淨身出戶的故事 C4，香蘭在巴黎打工維持生計偶遇伯爵新家人並實施報復的故事 C5；醫生聽五號病人講伯爵、顧香蘭去世之後的故事 D，故事 D 裏重新去過去的地方，偶得江紅留下的信件，去城堡度過了千禧夜，將不願帶到下一個千年的東西名稱寫在紙上、統統燒掉，完成了自我的超脫。

聽每一段故事，都彷彿是進入了每一個主人公的夢中，坦露著主人公的內心世界。如賴聲川為戲劇創作的歌曲歌詞所訴說的，「走進你的夢」——「走進你的夢，走進你的心，走進繽紛如幻夢土。春天的夢，春天的心，遍地芬芳，花開燕飛蝶飄。夢深不覺，春日已去，你我飄入夢中深深的迷霧。花開時節，夢醒時分，心孤獨。」〔註35〕

諾曼第城堡發現畫像的場次，以及第二部分關於顧香蘭到發過之後的場次，除序幕外還有 12 幕演出，總共 93 場。2013 年版的演出劇本，又做了一定調整，尤其是第二部分第八、九幕的內容調整較大。

〔註 35〕《走進你的夢》賴聲川樂譜手稿，表演工作坊、央華文化，《如夢之夢》演出介紹冊，北京保利劇院，2013 年 4 月。

　　多層故事系統帶著觀眾進入到一個圓環、一個生命的曼陀羅當中。「跟隨主人公在一個又一個的連環『夢』中，尋找『眞相』。一切都在環繞，你會發現，原來舞臺是一個圓，世界是一個圓，人生也是一個圓。局中人找到了自己的『眞相』，那我們呢？我們的『眞相』在哪裏？人生沒有劇本、沒有彩排、不能重來。」〔註36〕這是夢境帶給戲劇副導演欒嵐的啓發。這是戲劇導演在故事系統、故事A＼B＼C＼D當中，讀到了幾個人的今生與來世，推而廣之，就是一群人、甚至人類生而循環往復的曼陀羅。而舞臺所展現的故事，與其本身就是一個虛構的故事承載體相疊加，你能說什麼是眞的、什麼是假的、什麼又不是眞的？所從這個角度上講，《如夢之夢》不僅僅是一個簡單的「自他交換」佛教方法可以承載，它是通過戲劇舞臺看到了一個女人的命運、一群人的命運，並將這種體悟上升到了佛教思想和人生哲學的層面上。這些思想與哲學，雖然是玄妙的，但不是生硬的。戲劇要引領的就是這思想的頓悟與覺察，如同《如夢之夢》的演出介紹冊中所點到的那句關鍵：你這一生中的迷，必須用別的迷來解。就像有的夢要穿過其他的夢才能醒來，你必須一個個走過，才能走出這場連環夢。

　　《在那遙遠的星球，一粒沙》將失去丈夫的妻子最終的解脫，也放在如夢幻般的暢想中：媽媽葉櫻給女兒怪怪寄了明信片，來自巴納斐爾的相片，媽媽與爸爸在大海邊快樂生活。通過夢境式的演出，媽媽和出走多年的爸爸得以見面。這也提供了痛失丈夫的主演張小燕有機會可以在夢境中，再次和丈夫相逢的合理性。而舞臺上的夢意象這個魔幻或科幻的元素，可以將人物帶入潛意識和無意識的世界中，由那個內在的欲望和自己進行對話與溝通。

　　夢意象背後豐富的隱喻，夢幻形式的反覆使用，爲戲劇藝術形式的呈現提供了更大的想像空間。夢境和隱喻式幻想裏，時間與空間完全不需要符合邏輯，所以戲劇舞臺敘事常常將不同時間和空間的故事，進行並置和交叉。而這看似矛盾的情境中，確有著循環輪迴式的一致性，情感與投射事物的一致性。從心理釋夢角度上看，夢裏投射的都是個體自身的內心與情感。夢境中的水形象，投射的是夢主人在現實中的情緒與情感。這也就可以解釋爲什麼在心情平靜時候，定睛看著諾曼第城堡的平靜湖面，往往能夠照出觀者自己。因爲面對平靜的水面，觀者的情緒更加靠近內心的感受，更能夠將自我

〔註36〕　欒嵐，《創作筆記——〈如夢之夢〉走進你的心》，表演工作坊、央華文化，《如夢之夢》演出介紹冊，北京保利劇院，2013年4月。

意識和想像喚發出來。玄妙的夢意象，使得戲劇舞臺時間與空間可以大膽跳躍，雖然這給戲劇欣賞增加了難度，造成了一定陌生化的影響。但同時它也豐富了戲劇欣賞的想像空間，也增加了戲劇的可闡釋空間。可以說，夢意象架起了虛幻和現實的橋樑，讓內心的聲音、隱密的思想、不可言說的觀念呈現得更加直觀與合理化。

第二節　兩大母題：生死與追尋

一、叩問生死

　　中國古代文化的浪漫主義情懷，賦予傳統藝術大量超越生死的大膽想像，於是出現梁山伯與祝英臺死後化蝶的重生、杜麗娘和柳夢梅的死而復生的大圓滿結局。然而晚清以來，死亡與重生的古老信仰被 20 世紀初的思想啓蒙與打破封建所隔斷。破舊立新和爲社會革命服務的立場，使得現代戲劇多關注肉體死亡與革命精神的不朽，或者舊思想的死亡和新精神的重生。20 世紀上半葉，「不斷地與自我思想中的消極成分做鬥爭，從無作爲的『死亡』狀態中走出來，完成個人象徵意義上的『重生』，是中國現代戲劇個體死亡與再生的重要表現形態」〔註37〕。隨著七八十年代的時代開放，西方戲劇觀念中的更新思想，在人生和生死觀念上重新給戲劇界以啓發。

　　阿爾托在《劇場及其複象》的前言，對戲劇的生命影響力和社會影響力加以強調，「破除語言以觸及生命，就是創造戲劇或重建戲劇……我們要相信，劇場能給生命新的意義。……我們這個時代最可怕、最該詛咒的事，就是一位沉溺於形式，而不能像那些被火燒死的殉道者，在炎炎柴堆中發出求救的信號。」〔註38〕

　　戲劇的力量，在阿爾托看來，與人生掙扎的吶喊和號召相聯繫，所以強調劇場不僅要表現文化，更多的是要透徹出文化背後對人生和生命的關照。他所提出的「殘酷」，「是指生的欲望、宇宙的嚴酷以及不能避免的必然性……

〔註37〕　田美麗，《中國現代戲劇原型闡釋》，北京：中國戲劇出版社，2004 年 11 月版，第 96 頁。

〔註38〕　〔法〕翁托南・阿鐸，劉莉譯注，《劇場與文化》（可能寫於 1936 年作者墨西哥之旅以後），《劇場及其複象》，杭州：浙江大學出版社，2010 年 6 月版，第 9～10 頁。

一種生命的漩渦，吞噬了黑暗，一種不可逃避的、命定的痛苦，沒有這種痛苦，生命就無法開展。善是刻意追求的，惡卻永遠存在。」〔註 39〕而戲劇的力量，就來自於對於這些生的欲望、宇宙的嚴酷、不可避免的必然性的探尋和表現。阿爾托的一生都在嘗試將形而上注入劇場，以便讓戲劇保持其本質，一種話語的、手勢的、表情的形上學。

對於生與死的探究，往往讓生者深思。這種深思也流淌在賴聲川戲劇中：表現在《紅色的天空》孤獨老人們的「比痛」情節和老金死亡前的倒計時鐘錶上，反映在《在那遙遠的星球，一粒沙》二十年一次夫妻的臆想相見中，呈現在《十三角關係》中爺爺在奶奶去世之後的「植物轉化」說法中，沉澱在《永遠的微笑》裏媽媽追隨爸爸消失在夜晚的湖泊裏……

在《紅色的天空》中扮演陳太太的陳立美，回憶表演經歷時感慨，「談到面對生死的問題，有生就有死，每個人都無法避免，但卻鮮少人為這個必經的大事做心理準備，跟老年人談生死蠻殘酷的，最好在我們年輕時就對死亡有所瞭解，這是我演出《紅色的天空》的最大收穫，尤其當認知死亡的不可避免後，現在生活中的喜怒哀樂都覺得令人珍惜，因為每一個人的『人生』過程都是獨一無二的。」〔註 40〕對於觀者而言，怎能不是同樣的感受呢？最後一幕陳老太太「臨終」目睹老金的辭世，面對美麗生命的枯萎和逝去，內心產生了震盪：

> 老金　　　我要呼吸……
>
> 陳老太太　好，我抱你。
>
> 　　　　　〔陳老太太抱著老金。老金的呼吸更急促。〕
>
> 老金　　　我的抽屜……還沒有鎖好……
>
> 陳老太太　〔安詳的〕好，我會幫你鎖上。
>
> 老金　　　我給舅媽的信還沒有寫……
>
> 陳老太太　好，放掉吧。
>
> 老金　　　〔恐懼漸漸擴大〕爸爸……媽媽……慧芳……

〔註 39〕〔法〕翁托南・阿鐸，劉莉譯注《論殘酷的書簡》，《劇場及其複象》，杭州：浙江大學出版社，2010 年 6 月版，第 121 頁。

〔註 40〕陳立美，《後記一：紅色天空中的笑容》，賴聲川，《賴聲川：劇場 4》，臺北：元尊文化公司，1999 年 1 月版，第 99 頁。

陳老太太　他們都在那裡了……不要用力……〔老金無助的看
　　　　　著陳老太太〕放掉了！

老金　　　痛……我要……呼吸……

　　　　　〔老金呼吸停止〕

〔臺北的計時器此時剛好到零分零秒。陳老太太溫柔的抱著已
斷氣的老金〕

陳老太太　〔小聲的〕你看啊，沒什麼難，很簡單，就是一口
　　　　　氣而已，一口氣。〔停頓，然後慢慢、小聲的、安
　　　　　詳的〕我很高興我現在陪著你，你現在好安靜，這
　　　　　樣不是很好，對不對？〔頓〕老金，接下來這條路
　　　　　就只有你一個人走，我沒有辦法陪你，你要勇敢，
　　　　　不要害怕。老金啊，我只能送你到這，〔溫柔的扶
　　　　　著老金〕好好走……〔註41〕

從「比痛」環節，我們看到的是，老人家的生活現實和智慧。從肚子脹氣疼、腎結石痛、生孩子痛、心臟擴大插管抽血痛等生理痛，到丈夫外遇帶來的心理痛，最後到妻子去世後感覺不到痛的痛，闡釋著戲劇對生的快樂和死的痛苦的深層理解。

鄧老太太　〔指肚子〕我是肚子脹氣，他（大夫）哪裏知道我從小就
　　　　　脹氣？痛起來，肚子會一直打轉，臉色發白、一直流汗，
　　　　　我這痛起來沒辦法形容，肚子擰在一起，他怎麼會懂？
　　　　　瞎整！我今天弄了半天，他一點都不知道，還讓我放輕
　　　　　鬆！

老麥　　　脹氣很難過，但是不能算痛，不能跟我的腎結石比。我
　　　　　腎裏面的石頭上面都是刺，後來掉下去卡在尿道裏，不
　　　　　上不下，我尿尿就痛，不尿又憋著受不了，頭頂在牆上，
　　　　　滿頭都是汗珠，一使勁一陣刺痛，一看水池裏都是血，
　　　　　那才叫痛！

陳老太太　我生過孩子。你不知道吧？生孩子有多疼？

〔註41〕　賴聲川，《賴聲川：劇場4》，臺北：元尊文化公司，1999年1月版，第96～
　　　　　97頁。

老麥　　　〔不屑〕生孩子，那是自然現象。

……

陳老太太　自然的就不疼？〔比〕小孩子身子這麼長，〔比〕頭這麼
　　　　　大，〔比〕肩膀這麼寬，你要從肚子生出來，下頭要多大
　　　　　洞？那是拼命的事，你們就不知道吧！

……

老金　　　我的心臟擴大，呼吸困難，他們拿著管子從我的鼻孔穿，
　　　　　〔模擬〕經過喉嚨再往裏面戳，通到肺，抽痰，抽不來
　　　　　一碗都是血，紅色的血，然後又說不對，又重來一次，
　　　　　他又一節一節的拔出來，我無法呼吸，唉，我的天啊，
　　　　　又抽一次，抽出來都是血塊！記憶猶新〕痛得不能講！
　　　　　你們都不曉得那個有多疼！

……

陳老太太　我跟你說，我枕頭下面有一把槍。有一天我丈夫回來，
　　　　　我拿著槍對他，我問他：「你說，你今天給我說清楚，你
　　　　　外頭是不是有一個女的？」他外頭有個女的。「你有沒有
　　　　　良心？你給我說！」就拿著槍指著他。你們知不知道我
　　　　　的心裏頭有多痛？我跟他生了七、八個，他外頭還弄個
　　　　　女的！街坊鄰居都笑我，我心痛啊！我拿著槍對著他，
　　　　　我的心多痛你們知不知道？有什麼比心痛還痛？

老金　　　我老婆慧芳去世以後，我就對什麼東西、什麼事情都沒
　　　　　有感覺了，心也死了！感覺不到痛的痛有多痛？〔全部
　　　　　沉默〕〔註42〕

從生理的痛，到心理的痛，到痛到麻木的感覺不到痛的痛，劇作將生死之間
的「痛」通過有生命智慧的老人激烈的討論和爭辯，將觀眾也帶入人生思考
和生命關懷的環境中。

　　對生死進行直接描寫和關照的《如夢之夢》，故事跨度從 1920 年到 2000
年，地點從臺北、巴黎延伸到上海，女主人公醫生面對臨走前的五號病人，

〔註42〕　賴聲川，《賴聲川：劇場4》，臺北：元尊文化公司，1999 年 1 月版，第 56～
　　　　　58 頁。

俯下身去，用佛教所提出的「自他交換」方法，去體味人生無常、命運多舛和生命輪迴，最終從患者的回顧中學會「放手」恩怨、體會生命的意義。

　　賴聲川向來強調創作者對於「世界觀」的認識，會對戲劇創作產生深刻的影響。你對生命的看法如何？你認爲人應該怎麼活？你對政府體系的看法是什麼？藝術的位置何在？暴力的意義是什麼？自己的意義是什麼？宇宙有其他生命嗎？痛苦在生命中的意義是什麼？人生的目的是什麼？這些問題的答案無法直接從書中得到，而是來自自己長期積累的經驗和思考。這些想法必須是穩定的，同時隨著自己的成長，這些想法也必須繼續向前演進。這些就是一個人的「世界觀」。世界觀是基調，是一個人的信仰、看世界的觀點。對於成熟的創意人來說，任何感知都必須經過世界觀的過濾。賴聲川坦言，「談到世界觀，我要很小心地說，絕對不是規定每一個人必須擁抱某種現存的宗教，我甚至沒說個人世界觀必須認爲生命有結構或意義。虛無主義也是一種世界觀。……在建立世界觀的所有問題中，最重要的就是對『死亡』的看法。這是現代社會經常迴避的話題，但世界觀能否形成，和能否回答這問題有密切關係。對死亡有看法，對生命才可能有看法，有了終極價值，創意才有意義。」〔註43〕

　　賴聲川曾多次到印度尋找創作靈感和修行體悟，而印度民族的宗教意識十分濃厚，也頗有其突出特徵的。儘管印度的宗教形態紛繁多彩，但它們都源於一個多元化的統一民族文化，所以往往呈現出一致性，即各種宗教形態都指向「對於生命永恆的追求，對死亡必然性的超越，對無限自由的憧憬」〔註44〕。

　　對於生死的理解，相較於大陸導演田沁鑫戲劇對於「生」的思考，賴聲川戲劇中更多關注對於「死亡」的闡釋。田沁鑫戲劇中，「生老病死」在東北農民的意識中，就是「生啊，就是老天爺和好了麵，一屜頂一屜，發麵饅頭來到世上蒸一蒸啊！老啊，死麵的餅，老牛的筋，除了閻王爺，誰也咬不動啊！病啊，就是破身板兒，別死心眼兒，扛不住摺挑子捲舖蓋卷兒啊！死吧，就是你翻白了眼，蹬直了腿兒，到了陰間啥也別扯，整明白了？」（《生死場》）生活在貧苦中，但求生存下來的東北鄉人，生老病死只是動物性的自然演變。

〔註43〕　賴聲川，《賴聲川的創意學》，桂林：廣西師大出版社，2011年8月版，第144頁。
〔註44〕　邱紫華，《悲劇精神與民族意識》，武漢：華中師範大學出版社，2000年3月版，第255頁。

直到村裏漢子一般的王婆，看到女兒金枝被日本兵殺害的那一刻，迸發出最後的生命張力，吶喊著「死法不一樣啊」！才將這些意識沉睡著的老少爺們喊起來、一起向入侵者反抗！相比而言，賴聲川的「生死」更多不是存在於民間的智慧，而是來自於宗教和哲學層面的體悟，再化在戲劇人物身上加以體現，突出體現在「超脫」的死亡觀。

《如夢之夢》裏，當男主角五號病人去世之後，醫生拿到他的日記本，裏面的一句詩的念和唱，成爲戲劇的最後一場。「有沒有誰，到過這個地方？有沒有誰，看見過我的臉？我可能記得，我可能忘了，你曾經在我夢裏徘徊。我可能記得，我可能忘了，我曾在你的故事裏歌唱。我可能記得，我可能忘了。」〔註45〕歌裏唱的、口中念的，是關於一個人的辭世，也是關於人生的匆匆而過和倏忽即逝。

彌留之際的顧香蘭看到前來尋前世之音的五號病人，還以爲看到了愛她深、傷她重的亨利，對著五號病人坦陳了自己在臨死之前的「放下」心情：

> 亨利，我的時間不多了，我就快要走了……我現在看到的所有東西，好像都是透明的……牆壁、你的手、我都抓不住了，好像它們原來真正的面貌開始要被揭露了……其實我們一輩子就好像一齣戲，這齣戲是我們自己編的，戲中誰是好人、誰是壞人，是我們自己在決定。到後來，時間久了，也都不重要。等戲演完了，落幕了，我們可以走出戲場了。
>
> 我真的很高興可以有這個機會跟你說說話，我知道你心裏頭難過，所有這些你對我做的，還有我對你做的，你欠我的，我欠你的，就不要再緊緊捉住不放了吧！……
>
> 我對你一直有很深的歉意，我曾經恨你好多年，現在我終於有機會可以跟你說說心裏的話，說出來，我的心理也輕鬆多了……
>
> 〔註46〕

在不要說話的沉默中，顧香蘭安靜地閉上了眼睛。顧香蘭和五號病人的妻子、伯爵和五號病人之間的近百年轉世恩怨情仇，都在那一瞬間，「放下」了。這和《覺醒的力量》中所提及的生命思考和人生修持一脈相承：

〔註45〕 賴聲川，《如夢之夢》，臺北：遠流出版社，2001 年 6 月版，第 394 頁。
〔註46〕 賴聲川，《如夢之夢》，臺北：遠流出版社，2001 年 6 月版，第 379～380 頁。

在釋迦牟尼佛成道之後，他最早的五位弟子問他：「什麼是輪迴？」佛陀說：「輪迴在本質上是苦。」接著他們問：「苦從哪裏來？」佛陀說：「苦從煩惱的情緒來。」他們又問：「我們如何消滅苦因？」佛陀說：「你們必須遵循道路。」他們再問：「遵循道路有什麼好處？」佛陀說：「遵循道路後，所有的業和煩惱將止滅。」〔註47〕……在轉換意識的修行中，書中特別提示了「善因力」，在臨近死亡的時候，「我們應當完成所有未竟之事，對任何人事物沒有執著或怨恨」〔註48〕。《如夢之夢》中經歷人生顛沛流離的顧香蘭臨終前的「就不要再緊緊捉住不放了」，就是對怨恨的放下，是人世輪迴中對苦因的消滅。

彼得‧布魯克的《摩柯婆羅多》，將印度婆羅多族的兩支後裔之間的爭鬥濃縮成為長達8小時戲劇，和《如夢之夢》同樣具有史詩意義。《摩柯婆羅多》在法國巴黎阿維農（Avignon）的一個採石場演出，演出時間從晚上日落時開始，一直到第二天早上結束，戲劇利用西方劇場，納入東方劇目，搭建的是西方框架，講的是一個東方故事。在其多主題的交織下，結尾處點明了偉大意義：「正法和利益，／愛欲和解脫，／這裡有，別處有，／這裡無，別處無」〔註49〕，也彰顯了創作者借由戲劇表達對人生和意義的探尋。

即使在表面上搞笑不斷的喜劇、實則一場婚姻和家庭悲劇的《十三角關係》中，爺爺對奶奶去世的認識，是奶奶過世之後轉世做了「三重子」蝴蝶蘭守候在身邊。當爺爺過世之後，又幻化成為高聳的仙人掌陪伴在三重子旁邊。天使女兒對死亡的認識，就是天使的翅膀壞了需要修理，感慨自己沒有完成老闆的任務，留下讓人心碎的遺書離開了人世。爺爺、奶奶轉世成為三重子蝴蝶蘭和高聳的仙人掌繼續相互依偎，安琪化為真正的天使奔赴天堂，都是戲劇創作者心懷悲天憫人態度，對悲劇人物的命運進行的超脫。

《在那遙遠的星球，一粒沙》中，賴聲川將悲劇人物媽媽的結尾填上了一個美麗的花環，爸爸媽媽在另外一個星球中，過著他們喜歡的恩愛、甜蜜的生活。而那個星球，又是女兒怪怪找尋不到的。從人生關懷的角度看，這種創作，給予了故事原型逝去丈夫的張曉燕一個莫大的心理安慰和支撐。從

〔註47〕 頂果欽哲法王，賴聲川譯，《覺醒的力量》，臺北：雪潛文化出版社，2005年4月版，第83頁。

〔註48〕 頂果欽哲法王，賴聲川譯，《覺醒的力量》，臺北：雪潛文化出版社，2005年4月版，第84頁。

〔註49〕 邱紫華，《悲劇精神與民族意識》，武漢：華中師範大學出版社，2000年3月版，第298頁。

人生哲學的思考看，透露出創作者對於人生的「死亡」命題，一個大大的「超脫」意識。而這一點，和深深影響賴聲川的印度宗教思想有著很大的關聯。縱觀所有的印度宗教思想，都毫無例外地具有理想主義的空幻色彩，都有一種強烈的、脫離現實的出世衝動。

賴聲川戲裏的禪佛思想，將人生眞實化爲佛教的曼陀羅，生死輪迴，無聲無息。人生無常，便是有常。苦難無邊，回頭是岸。浮生若夢，似夢非夢，如夢之夢。

二、終極追尋

現代西方戲劇的原型主題中，「追尋」（quest）主題是 20 世紀比較突出的主題。蕭乾在翻譯易卜生《培爾·金特》一書的前言中，討論其追尋主題：「全劇確實如一隻令人眼花繚亂的萬花筒。背景忽而遍地石楠花的挪威山谷，忽兒西非摩洛哥海灘，一下子又來到撒哈拉大沙漠，來到埃及，最後又回到驚濤駭浪、暗礁四伏的挪威峽灣。」〔註50〕從這個角度上看，培爾·金特似乎一直在追尋，對自我的體現，同時也是欲望的抒發，「易卜生賦予了它一種哲理的主題，當他追尋歸來以後，兩手空空，唯有索爾維格始終在等待著他」〔註51〕。

紛繁得讓人眼花繚亂的旅行故事與風景，出現在《那一夜，在旅途中說相聲》中。作爲戲劇的旅行素材，包括賴聲川在美國、印度、法國、新加坡、香港、不丹、秘魯、意大利等地方的遊行經歷，也包括賴聲川從友人那裡得來的旅行奇聞與軼事。這些經驗都通過主人公「呂仁」和「程客」的分享與回顧展開，法國盧浮宮、荷蘭梵谷博物館、海尼根啤酒場、意大利 Orta 無聲島、新加坡唐人街、美國紐約、香港尖沙咀、印度菩提迦葉、意大利佛羅倫薩……故事通過對話和語言陳述，景色風物通過舞臺兩側的視頻滾動延伸播放，的確讓人感覺繽紛絢麗，猶如萬花筒一般。而在迷人的萬花筒背後，隱藏的確是兩顆「追尋」的心靈，一個是「表面上是在尋找人生中最極致的經驗及感受，但實際上似乎他在藉用旅行來逃避什麼」，另一個則是「獨自環遊世界，尋找生命中眞實的人事物」。

〔註50〕 易卜生，蕭乾譯，《培爾·金特·譯者前言》，《培爾·金特》，重慶：四川人民出版社，1983 年 2 月版，第 6 頁。

〔註51〕 胡志毅，《神話與儀式：戲劇的原型闡釋》，上海：學林出版社，2001 年 10 月版，第 100 頁。

　　黃美序評論賴聲川的戲劇，有路伊吉・皮蘭德婁〔註52〕《六個尋找劇作
者的角色》的「尋找」影子。而追尋的主題和追尋的儀式，在現代戲劇中早
已有之。「追尋的儀式，往往從傳奇的冒險發展成爲一種危機，一種嚮往。富
有意味的是，從易卜生的《玩偶之家》開始，女主人公娜拉的最後的出走成
了現代戲劇的一種模式。梅特林克的《青鳥》中的孩子追尋幸福的過程就是
一種追尋的儀式，契訶夫的《三姊妹》中的三姊妹始終都是在嚮往之中，『到
莫斯科去』成爲全劇的一種主旋律。曹禺的《北京人》中的女主人公愫方也
在嚮往著外面的世界，而且最終出發。而夏衍的《上海屋簷下》中的匡復，
回來了又走了，全劇始終響徹著一種聲音『人不能這樣生活下去』。高行健的
《野人》也是表現一種『追尋』，劇作家通過生態學家考察原始森林體現了保
護生態平衡的主題，老歌師曾伯的命運和《黑暗傳》的發展體現了追溯古老
文化的主題，細毛與野人的共舞則體現了人和自然的親和等的，構成了『追
尋的儀式』。」〔註53〕相比這些西方現代戲劇與中國現當代戲劇的追尋主題，
賴聲川戲劇的「追尋」主題，多是一種自我身份、自我價值確認的追尋、在
東西方與傳統現代之間選擇的追尋，以及對人生終極問題的追尋。戲劇自我
追尋主題下，賦有豐富的追尋儀式。

　　自80年代創作開始，對自我的定義與追尋一直延續到新世紀。創作初期
的《變奏巴哈》就有場次探索地球上的我和未來的我。80年代後期的《回頭
是彼岸》、《西遊記》兩劇更是鮮明地亮出了追尋的主題。90年代的《臺灣怪
譚》主人公就是一個人格分裂的多個我，之間的對話與辯論。2000年的《如
夢之夢》是一齣自我的前生今世的追尋歷程。直到2003年的《在那遙遠的星
球，一粒沙》採用魔幻手法，將痛失戀人的地球人，落腳到世外桃源的外太
空裏巴納斐爾星球上，在浪漫的幻想中達成自我願望。

　　《變奏巴哈》中通過四位讀信者的敘述，將現實和未來進行連接，從「有
緣人」寫給未知有緣人的信件、「世間的平凡人」寫給世間存活者的遺書、「地
球的朋友」寫給外星人的地球介紹信、「關心你們的朋友」寫給未來的朋友關

〔註52〕　路伊吉・皮蘭德婁（1867～1936），意大利說家、戲劇家，一生創作了40多
　　　　　部劇本，主要劇作有《誠實的快樂》、《六個尋找劇作者的角色》、《亨利四世》、
　　　　　《尋找自我》等。1934年戲劇作品《尋找自我》獲諾貝爾文學獎，其獲獎理
　　　　　由：他果敢而靈巧地復興了戲劇藝術和舞臺藝術。
〔註53〕　胡志毅，《神話與儀式：戲劇的原型闡釋》，上海：學林出版社，2001年10月
　　　　　版，第100頁。

於核武器和世界和平的信件，第一次昭顯賴聲川的「一種對人類宇宙性的處境作一種表達」〔註54〕的姿態。

賴聲川戲劇站在大人類的角度，用「寫給未來的話語」，記錄了一個立足當下生活的普通地球人的宇宙觀。

讀信者七　宇宙的朋友：

　　不知道寄了這封信，是否可以讓我們開始取得聯絡？……曾有人說，在浩瀚的宇宙中，地球是最美的一顆星。我想，沒有人敢確定這句話。唯一能確定的是：它有湖泊、山川、平原、大海以及各種動植物，還有一個美麗而神秘的月亮。或許你們已經參觀過了……

讀信者八　嗨，我要告訴你們的是：

　　我是在二十歲生日那天死的，而我的死是由我自己決定的。我覺得這一點非常重要。有人說：當一切都消失的時候，希望仍在。而希望就是人生存的依歸。但我卻覺得，人活著，不管我們怎麼用盡了心思，想多少花樣出來，所有的結果都是一樣的。書上讀到的，對我來說，也是……可是我又不甘心就這樣隨意的生活下去，所以我決定離開這個世界，趁我還年輕、美好……

讀信者五　……希望你活在一個美好的世界裏。即使就我今天的環境儘管被視為多麼冷漠、混亂，但是我相信，我現在的生活一定過得要比從前的人要好的多。同樣的，我也覺得，你的生活應該能過得比我更快樂，希望你已經證實了我的話。

讀信者七　……若你們還沒有參觀過地球，我僅以人類中的一份子的身份，為你們做個簡報：我們有兩條腿、兩隻手，身體的上方有一個頭，靠頸子相連，鼻子長在臉的中央，兩個眼睛長在鼻子的左右兩旁，耳朵呢，則長在頭的兩側，基本上呈現一種對稱的狀態。在身體的內部，我們有一樣不對稱，但極其重要的器官，叫做心臟。我們靠

　　著它不斷的抽動，來維持我們一切的生命行為。如果它
　　停了，我們也就停了。

讀信者六　……不曉得你知不知道這樣一件事情？在二十世紀中
　　　　　期，我們發明了一種強而有力的炸彈，作為我們戰爭的
　　　　　武器。在日本的一個小城市，這個炸彈使得房屋全毀，
　　　　　當時的溫度是攝氏兩萬度，把柏油和金屬燒成液體。逃
　　　　　難的居民被火燒成皮肉破爛焦黑，五官模糊，不成人
　　　　　形……〔註55〕

這些落款為「一九八五年關心你們的一位朋友上」、「地球的朋友敬上」、「世間的平凡人」和「有緣人上」的信件，不是戲劇情節中有行為動作的性格豐滿的角色。從一定意義上說，他們的語言反映出來的意義大於角色意義。所以這些言語背後，透露出來的是導表演在戲劇創作中的觀念，也是賴聲川在架構框架和理念時一份特別重要的核心。即站在世界頭頂、人類上面、歷史當空的角度，透過戲劇來俯視大人生，展現了一種博大、深刻、寬容的凝思和理念。

　　《臺灣怪譚》中，主持人李發介紹人格分裂的主人公阿達的故事，也是他自己的故事：「《臺灣怪譚》這個故事的主人翁，我們剛剛已經暗示過了，是一個很愛岔題、人格分裂的人。這個人一直在懷念。不是對過去的懷念，而是對自己的懷念。不是懷念過去的自己，而是懷念自己。這話怎麼說？因為這個人從小就認為他自己離開了他自己。也就是因為他自己離開了自己，所以他才會這麼嚴重地愛岔題、散神。問題是，他自己離開了自己，那他又是什麼？這就是我極需要知道的。〔更正〕不是，這就是這個故事想要跟大家共同探討的主題。」李發在詢問人格分裂的自己，自己是誰。同時，也用隱喻，質詢臺灣是誰？從哪裏來？要去往哪裏？這種自我的迷失，深深地碰撞著每一個迷失在都市與欲望中的現代人，也嘗試引發人們對於臺灣的思考。1991 年的臺灣，剛剛經過並正在經歷著解嚴前後的混沌狀態，政黨紛爭、學運風起、社會無序，在相對灰色的時間地帶，恰好是質疑和反思的絕好時期。

　　《在那遙遠的星球，一粒沙》乾脆用魔幻的手法，直面生活在困苦中的地球人，向外太空的「巴納斐爾（Penefere）」發出求救的信號。原本打算幫

〔註55〕　賴聲川，《賴聲川：劇場2》，臺北：元尊文化公司，1999 年 1 月版，第 86～87 頁。

助主演張小燕從痛失人生伴侶的封閉狀態中走出來，因爲一卷韓國電影錄像帶受到了啓發：「一個別墅的郵箱，收信跟寄信的人，是來自不同的時間」〔註56〕，「顯然那平凡生活中的魔幻或科幻元素進駐了我的潛意識」，於是夜裏睡夢給了編劇靈感，才有了《一粒沙》的原始內容。在此基礎上，對外星人資料的查閱，越來越讓賴聲川「開始發覺自己心中想說的話，關於世界，關於我們所辨識的世界：其實，世界是每一個人自己所創造的」〔註57〕。就如同母親葉櫻給女兒怪怪常常念起的，爸爸被外星人帶去巴納斐兒做實驗，20年都沒有回來的事情：

怪怪　巴納斐兒的故事。讓我再聽一次，讓我再聽一次。

葉櫻　好。〔慢慢的〕地球枯乾了。死了。就像沙漠中的綠洲一樣，綠洲一旦成爲沙，慢慢的，附近的其他綠洲也就會成沙，然後更遠的也會，更遠的也會……成爲沙。他們從未來來到我們星球。他們不需要知道爲什麼我們會死，他們想知道爲什麼我們的星球當初會有那神奇的東西叫生命，他們用最先進的方法分析，可是用再多的化學元素也拼湊不出我們叫「生命」的這個東西。他們想，一定是少了什麼元素，也許這個元素找到之後，可以幫助他們。他們研究來，研究去，不如找一個特別的人，從他身上找。

怪怪　爸爸。爸爸是一個特別的人？

葉櫻　爸爸是一個平凡的人。

怪怪　那爲什麼要選他？

葉櫻　說實話，我也不知道。這二十年來，我只能一直去想，一直去猜。〔註58〕

〔註56〕　據筆者推測，電影是2000年李鉉升導演的《觸不到的戀人》，講述了來自兩個不同時空的陌生人，經由同一個信箱的書信來往而相識、相愛，是具有科幻色彩的愛情電影。

〔註57〕　賴聲川，表演工作坊編著，《魔幻都市：十三角關係　在那遙遠的星球，一粒沙》，臺北：群聲文化公司，2005年2月版，第220頁。

〔註58〕　賴聲川，表演工作坊編著，《魔幻都市：十三角關係　在那遙遠的星球，一粒沙》，臺北：群聲文化公司，2005年2月版，第181頁。

直到媽媽在和爸爸夢幻般地見面、之後又不知去向後，怪怪收到了媽媽的一張照片，上面郵戳上蓋著巴納斐爾「Penefere」的字樣，照片上有媽媽和像爸爸的男人快樂地在長滿棕櫚樹的沙灘上度假的合影。魔幻的都市生活中，賴聲川用「墳上的花圈」給生死、逃離一個美麗的藉口，也讓上天入地的惶恐化作了地球和宇宙的浪漫對話。

《回頭是彼岸》和《西遊記》都是以自我探尋為主題的代表作品。歌舞劇《西遊記》從古至今、從傳說到現實，三個主角「猴王」、「阿獎」和「唐三藏」，在近似同一個空間，穿越時空，精神相握。探討的主題，涉及到西學東漸和自我身份認定。劇作家黃美序在評論中，也坦言對這部劇的喜愛，認為劇中人物「其實可以說是同一個儀式中幻化出來的同一角色的三個面，也可以說整齣戲是現代中國人意識中的許多原型意象。或者說整個變化是一個意識的旅程，藉孫悟空、唐三藏與陳阿獎（唐之現代化身）做不同過程的呈現」〔註59〕。同時，戲劇中三個追尋的角色旁邊，還有三位屬於同一類別的意象形象，即「小猴」、「美華」和「唐母」陪伴在追尋者身邊。這些意象都蘊含著東方嘗試在西方的鏡象中看到自身，在西方的烏托邦夢想中找尋自身的終極價值。

從創作伊始到當下，賴聲川戲劇中對自我追尋主題的探索，對於歸屬感的尋找如影隨形，同時每一個階段都呈現出反映當時社會的情感與思維。在這一點上，同臺灣現代舞劇團「雲門舞集」〔註60〕的創作有著異曲同工之妙，同樣在六七十年代期間赴美學習現代藝術，同樣具有民族情懷，在創作中融合傳統元素，同樣將對本土文化、西方文化、生命哲學的思考揉入作品，同樣從團體誕生的那一刻開始，就沒有停歇對於自我的追尋。這份自我，既包含對人物個體精神世界的追尋，包含歷史中島嶼與大陸之間繞不開的情感聯繫，包含東西方之間的此岸彼岸探索，也包含他者藝術與自我藝術在交葛中澄清，也映像出人類對於未知自我、對未知世界的終極思考。

〔註59〕 黃美序，《六個找劇評家的舞臺劇作者》，（臺）《中外文學》，第十六卷第三期，總183期，1987年8月，第125～126頁。

〔註60〕 雲門舞集，是林懷民在1973年創立的現代舞團。他在1969年赴美進修，期間學習現代舞。當時美國反戰情緒高漲，受到民族主義情緒衝擊的新一代藝術家，逐漸強化了本原來具有的民族意識和情懷。回到臺灣後，林懷民從《呂氏春秋》中取「雲門」二字，堅持「中國人作曲，中國人編舞，中國人跳給中國人看」的藝術創作，大量汲取傳統中國文化的養分，開啟了一段臺灣現代舞的輝煌歷程。

第三節　受宗教觀念影響的戲劇美學

> 我認爲佛法可以成爲我藝術創作的靈感和能量源，現在我知道那想法是很愚蠢的。不是藝術在包容佛法，絕對是佛法在包容著藝術。——賴聲川〔註61〕

賴聲川長期以來浸染在藏傳佛教中修持，翻譯《頂果欽哲法王傳》、《僧侶與哲學家——父子對談生命意義》、《覺醒的勇氣》等佛法書籍，總試圖將藏傳佛教的教義、思想浸染在作品內裏，或者從修持中尋找到看世界、看人生、做戲劇的角度、方法和智慧。賴聲川還在他的《創意學》中談及修行與創作的兩方土壤中的連接點，也談到藝術與宗教的問題。

在賴聲川看來，藝術是向內治療、還是向外發力的問題上，他顯然傾向後者。他觀察到，「藝術成爲很多人的宗教」是個非常有趣的現象，反映了現代世界中統一世界觀的崩潰。今天的音樂廳或劇場，經常扮演過去寺廟的角色。對於處於工商社會的我們，藝術已漸漸成爲唯一能夠連結到心靈的東西。這在過去是不可思議的，但這就是我們的時代。藝術成爲一種宗教，這個事實本身有它的問題，因爲藝術在本質上不是宗教。〔註62〕

賴聲川認爲，藝術可以是一扇窗口，展現自己的世界觀和個人修持的櫥窗，但櫥窗不能取代修行本身。我們活在一個極度物化，同時心靈極度空乏的時代。在過去，教堂或寺廟是一般人宗教與社交的中心，藝術家也不例外。如果有人想尋找更深刻的心靈修持，想把尋找生命意義當做全職工作，就可以到修道院或寺廟出家，過著僧侶或尼師的生活。今日的藝術場所和昔日的宗教中心最大的差別就是，過去的修行者並不需要製作創意作品展示給大眾看。今天我們會花錢看一位修行者禪定嗎？如果眞有人付錢看人禪定，那禪定者的禪定本身會不會有所不同？許多藝術家希望通過藝術尋找生命的意義，這邏輯就是有問題的。我並不是說這不可能，只是指出這目標不完全符合工作項目。這種追尋有瑕疵，在這有瑕疵的追尋中，我們看到的是一種現代人的失落。〔註63〕

〔註61〕　陶慶梅、侯淑儀，《刹那中——賴聲川的劇場藝術》，臺北：時報出版社，2003年1月版，第258頁。

〔註62〕　賴聲川，《賴聲川的創意學》，桂林：廣西師大出版社，2011年8月版，第295頁。

〔註63〕　賴聲川，《賴聲川的創意學》，桂林：廣西師大出版社，2011年8月版，第296～298頁。

在賴聲川的主張裏，我們如果把藝術置換爲戲劇的話，可以理解爲，戲劇在本質上也不是宗教，觀眾不應該成爲藝術家通過戲劇進行自我治療的見證人，所以在戲劇中不應該講修行中的禪定或者禪思直接展示給觀眾。同時，可以將創作看做是修行的眼神，而修行才是創作可以深入與探索生命的道路。

賴聲川所修持的藏傳佛教，是密宗〔註 64〕三大系（東密、臺密、藏密）之一，又是眾多佛教教派中最爲複雜的，它包含現存於世的眾多不同佛教教派的所有基本教義。但賴聲川不是一位自傳式的作者，不是在每一部作品中都放進自己的人生或者修持。在接受《戲劇學刊》專訪，回答林懷民看完《如夢之夢》認爲戲劇在「reveal himself」（揭示自我）的問題時，賴聲川說，「我是在另外一些方式在做，但也許這幾次就比較直接的把我關心的事情，不要躲在別的事情後面，就直接讓它面對面。所以，我想對我來講是一種解放，因爲我發現觀眾可以接受，而且觀眾不會把他歸類說，《如夢之夢》是一個佛教劇。」〔註 65〕在藝術不是宗教的觀念指導下，賴聲川對於佛教修持和教義的採納，總是特意保有一定的空間。所以，佛禪語言、禪宗對話、佛禪人物較少直白地出現在戲劇中。佛教對於戲劇創作的影響，可以從賴聲川的美學觀念中得到體現。而這些美學觀念，事實上直接影響到了創作的實際。

具體的說，賴聲川常常從佛教中的因果觀和如是觀入手，體察戲劇對社會「眞」的展示，關注社會時事，本著眞誠的創作態度，依照事物間因——果——緣的相互聯繫，特別關照小人物視角下的歷史與現實，依照戲劇發展和人物性格的合理性在舞臺上予以展現，懷著謙卑的心態，開放地迎接生命經驗和人生智慧。同時，秉持佛教以「善」爲本的思想，將戲劇的出發點和動機處於感動受眾、善對萬物。再者，對於「美」的追求，對於人性之美、生命之美、道德之美的景仰，往往以對醜的批評來伸張。最後，「聖」的境界，來源於對人生智慧和生命經驗的仰視，對於精神高尚的讚頌，雖然這種讚頌是在戲劇的內裏，不是通過演員直接表達導演的心智，但能夠從戲劇的內核當中感悟得來。

〔註 64〕　密宗是佛教最後期的發展，含攝前中期的教義。

〔註 65〕　鍾欣志、王序平提問，簡秀芬記錄，《〈如夢之夢〉和劇場創作——賴聲川訪談》，（臺）《戲劇學刊》第 2 期，2005 年 7 月，第 290 頁。

一、關於「眞」：因果觀和如是觀

在文學上自稱爲「道德主義」者的顏元叔〔註66〕曾宣稱，創作者應該首先是一個人本主義者，「作爲一個知識分子，一個現代文人，無法不對衝突發出反應。任何有良心的作家處於危機重重的世界時，會對這世界提出他的見解、批評，這是自然的事。文學是人生全面的研究」〔註67〕。他所強調的人本主義、存在的統一，以及個人存在的複雜豐富性，就是反對任何獨斷專行、侵犯人權的「道德倫理」原則，反對蔑視個性的「政治主義」。黎湘萍在《文學臺灣》中也強調，「只有跳出語言圖像之外，才能發現眞實世界的奧秘。這就是何以每一位帶著啓蒙性質或批評色彩的思想和理論都強調『回到事物本身』。即所謂『實事求是』。」〔註68〕

這種實事求是帶給戲劇創作者一把利器，可以通過戲劇語言來虛構戲劇世界，創作文學世界，評析甚至干預現實世界。龔鵬程在《史詩本色與妙語》也闡釋語言分析方法的作用，「語言不是現成的，對世界的認知也不是固定的，透過我們建造、創新的語言，我們才能使本來那些模糊不定、流動的知覺和黯淡的感覺變得比較清楚、確定、明朗，並揭露我們的生活世界。」〔註69〕賴聲川戲劇對於生活世界的寫眞態度，體現在三個方面：一追求戲劇發展中「因、緣、果」的邏輯合理性。這來源於佛教觀念中的「因果觀」、「如是觀」；其二講求創作態度的眞誠；其三講求關注社會現實的眞實。

其一，追求戲劇發展中「因、緣、果」的邏輯合理性。賴聲川戲劇創作過程中，特別強調人物發展、事件變化、歷史進展過程中的「因、緣、果」，也就是眞實的「合理性」，要遵循事物和事件產生和發展的常理。作爲導演在劇情設計和人物創作的過程中，尤其是在與演員進行集體即興創作時，要做到「導因不導果」。而佛教中的「因果觀」，就是看到形成事物現狀的「因」，以及這些因將對事物產生的「果」。在賴聲川看來，創意亟需瞭解因與果，創意作品本身是由因和果構成，創意人所爲就是在作品中創造因與果。

〔註66〕 顏元叔（1933～2012），時任臺大外語系主任，畢業於臺灣大學外語系，以及美國威斯康辛大學英美文學博士學位，臺灣文藝評論家。

〔註67〕 顏元叔，《社會寫實文學及其他》，臺北：巨流圖書公司，1978 年 8 月版，第148 頁。

〔註68〕 黎湘萍，《文學臺灣：臺灣知識者的文學敘事與理論想像》，北京：人民文學出版社，2010 年 4 月版，第 349 頁。

〔註69〕 龔鵬程，《史詩本色與妙語》，臺北：臺灣學生書局，1993 年，第 98 頁。

「編劇是最直接的例子。如果劇本的因果關係不明，角色的行為荒誕不合理，劇情誇張不可信，這種戲就很難被觀眾接受。作品中有屬於作品的因果關係，生命本身有屬於自己的因果關係。」〔註70〕只有這樣，才能夠做到「劇作家要使衝突發展的每一回合都具有性格的依據，並使所有的人都承認它是『合乎情理』的」。〔註71〕因為相比而言，小說等藝術形式在製造「合理性」方面具有更多的手段，包括敘述、描寫、分析等等，但劇作家要受到舞臺空間和時間的嚴格限制，所以只有在有限的空間和時間中，依據人物性格的發展根源和脈絡，通過人物動作和語言進行設置，才能保證高度的合法性和合理性。

這種合理性，如同一行法師所闡釋的「互為彼此」，大意是，如果你是一個詩人，你會清楚地看到在這一張紙上飄著一朵雲。沒有雲，就沒有雨，沒有雨，樹無法成長，沒有樹，我們無法造紙。如果我們看得更深入，我們可以看到太陽、砍樹的伐木工人，成為他麵包的麥子、他的爸爸、媽媽。沒有這一切，這一張紙無法存在。事實上，我們沒有辦法指出任何一件不在這裡的東西——時間、空間、地球、雨水、土中的礦物質、陽光、雲、河、溫度、人的心。一切在這一張紙中同時並存。所以我們可以說紙和云『互為彼此』。我們不能單獨存在，我們必須和萬物『互為彼此』。

賴聲川認為，真相，就是指「合理性」，要遵循人、事、物生和發的合乎常理。對於戲劇創作而言，就要看到這些「互為彼此」的前者和後者，發現之間的關係和鏈接，並時刻保持一種謙卑的身份，隨時保持一種連結狀態，這樣才能夠降低心的門檻，看到事情與事情之間、故事與故事之間、人物與人物之間的彼此聯繫。

這種佛教思想中的因果觀念，會促使創作和欣賞能夠突破框架，看得更遠更深。「如果我們能夠把時間拉開一點，拉長一點，很多我們世界上看到的不公平也好，或者是令我們覺得象個迷一樣，如果時間拉長，我們的視野就拉寬，是不是可能可以看到更多的東西。……相信一個因跟緣跟果，就是說任何一件事情它一定要有一個前因，才能發生，發生之後，它本身才可能成為下一件事情的因，有點像物理的作用力與反作用力。」〔註72〕

〔註70〕 賴聲川，《賴聲川的創意學》，桂林：廣西師大出版社，2011 年 8 月版，第 155 頁。

〔註71〕 譚霈生，《談戲劇性》，北京：北京大學出版社，2009 年 10 月版，第 87 頁。

〔註72〕 鍾欣志、王序平提問，簡秀芬記錄，《〈如夢之夢〉和劇場創作——賴聲川訪談》，（臺）《戲劇學刊》第 2 期，2005 年 7 月，第 289 頁。

在賴聲川推崇的佛教思想中，命運悲劇往往把命運看做是一種不可阻擋的不可逆轉的必然性。彷彿命運的厄運一旦降落在人的頭上，就使人陷入無盡的苦難之中。就像賴聲川所強調的「因果觀」一樣，佛教對於命運必然性的解釋中，就認爲「命運所決定的美好與苦難是自己造成的，是自己行爲的必然結果。即便從今生的行爲中找不到解釋，那也是過去世中的行爲所致。因此果必有因，因必結果。無因之果是荒謬的，無果之因也是不存在的。」〔註73〕

其二，講求創作態度的眞誠。在戲劇創作的講座中，賴聲川坦言，對會看的人，作品會揭露自己，尋找眞相，然後作品會塑造自己，這是上等作品。次等作品不尋找眞相，反而尋找假相，用假相塑造作品，讓作品打折。所以，如果不懂得尋找眞相的話，自然會沉迷於假相。沒有誠意的藝術不是藝術，美是稀有而珍貴的。

即興創作過程中，觀眾往往看到的不是技巧的藝術，而是心靈的藝術，因爲在這個過程中，不論導演抑或演員的內心都是打開的。「即興演出的眞諦在於演奏到『忘我』的境界。好的即興演奏絕對不能按計劃進行，必須是赤裸裸的。而在『忘我』的境界中，藝術家表現出來的是一個更深刻、更眞實、赤裸的自己，最眞實的自己」。「反過來說，爵士樂大師如約翰‧柯川（John Coltrane）隨時進入『忘我』的狀態，在即興演奏中綻放出深度的生命火花、驚人的創意能量、感人的生命追尋與關懷，同時，也表現出必需的超凡技巧。到後來，樂迷聽的不是他的音樂，而是他的心靈。他演奏的不是音符，而是心靈。」〔註74〕

其三，講求社會現實的眞實呈現。賴聲川自始至終將已經完結的過去歷史和正在進行的當下現實納入戲劇關照的領域。從早期彙集了15位青年學生的成長經歷和生活體驗的《我們都是這樣長大的》、觀察啓智中心的智慧不足兒童生活創作的《摘星》，到90年代以養老院的孤獨老人們的晚期生活爲焦點的《紅色的天空》，再到新世紀反映以三個家庭爲代表的眷村生活和自我、國家認同問題的《寶島一村》，都是賴聲川戲劇觀眾現實生活的例證。賴聲川戲劇對於臺灣已經完成的歷史和正在進行的當下現實的平時又動人的呈現，使其戲劇具有臺灣化、中國化的特質。這種特徵，尤其在臺灣外地域展現時，格外明顯。

〔註73〕 邱紫華，《悲劇精神與民族意識》，武漢：華中師範大學出版社，2000年3月版，第295頁。

〔註74〕 賴聲川，《賴聲川的創意學》，桂林：廣西師大出版社，2011年8月版，第101頁。

　　80 年代初剛從美國回來的賴聲川就開始嘗試用探索「天花板」的方式，逐漸擴開對現實反映的尺度。這份努力使戲劇遠離意識形態影響下的現實、以及宏大敘事視角下的現實。賴聲川總是帶著一顆謙卑的心，坐在反映事物和人物的旁邊觀察他們，秉持的是同伴者的角度。

　　金世傑回憶進入啓智中心觀察小朋友活動的時候，那位他所扮演的小朋友還指出他模仿的問題：

　　　　我扮演的那個小朋友，當時只有十歲，剛面臨發育期，他的外觀不是很好，他會流口水、說話不清楚。在扮演這些小朋友的角色時，因爲表演總不免有嘲諷或挖苦，我們心裏不好過，畢竟這樣的喜感表現不厚道。有一次，我和李國修對戲，我扮演的那個小朋友就在旁邊看，沒想到他看了之後，居然跑過來糾正我：「不對不對，我是這樣……」他覺得我學他學得不像，要我仔細看他做，並且告訴我動作可以再誇張一點……那一段日子，他變成我的小老師，而我也第一次發現，原來我們可以和角色有這麼深入、友善而美好的互動關係。〔註 75〕

這種創作中的「眞實」汲取，使得賴聲川戲劇成爲一種生活的戲劇，人生的戲劇，寫實的戲劇。「但這樣的『寫實』，卻又並不是『意義形態』式的寫實，或『主題掛帥』式的寫實，而是使生自行呈現的寫實。」〔註 76〕這種對於現實生活中邊緣小人物、弱勢群體的現實體察，也同樣和戲劇求「善」的動機有著密切的聯繫。

二、關於「善」：感動的力量

　　賴聲川很欣賞一位佛法修行人的話，如果你的動機越來越是愛，你的作爲會越來越勇敢，越來越自由。他在進行佛法修煉、參與法會之前，會被要求去思考來修煉的動機是什麼。最開始的動機，是爲了自己。後來發現動機越不是自己，越是學習得更快、更好。

　　丁乃竺在回憶《暗戀桃花源》創作經歷的文章《十三年後的今天》中，

〔註 75〕　陶慶梅、侯淑儀，《刹那中——賴聲川的劇場藝術》，臺北：時報出版社，2003年 1 月版，第 32 頁。

〔註 76〕　馬森，《一個新型劇場在中國的誕生——記賴聲川導演的〈我們都是這樣長大的〉》，《中國時報》人間副刊，1984 年 1 月 15 日。

道出了導表演在共同創作過程裏，大家對戲劇核心情感、對上一代人命運的「同情心」的尊重，也期冀這份關懷可以感動到更多的觀眾。

> 　　導演要我所飾的雲之凡向金士傑所飾的江濱柳起身告辭，同時要江濱柳叫住我，問我這些年可曾想過他，而照此指示即興到這一剎那，金士傑和我都突然進入一種無法言喻的情緒，忽然間我們似乎觸碰到一個核心，一個龐大的東西，我突然對我們上一代的流離失所和許多的無奈，生出一股強烈的同情心，眼淚不自主的流下，而金士傑和我即興完這一段戲時，整個客廳都很安靜，所有人都好像不知道要如何處理這一段戲，因為雖然沒有灑狗血的對白，它卻是涕泗橫流的，這似乎也很出乎導演的意外，於是導演說，他要將這一段戲沉澱一下，看看究竟要如何處理，不過最後這一段戲還是成為全劇完結的那一段。〔註77〕

賴聲川戲劇很少用「愛之欲其生，惡之欲其死」的方法刻畫人物形象。大多戲劇人物有其可愛一面，又有其可惜一面，即使是荒唐、荒誕、甚至可恨的人物，也有其之所以然的可憐之處。這就如同賴聲川在翻譯的《覺醒的勇氣》中所感言，「我們都困在迷妄中，因此我們應該認清自己多生多世一直到今天所犯下的一切罪行。而且從現在開始，要避免從事惡行，不論其大小，如同我們應該避免讓刺跑進眼睛。要時時檢查自己的行為：犯下任何負面作用，要立即懺悔，從事任何善行，要迴向他人。要盡己所能不做壞事，盡力積聚善業。也就是：「諸惡莫作，眾善奉行，自淨其意，是諸法教。」〔註78〕

這種觀念，和劉再復評析高行健的《八月雪》中的「慧能」形象，有異曲同工之妙：「慧能把禪徹底內心化了。他的自救原理非常徹底，他不去外部世界尋求救主，尋求力量，而是在自己的身心中喚醒覺悟。佛不在山林寺廟裏，而在自己的心性中。每個人都可能成佛，全看自己能否達到這種境界，明白這一點確實能激發我們的生命力量。」〔註79〕

〔註77〕　賴聲川，《賴聲川：劇場2》，臺北：元尊文化企業公司，1999年1月版，第202頁。

〔註78〕　頂果欽哲法王，賴聲川譯，《覺醒的力量》，臺北：雪潛文化出版社，2005年4月版，第36～37頁。

〔註79〕　劉再復、高行健，《劉再復、高行健巴黎對談》，高行健，《論創作》，臺北市：聯經出版事業股份有限公司，2008年4月版，第302頁。

　　賴聲川認為意大利著名畫家十分讓人敬佩的地方在於，「他從未提筆劃畫前而不禱告、從未畫十字架而不淚流滿面」。同時，也表現出賴聲川對於精神層面，尤其是對信仰、形而上、宗教的虔誠，以及懷著一顆聖潔的心靈進行創作。

　　同時，這種追求，又不是一種教育和說教。賴聲川主張「要讓故事講話，而不是導演講話」。美國演出的《暗戀桃花源》，在大場演出中美方加入了一個角色：「說書人」。在一場結束之後，說書人就會上臺進行評論。這樣的做法就是要把意義和闡釋「說出來」，是「教育」觀眾。賴聲川常做的是，要求演員完全進入到角色，不把導演的意圖直接呈現在舞臺上，這樣就不會出現很生硬的聲音。

　　賴聲川認為戲劇追求的張力，取決於其創作動機。賴聲川介紹，「當我的學生要演出時，我經常問一個關鍵問題：『你們要給觀眾一個禮物，還是對著他們倒垃圾？』這就是動機。劇場可以是一個奉獻的地方，把自己的劇本當禮物獻給觀眾。也可以是一個垃圾場，將自己心中的垃圾到處倒。我也從不諱言，曾經在劇場中度過這樣的夜晚，臺上的『垃圾』往我們身上猛倒，而演出者未必自覺。縱然華麗的垃圾或許看來迷人，但終究是垃圾。對我來說，這世界的垃圾已經夠多了，不需要創意人再增加世界的污染」。這就是賴聲川戲劇所具備的張力：一種對人生關照的力量，一種感動的力量。

　　尼泊爾策林藝術學院（Tsering Art School）主任坤卓・拉椎巴（Konchog Ladrepa）是一位著名的西藏畫家。在一次講座中，他曾這樣說明「神聖藝術」：

> 　　畫家的手和心必須並行，所以對藝術家來說，工作中的每一個舉動都必須伴隨正確的動機。價值來自態度，作畫中，每一秒都必須有正確的動機。如果畫家技術非常好，畫出美麗的佛像，但心中沒有任何敬意或慈悲心，那只不過是手巧的畫家，就算作品符合美學條件，這作品不會產生太多利益。反過來說，如果畫家心中充滿慈悲心，即使沒有巧手，做出來的作品仍值得放在供桌上。這不表示我們可以畫出怪異的佛像，我們必須尊重佛像應有的比例，但未必需要了不起的畫家，就算比例不完全對，通過完整的信心，還是做得出有價值的作品。「神聖藝術」真正的關鍵在於我們的心，以及態度，這就是「神聖藝術」之所以神聖、至高、真實的理由。（2003

年 12 月 10 日，作者記錄，馬修‧李卡德 Matthieu Ricard 現場口譯）」
〔註80〕

在賴聲川看來拉椎巴的例子中，正確的動機就是「慈悲心」、「希望澤及眾生
的願望」。這種神聖藝術所具有的精神影響力和價值，是賴聲川戲劇所追求的。

在戲劇《如夢之夢》中，賴聲川採用了四周環繞觀眾的舞臺效果。從
戲劇結構的創意發生角度看，賴聲川是接受到了佛教輪迴思想的影響，在
印度菩提迦葉的菩提樹下，看著虔誠的信徒繞完舍利塔走著，如同生命的
輪迴，從而創作出《如夢之夢》的戲劇內在結構和舞臺設計。而這種結構
和阿爾托在上世紀 30 年代談到「殘酷戲劇」時，設想的舞臺機構如出一轍：
「觀眾坐在中央，四周是表演」，只有這樣，「在目前所處的神經質和卑俗
時期，我們可以用戲劇擊敗卑俗，它會不堪一擊的」。殘酷戲劇對社會的影
響力，在阿爾托看來，好比是音樂對蛇的震動影響，「音樂對於蛇產生作用，
並不是因為音樂給蛇帶來了什麼精神概念，而是因為蛇身很長，它長長地
蜷在地上，幾乎全部貼著地面，而音樂的振動傳到地上，碰到了蛇，彷彿
在細細地按摩它長長的身體。所以，我主張像弄蛇一樣對待觀眾，通過觀
眾的機體而使他們得到最細微的概念。」〔註81〕這種最細微的概念，在賴
聲川戲劇中，就往往體現為對人性的觸動、對人生的思考、對生死的叩問
等主題，給世界的是「禮物」，而不是「垃圾」。從這個角度上講，阿爾托
的動機和賴聲川的動機都在於對世界產生作用，好比是「不可磨滅的印象
的心靈治療法」〔註82〕。

賴聲川的內心當中有一種純淨的美麗，所以他對於音樂和美好的事物有
著比較強的捕捉和把握能力。就像金世傑導演的戲劇《永遠的微笑》中年輕
的攝影師用寂寞又充滿期待的鏡頭，尋找他心目中如同母親一樣的充滿故事
的微笑。丁乃竺答記者問時，坦陳賴聲川的心底之美，「他的心靈很純粹，像
個孩子。他喜歡很美的音樂、很美的景象，有時走在路上，他會忽然停下來，
拍攝一點東西，那些在我看是一般般的景物，他拍出來卻真的很特別。他聽

〔註80〕　賴聲川，《賴聲川的創意學》，桂林：廣西師大出版社，2011 年 8 月版，第 187
　　　　頁。

〔註81〕　〔法〕安托南‧阿爾托，桂裕芳譯，《與傑作決裂》，《殘酷戲劇：戲劇及其重
　　　　影》，北京：中國戲劇出版社，1993 年 1 月版，第 72 頁。

〔註82〕　〔法〕安托南‧阿爾托，桂裕芳譯，《戲劇與殘酷》，《殘酷戲劇：戲劇及其重
　　　　影》，北京：中國戲劇出版社，1993 年 1 月版，第 74 頁。

音樂會時會掉淚的，在旅行中，看到非常特別的景象也會非常感動，這些點點滴滴都儲存在他內心。」〔註83〕

　　而這個對於美的標準，放在舞臺上面，就不得不通過一個問題來提示：「戲劇的動機是什麼？」賴聲川引用英國《金融時報》藝評家雪莉‧阿普索普（Shirley Apthorp）的觀影感受給予啓發：

> 在這感官世界中，有人説，要讓觀眾有感受，創意人必須更努力。我確實（在看某作品時）有感受，那感受叫噁心。進了劇場，我居然被逼著看一些我每天努力避免的東西。〔註84〕

這位樂評家指的是一位西班牙導演在德國執導的莫札特歌劇《後宮誘逃》，其中用現實生活中眞正的妓女上臺，並且要求他們當眾小便。賴聲川對這種做法提出了反對聲音，表示要「努力避免」這種戲劇演出的發生。在戲劇美學策略的選擇方面，賴聲川堅持認爲部分在舞臺上有殺豬的凜冽場景、甚至特意讓妓女在舞臺上小便的所謂先鋒戲劇十分「不美」，這種標榜的「殘酷」，僅僅取得了一種單純的感官刺激。如果問到這個問題：「觀眾看完後，可以帶走什麼」？那麼這種戲劇的力量就蕩然無存了。

　　所以戲劇是要美還是醜？是展示病還是給予藥？是送出禮物還是投出垃圾？關鍵在於藝術家要選擇哪一條路。藝術家通往神秘泉源的方式正是通過「忘我」的境界來實現的，是忘掉自己，通到更廣大的人類、更神秘的創意能量。

　　賴聲川在《賴聲川的創意學》反覆提到，戲劇創作、創意工作要努力接近「無我」、就是「無私」的境界。道家、佛家也常提到這種境界。具體的說，「每一個人都曾在山中獨處時感到與大自然合而爲一的境界。『合而爲一』意味著『無我』、『無私』，一切相通相連，宇宙與我一體。其實，這就是創意。創意的力量是偉大的。我們的創意能到達什麼樣的境界，最終還是得回到我們的創作動機。動機可以限制我們做出低等的作品，對人類沒什麼意義，只能只對創意人個人有點意義。動機也可以解放我們，做出最偉大的作品，造福人類。選擇在自己。『改變道路最快的方式是改變目的地。』目的地是哪裏？

〔註83〕　木葉記錄，《「表坊」幕後的推手　訪表演工作坊製作人丁乃竺》，《上海戲劇》2011 年 11 期，第 18～19 頁。

〔註84〕　賴聲川，《賴聲川的創意學》，桂林：廣西師大出版社，2011 年 8 月版，第 193 頁。

這個關鍵問題，最好在從事創意的開頭一定弄清楚，因爲這是源頭的問題，這是上游的問題。上游一切經營好了，下游問題還能解決，上游本身污濁，下游出問題，還是得回上游解決。」〔註 85〕賴聲川認爲偉大的作品、美麗的作品，是可以造福人類的作品，是和廣大的人類相連接的作品。這種摒棄小我疾痛、與人類的大我連接的作品，才能夠富有感動人、打動人的善力量。

三、關於「聖」：佛法包容藝術

1972 年賴聲川就讀的臺灣輔仁大學，是一所天主教學校，雖然學校不強制每一位學生都信奉天主教，但學校裏面卻洋溢著仁愛、愛人的氛圍，「眞善美聖」的天主教精神對於處於年輕時期、精神層面逐漸成長起來的青年而言，也是不無影響的。

1978 年，賴聲川和丁乃竺在臺北舉辦了罕見的西藏密宗佛教婚禮。這說明那段時期，藏傳佛教對於賴聲川的生活已經產生了不小的影響。1983 年 8 月賴聲川從美國回到臺北新成立的國立藝術學院戲劇系，從事教學和排演活動，也同時「開始邀請西藏流亡海外之著名上師先後來臺開示，位於陽明山的家同時兼任起戲劇排練場和佛法道場之雙重角色」〔註 86〕。1986 年赴歐美，在法國拜訪頂果欽哲仁波切，並探訪病危的頓珠法王。1987 年 4 月赴尼泊爾超生，旅行至印度邊界之釋迦牟尼出生地藍毗尼（Lunbini）。1988 年 2 月赴印度朝聖。1991 年，赴不丹和印度朝聖，獲得頂果欽哲仁波切開示。1998 年營郭寶崑的邀請，在新加坡導演實驗話劇團演出《靈戲》。1999 年翻譯並出版馬修‧李卡德的《僧侶與哲學家》，11 月赴印度菩提迦葉參加佛法研習會，得到《如夢之夢》的靈感，同時在著名的菩提樹旁爲臺灣 921 震災點燃十萬支油燈。2000 年，赴美國加州伯克利大學，擔任一個月客座教授，開始發展《如夢之夢》，3 月在香港演出《菩薩之三十七中修行之李爾王》，5 月近八小時完整版《如夢之夢》在國立藝術學院演出。2001 年翻譯並出版《頂果欽哲法王傳》。

從個體研修到對藝術創作的啓發，賴聲川對於藏傳佛教的修行深深影響到他的戲劇創作思考和實踐。「我覺得一個創作者必須一直自己成長，不然創

〔註 85〕 賴聲川，《賴聲川的創意學》，桂林：廣西師大出版社，2011 年 8 月版，第 309 頁。

〔註 86〕 陶慶梅、侯淑儀，《刹那中——賴聲川的劇場藝術》，臺北：時報出版社，2003 年 1 月版，第 257 頁。

作的過程很容易把人掏空，創作者也容易燒盡或枯乾」，「對我這麼一個在柏克萊受訓練、接觸從古到今的各種知識的人，不是每一種學問都經得起時間的考驗，各種『主義』，來來去去，一下流行這個，一下流行那個，甚至與最先進的科學也是隨時在推翻自己，看來看去，對我來講，就只有佛法一直可以經得起時間的考驗、問題的檢驗，可以讓人不斷深入。走得越深，就又更深的智慧等待著我們。」〔註 87〕

　　長近八小時的《如夢之夢》，在構思醞釀期間，積累的素材直到《西藏生死書》提及的「自他交換」和菩提樹下觀繞行舍利塔，才被完全串聯起來。「自他交換」不僅出現在《西藏生死書》中，在之後賴聲川所翻譯的頂著欽哲仁波切的《覺醒的勇氣》中再次被提及。書中的「修心七要」，就用最精要的方式來說明菩薩修行，其內容包括「『自他交換法』（以觀想的方式，用自己的快樂取代他人的痛苦），以及非常實際的忠告，教導我們如何將人生不可避免的困境，轉換成修心道路上的助力」。〔註 88〕

　　《如夢之夢》是一部私人戲劇史詩，它帶有典型的敘事文本中插有另外的敘事文本的框架特徵，也就是「母體敘事」下包含「次敘事」的結合。在《如夢之夢》中，最初的敘事框架，下面延伸出一個又一個不同的故事被講述著，後一個故事連結和包含在前一個故事當中，也從屬於前一個故事，這樣就形成一個個層面遞增的、最後回到原點的環狀、等級層次。

　　《西藏生死書》中的「自他交換」成為以上所有經驗拼合在一起的一個誘因，將積累的生活智慧貫穿在一起，而舍利塔下的「曼陀羅」頓悟，則成為承載各個片段的戲劇結構平臺。年輕醫生為了減輕病患者的痛苦，在臨終之前聽病患 5 號病人講他過往的離奇故事。而故事中又包含自己對於往世身份的迷惑，還包含了與自己有往事糾葛的顧香蘭對於她一生的回憶和追溯。故事中所有的主人公，五號病人、顧香蘭、伯爵在異時空中，在同一個舞臺上相繼離去，為戲劇劃了一個完滿的輪迴圓。這種造夢手法，在克里斯託弗·諾蘭執導的電影《盜夢空間》中也被大量使用，電影敘述的是一個接一個地在夢裏造夢。而話劇《如夢之夢》的結構是你中有我、我中有你的套環狀態，

〔註 87〕　陶慶梅、侯淑儀，《剎那中——賴聲川的劇場藝術》，臺北：時報出版社，2003年 1 月版，第 258 頁。

〔註 88〕　頂果欽哲法王，賴聲川譯，《用修心來超越煩惱》（英文版序），《覺醒的勇氣——阿底峽之修心七要》，臺北：雪謙文化出版社，2011 年 4 月版，第 11 頁。

在一個人夢境般的回顧敘事裏，聽另一個人如夢境般地陳述回憶。相比前者的主動創造，後者是一種自然的流露，闡釋出的是基於佛教輪迴轉世理念上的生死循環「曼陀羅」。

在《如夢之夢》當中，事件藉由瀕臨死亡的五號病人以及顧香蘭的口中敘述，所謂的「新的視點」，就是「死亡的觀點」。能劇由「死亡」的角度來透視「人生」的觀點，既是「宗教的」，同時也是「審美的」。《如夢之夢》的觀點亦是「由死亡眺望人生」，「《如夢之夢》並不只是發生在醫師、五號病人、江紅、顧香蘭等人身上的故事，更重要的，是以『死亡的觀點』來重新審視醫師、五號病人、江紅、顧香蘭等人的人生」〔註89〕。

賴聲川從佛學理念和思想修持中，不斷覺悟戲劇創作的方法和靈感。他曾應邀參加香港創作一齣與《李爾王》有關的戲，那是一次實驗性的交流，其他參與的導演還包括楊德昌、榮念曾和孟京輝，戲劇創作有三個規則：分別是三個演員、三十分鐘和自由地詮釋《李爾王》。冥思建構戲劇的時候，十四世紀西藏瑜伽士葛西多美所著的修行法本《菩薩之三十七種修行》（也有譯本叫做《三十七佛子行》）給了賴聲川啟發。他覺得《菩薩之三十七種修行》中的每一行，似乎都在針對李爾說話，比如修行之二是在自己的故鄉中，對親人和友人的眷戀如大浪般翻騰，／對敵人的憎恨如大火般燃燒，／環繞著無知無明／不在乎對錯的黑暗。／放棄自己的故鄉是菩薩的修行。在佛法思想的啟發下，賴聲川嘗試著把關於菩提心的重要法本融合到演出《菩薩之三十七中修行之李爾王》中，將李爾的「病」與佛法中的「藥」相連接，得出的答案自然也是精彩的。

宗薩蔣揚欽哲仁波切〔註90〕在臺北宣傳他的新電影《高山上的世界盃》（The Cup）〔註91〕時，賴聲川請教仁波切把《菩薩之三十七種修行》和《李

〔註89〕　林於竝，《賴聲川的〈如夢之夢〉與日本的「夢幻能」關係之分析》，（臺）《戲劇學刊》第 5 期，2007 年 1 月，第 67～68 頁。

〔註90〕　宗薩蔣揚欽哲仁波切，1961 年 7 月 6 日出生於不丹一個擁有眾多上師的佛教家族，是當今最具創造力的年輕一代藏傳佛教導師之一。著作包括《正見》、《佛教的見地與修道》、《人間是劇場》、《朝聖》，電影作品有《高山上的世界盃》、《旅行者和魔法師》、《VARA》。

〔註91〕　《高山上的世界盃》是一部改編自真人實事，並由事件主人公親身出演的電影：當世界盃足球賽在法國如火如荼進行時，沒有電視機、沒有衛星接收器的喜馬拉雅深山的寺廟裏，兩個迷戀足球的小喇嘛相近辦法籌募租用費，整個計劃充分展示著他們的智慧、友情和幽默。如同電影宣傳口號所說的那樣，「佛

爾王》融合在一起如何？他的答案傳遞了很大的力量，「這是很有趣的嘗試，因爲在一般戲劇或電影之中，『病』很少有機會碰到『藥』。」〔註92〕在藝術領域中，「病」和「藥」〔註93〕似乎不容易相融。「病」很自然能在劇場、小說、電影之類的環境中存活蔓延。反過來，「藥」的自然成長環境似乎不是藝術，而是宗教。賴聲川認爲自己雖學習藏傳佛法多年，做《李爾王》的時候，還是第一次公開把佛法融入演出之中。因爲觀眾最怕有人向他們傳教，所以賴聲川也有意避之，往往借由佛法給予自己創作以啓迪。現在也有很多人把藝術當做自己的宗教，劇場、美術、音樂，都是他們的心靈修持，通過這些去尋找生命的意義。但在賴聲川看來，「佛法包含藝術」，在藝術創作之前自我修行與覺悟十分重要。正如吉美欽哲仁波切的指引說言：「最偉大的創意就是在改造自己。大部分藝術家都只是在攪起或倒出一些習慣性的東西，並無新意。眞正的創意在於自我的轉化。自我的轉化和覺醒，才是發現世界、改造世界的途徑。」〔註94〕

賴聲川的姿態價值在於，一直努力放下小我，用人文情懷體悟普羅大眾，在多種文化包圍中尋求藝術的影響力量，遠離意識形態的中性敘事，轉向採用民間語言的知識分子敘事，在悲劇與喜劇的單槓上尋找讓觀眾笑著哭的平衡點，用導表演共同協作的方式創作戲劇，從禪佛思想和修行中汲取戲劇創作的源泉，堅持眞、善、聖的審美追求。

教是他們的哲學，足球才是他們的宗教」。《我是終生的僕人》，易立競訪宗薩欽哲仁波切，《南方人物週刊》，2013 年第一期，第 41 頁。

〔註92〕　賴聲川，《賴聲川的創意學》，桂林：廣西師範大學出版社，2011 年 8 月版，第 295～296 頁。

〔註93〕　宗薩欽哲仁波切帶領學生念誦的受戒詞有，「我們發願，當眾生生病的時候，我願意是他的藥。當眾生要過河的時候，我願意是他的橋。當眾生要寫東西的時候，我願意是他的紙和筆……我願我能化現成眾生所需要的一切。因爲受了菩薩戒，我就是眾生的僕人。」《我是終生的僕人》，易立競訪宗薩欽哲仁波切，《南方人物週刊》，2013 年第一期，第 33 頁。

〔註94〕　賴聲川，《賴聲川的創意學》，桂林：廣西師範大學出版社，2011 年 8 月版，第 310 頁。

結語——兼談賴聲川戲劇的意義及其局限性

　　20 世紀西方戲劇的一大特徵是關注全人類的永恆主題，比如人的異化、人生的荒謬、生命的虛無、尋找歸屬、世界的冷酷、意識與潛意識的搏鬥等等。「這些主題反映在他們的劇作中，往往沒有明確的背景，沒有明確的國籍，沒有姓名，沒有個性，僅是某種類的象徵體，特別職業的符號化」〔註1〕。對永恆性主題的追尋、深邃人性的追問，同樣也符合偉大戲劇作品的衡量標準。

　　而賴聲川戲劇的獨特性，在於他既關注全人類的永恆主題，又把這種關注落腳在全人類中的特殊一支：臺灣人、大陸人、兩岸人的生存境遇中，也落在了孤島歷史、孤島心理，以及東西方文化的自我定位。這種對永恆主題的把握，一是受到以鮑勃·迪倫為代表的啟蒙知識分子思想的影響，表現為救贖與啟蒙的態度、對自我的追尋、意識與潛意識的鬥爭。其二是受到藏傳佛教思想的影響，對前生來世的探究。反過來，對於現實的關注，往往用隱喻的手法來展示主題。對臺灣和兩岸人的生存境遇的關注，體現在對臺灣世俗社會的情愛婚姻的關注，對臺灣和兩岸歷史的集體記憶，對臺灣政治的冷嘲暗諷。這種永恆人類主題的追求和關注臺灣現實的結合，也同時映照著藝術上的多樣性、多元化，甚至跨文化追求。具體說，這些與其喜愛的巴赫音樂的多層次、日本能劇和莎士比亞戲劇的悲喜混雜、歐洲的平民戲劇理念與對演員主體性關注的即興思想、東方相聲藝術與西方手法的交合密切相關，

〔註1〕　蘇永旭，《戲劇敘事學研究》，北京：中國戲劇出版社，2004 年 10 月版，第 393 頁。

舞臺表現爲戲劇時空的並置、戲劇語言多聲部、悲喜劇融合現象、集體即興創作、相聲劇的演變發展等。

雷達在《新世紀文學初論——2000 年以來的中國文學走向》〔註 2〕中，探討全球化時代中國文學面臨市場的夾擊、民族書寫和世界意義的博弈、文學的思想資源問題時，爲文學創作提出了諸多解藥。其中，有兩點是和戲劇當下創作密切相通，可以移植。第一點啓發，戲劇創作在域外創作和中國文化傳統的參照中，可以嘗試超越「世界——民族」、「全球——本土」的對立意識，進展到「個體意識——普遍精神」的共融狀態，從而增強藝術中的人類性的含量。這樣，當西方戲劇的「他律」強制被取消後，在「自律」的考驗中，當下戲劇才會以獨特的「個唱」獲得普遍的健康、自由與尊嚴。而若定要用西體中用或中體西用，表述賴聲川戲劇的中西方關係的話，我想或者樹的形象更加合適，包括「樹根」、「樹幹」和「樹冠」：作爲戲劇思想和理念的樹根，是東方（禪佛）哲學；作爲藝術加工的主體方法和手段的樹幹，是西方的現代與後現代手法；作爲成品的樹冠，樹葉與果實都很繽紛，有東方的藝術表現形式、臺灣的現實與歷史，也有西方的隱喻與荒誕。

第二點啓發是，在戲劇與哲學間保持良性互動，以東方／中國傳統哲學爲根基，以現代性爲先導，借由東西方藝術表現形式，展開富有自身特色的話語世界，定將戲劇創作提高到一個新的境界。賴聲川對於理念、內心、精神與思想的關注，也可以從對人物形象塑造的輕視來側面感知。似乎很難對賴聲川戲劇中的人物進行分類與分析，因爲他們本身不是豐富又飽滿。他的戲劇，以情節、故事，或者語言感染人、觸動人，而不是在於具體的人物形象。但是這些人物形象和情節符號背後，大都透露著創作者啓發與反思的動機。

從這個意義上講，賴聲川創作的價值，恰恰就在於經歷了東西方文化和哲學思想的歷練之後，穿越了西方藝術的薰陶，回到文化母題後，進行超越世界與民族、全球與本土的對立，走向了一種融會貫通的加合。通過集體即興創作，汲取個體經驗，進行普遍精神的上升，從而透露出關於人類與人生的哲學性思考；在相聲劇的創作中，將東方文化成爲一種顯性的經驗；在跨文化的喜劇改編中，用含著淚的笑，作爲與觀眾和世界交流的

〔註 2〕 雷達，《新世紀文學初論——2000 年以來的中國文學走向》，《當代文學症候分析》，北京：作家出版社，2009 年 1 月版，第 118～137 頁。

態度；並且嘗試將東方／中國／日本／印度等的藝術形式，與哲學思考拼合，借助現代性和後現代的手法，在臺灣本土和大陸異鄉和西方他鄉的領域中，進入個體的精神與心靈世界，從而提煉出集體無意識的精髓、凝練的意象和深邃的母題。

我願在全球化和跨文化語境中，將西方與東方藝術創作的理想狀態，分別命名為烏托邦和桃花源，那麼賴聲川從 80 年代初期到當下，對於東西方文化的超越與融合，對於個體經驗與人類無意識的轉換與貫通，就是賴聲川對兩者在戲劇舞臺鏡象中的重新塑造。

如果要談論賴聲川戲劇的局限性，則需要回望我們所處的當下。

在很多人文知識分子導向了市場天平一側的今天，堅守人文知識分子立場，對政治意識形態和大眾世俗文化保持一定的距離，不苟且、不媚俗，越來越要接受更多不屑的眼光、無謂的嘲笑甚至自我心理屏障的挑戰。丁帆與黃軼在對話錄中，坦言 20 世紀 90 年代之後，中國面臨著經濟、文化、文學等領域的全球化局面，東西方世界仍然有重新回到共同文化起點的可能性。這需要中國知識分子具備「自我啓蒙」的意識，具有「內在的人類」視閾，從而走出精神的無主狀態，中國的人文環境才能得到根本改善。〔註3〕所以，重新高舉新啓蒙的火炬，推動有活力的人文環境營造、促進人文事業發展，在當下越發具有世紀意義。而賴聲川戲劇、尤其是前期階段創作作品中所蘊含的知識分子啓蒙意識，確實在當代戲劇界是難能可貴的。

然而，90 年代之後所興起的市場經濟，也從一定程度上影響了戲劇的創作、演出和運營等諸多環節。當然，一個戲劇的團體或者劇場，要保持一定的藝術水平，又要保障自己在市場環境下能夠生存著，這本身就是一個兩難的挑戰。尤其 2015 年，表演工作坊在上海有了自己的劇場——「上劇場」。對於劇場的維繫和藝術水平的維持，甚至如何在兩者之間保持一種相對的平衡，確實不屬易事。表演工作坊的藝術創作和運營機制都相對成熟，並努力將藝術創作和市場推廣進行有機地隔絕。但從近幾年的市場演出來看，這種隔絕變得越來越模糊，甚至出現了一定商業化的傾向，而戲劇作品在啓蒙、人文、人性、靈魂的拷問上欠缺。

〔註3〕 丁帆、黃軼，《以文化批判者的獨立精神面對歷史和未來（代序）》，丁帆，《文化批判的審美價值座標》，北京：北京師範大學出版社，2009 年 8 月版，第 9頁。

　　賴聲川戲劇從 90 年代以來，對臺北都市世俗的霓虹燈，對各種娛樂明星、笑星諧星在戲劇運營中的特意選擇，娛樂化提高了喜劇部分的搞笑、詼諧、幽默，甚至玩笑不羈，從而導致悲喜之間的平衡失調。這種失調直接影響到戲劇的觀演效果，禁不住讓人質疑，話劇在商業化時代的發展，意欲何爲？戲劇應該是小撮觀眾和戲劇創作者的相互意淫，還是要和大眾走在一起製造消費文化，還是要將自己束之高閣保持所謂陽春白雪，亦或是其他？儘管現在戲劇受眾的分眾，造成了戲劇文化的多樣性和戲劇良性發展的艱難挑戰，然而戲劇一旦被市場所凌駕，戲劇藝術即便綁上了高額的票價、堂皇的劇場、豐富的回報，在她出發之後，到底能夠走多遠，或許需要打一個大大的問號。

　　2013 年 4 月《如夢之夢》在北京保利劇院的演出，1 月份時上下半場相加最便宜的票已超過 1100 元。而北京的中學老師平均月工資 4000／5000 元左右，我有些惶恐。想到給予賴聲川集體即興創作方法的雪芸，想到賴聲川在美國讀書時第一次去歐洲跟隨雪芸看戲，看到阿姆斯特丹街頭、社區、草地上的劇團人的集體即興創作。那時候的賴聲川感知到了一種感動的力量。現在，對於臺下看戲的年輕人而言，這種感動的力量還在嗎？來源於偶像歌手李宇春的賣力表演，還是戲劇在廟堂之上對於人生的慨歎？然而真正能消費得起這種戲劇的觀眾，是真愛戲劇，還是願意以此爲教育，去領略一個夢境套著另外一個夢境的追夢之旅，還是爲了賴聲川戲劇、賴聲川本人的感召，我們都不得而知。賴聲川三十年的戲劇創作道路，恍如舞臺一夢，且夢還很長。但最初對集體即興的感動，和當下在市場和商業的裹挾下的藝術感動，是不是可以品嘗到一種反諷的味道？

　　在跨文化戲劇交流中、全球化視野下，商業社會如同潮湧，身在東西方交匯融合處的賴聲川，其所開創的戲劇成就歷歷在目。然而，愛之切切，期許自然厚重，如若「烏托邦」和「桃花源」的理想之夢還能繼續，戲劇藝術是否可以多一些質樸、少一些滑頭的虛張聲勢？想起《亂民全講》大幕尚未開啓時，一位神秘女子走上臺所唱的歌曲「We shall overcome some day」。也許那些戲劇所折射出的社會亂象，和藝術市場中的些許問題，在不久的將來，終會被解決，雖然看起來也可能永遠都只是個夢想。

參考文獻

1. 於善祿，《臺灣當代劇場的評論與詮釋》，臺北：國立臺北藝術大學，遠流出版事業股份有限公司，2014 年 12 月版。

2. 侯寶林、薛寶琨、汪景壽、李萬鵬，《相聲溯源》，北京：中華書局出版，2011 年 4 月版。

3. 余建樹，《跨文化視閾下的理查·謝克納研究：以印度和中國爲例》，上海：上海大學出版社，2011 年 2 月版。

4. 何成洲，《跨學科視野下的文化身份認同——批評與探索》，北京：北京大學出版社，2011 年 1 月版。

5. 〔德〕曼海姆，黎鳴、李書崇譯，《意識形態與烏托邦》，上海：上海三聯書店，2011 年 1 月版。

6. 何成洲，《跨學科視野下的文化身份認同：批判與探索》，北京：北京大學出版社，2011 年 1 月版。

7. 馬森，《臺灣戲劇：從現代到後現代》，臺北：秀威信息科技，2010 年 12 月版。

8. 古繼堂，《臺灣文學與中華傳統文化》，北京：九州出版社，2010 年 12 月版。

9. 〔德〕雷曼，李亦男譯，《後戲劇劇場》，北京：北京大學出版社，2010 年 10 月版。

10. 〔英〕品特（Pinter, H.），華明譯，《送菜升降機》，《歸於塵土》，南京：譯林出版社，2010 年 9 月版。

11. 〔美〕克勞登，河西譯，《彼得·布魯克訪談錄》，北京：新星出版社，2010 年 8 月版。

12. 姚一葦，《戲劇原理》，臺北：書林出版，2010 年 7 月版。

13. 段馨君，《跨文化劇場：改編與再現》，新竹：交大出版社，2010 年 7 月版。

14. 〔法〕翁托南・阿鐸，劉莉譯注，《劇場及其複象》，杭州：浙江大學出版社，2010 年 6 月版。

15. 高行健，方梓勳，《論戲劇》，臺北：聯經出版事業股份有限公司，2010 年 4 月版。

16. 段馨君，《凝視臺灣當代劇場：女性劇場、跨文化劇場與表演工作坊》，臺北：Airiti Press Inc.，2010 年 4 月版。

17. 黎湘萍，《文學臺灣：臺灣知識者的文學敘事與理論想像》，北京：人民文學出版社，2010 年 4 月版。

18. 申丹，王麗亞，《西方敘事學：經典和後經典》，北京：北京大學出版社，2010 年 3 月版。

19. 張蕾，《寶島眷村》，北京：中國人民大學出版社，2010 年 1 月版。

20. 孟京輝，《孟京輝先鋒戲劇檔案》，北京：新星出版社，2010 年 1 月版。

21. 田沁鑫，《田沁鑫的戲劇場》，北京：北京大學出版社，2010 年 1 月版。

22. 中國戲劇家協會、江蘇省文化廳，《全球化與戲劇發展》，北京：中國戲劇出版社，2009 年 12 月版。

23. 胡星亮，《當代中外比較戲劇史論（1949～2000）》，北京：人民出版社，2009 年 12 月版。

24. 廖信忠，《我們臺灣這些年：1977 年至今》，重慶：重慶出版社，2009 年 10 月版。

25. 譚霈生，《談戲劇性》，北京：北京大學出版社，2009 年 10 月版。

26. 中國戲劇家協會導演藝術委員會，《我們的戲劇需要什麼——當今導演們如是說》，北京：文化藝術出版社，2009 年 7 月版。

27. 李立群，《演員的庫藏記憶：李立群的人生風景》，臺北：中正文化，2009 年 7 月版。

28. 吳戈，《戲劇面影與文化風流》，雲南：雲南大學出版社，2009 年 4 月版。

29. 張蘭閣，《戲劇範型——20 世紀戲劇詩學》，北京：北京大學出版社，2009 年 1 月版。

30. 張仲年，《中國實驗戲劇》，上海：上海人民出版社，2009 年 1 月版。

31. 黃美序，《戲劇的味／道》，山東：山東畫報出版社，2009 年 1 月版。

32. 嚴程瑩，劉啓斌，《西方戲劇文學的話語策略：從現代派戲劇到後現代派戲劇》，昆明：雲南大學出版社，2009 年 4 月版。

33. 吳靖青，《表導演者》，上海：上海百家出版社，2008 年 12 月版。

34. 沈煒元，《闡釋戲劇》，上海：上海百家出版社，2008 年 12 月版。

35. 曹路生，虞又銘，《穿越前沿（外國戲劇卷）》，上海：百家出版社，2008 年 12 月版。

36. 石光生，《跨文化劇場：傳播與詮釋》，臺北：書林出版，2008 年 10 月版。

37. 高行健，《論創作》，臺北：聯經出版事業股份有限公司，2008 年 4 月版。

38.〔英〕彼得・布魯克，於東田譯，《敞開的門 談表演和戲劇》，北京：新星出版社，2007 年 12 月版。

39. 林克歡，《消費時代的戲劇》，臺北：書林出版，2007 年 9 月版。

40. 鍾明德，《從寫實主義到後現代主義》，臺北：書林出版，2006 年 8 月版。

41. 孫惠柱，《第四堵牆：戲劇的結構與解構》，上海：上海書店出版社，2006 年 8 月版。

42. 吳戈，《中美戲劇交流的文化解讀》，昆明：雲南大學出版社，2006 年 8 月版。

43. 張小虹，《後現代／女性：權力、欲望與性別表演》，臺北：聯合文學出版社，2006 年 8 月版。

44.〔美〕華萊士・馬丁（Wallace Martin），《當代敘事學》，北京：北京大學出版社，2006 年 7 月版。

45. 宗薩欽哲仁波切，馬君美等譯，《佛教的見地與修道》，蘭州：甘肅民族出版社，2006 年 5 月版。

46. 查建英，《八十年代：訪談錄》，北京：生活・讀書・新知三聯書店，2006 年 5 月版。

47. 丁建新、廖益清，《批判視野中的語言研究》，廣州：中山大學出版社，2006 年 4 月版。

48. 紀蔚然，《現代戲劇敘事觀 Narrating Modern Drama：建構與解構》，臺灣：書林出版有限公司，2006 年 3 月版。

49.〔美〕哈羅德・布魯姆，徐文博譯，《影響的焦慮》，南京：江蘇教育出版社，2005 年 12 月版。

50. 鄧光輝，《意識形態與烏托邦：當代影視文化研究的理論與方法》，北京：文化藝術出版社，2005 年 7 月版。

51. 田美麗，《藝苑漫步・中國現代戲劇原型闡釋》，北京：中國戲劇出版社，2004 年 11 月版。

52. 蘇永旭，《戲劇敘事學研究》，北京：中國戲劇出版社，2004 年 10 月版。

53.〔法〕於貝斯菲爾德，宮寶榮譯，《戲劇符號學》，北京：中國戲劇出版社，2003 年 12 月版。

54. 鴻鴻、月惠,《我暗戀的桃花源》,石家莊:河北教育出版社,2003 年 12 月版。

55. 陶慶梅、侯淑儀,《剎那中——賴聲川的劇場藝術》,臺北:時報出版社,2003 年 1 月版。

56. 黃仁,《臺北市話劇史九十年大事紀》,臺北:亞太圖書出版社,2002 年版。

57. 高行健,《彼岸》,臺北:聯合文學,2001 年 10 月版。

58. 胡志毅,《神話與儀式:戲劇的原型闡釋》,上海:學林出版社,2001 年 10 月版。

59. 陳世雄,周寧,《20 世紀西方戲劇思潮》,北京:中國戲劇出版社,2000 年 1 月版。

60. 邱紫華,《悲劇精神與民族意識》,武漢:華中師範大學出版社,2000 年 3 月版。

61. 夏忠憲,《巴赫金狂歡化詩學研究》,北京:北京師範大學出版社,2000 年 11 月版。

62. 〔意〕達里奧·福,黃文捷譯,《不付錢!不付錢!》,桂林:灕江出版社,2002 年 4 月版。

63. 鍾明德,《臺灣小劇場運動史:尋找另類美學與政治》,臺北:揚智文化事業股份有限公司,1999 年版。

64. 田本相,《臺灣現代戲劇概況》,北京:文化藝術出版社,1996 年 8 月版。

65. 〔法〕安托南·阿爾托,桂裕芸譯,《殘酷戲劇——戲劇及其重影》,北京:中國戲劇出版社,1993 年 1 月版。

66. 〔德〕布萊希特,丁揚忠等譯,《布萊希特論戲劇》,北京:中國戲劇出版社,1990 年 3 月版。

67. 〔俄〕 M.巴赫金,白春仁、顧亞鈴譯,《陀思妥耶夫斯基詩學問題:複調小說理論》,北京:三聯書店,1988 年 7 月版。

68. 〔波蘭〕耶日·格列托夫斯基,魏時譯,《邁向質樸戲劇》,北京:中國戲劇出版社 1984 年 7 月版。

賴聲川戲劇研究相關的碩博士學位論文

1. 郭佩霖,《作為劇場語言的即興創作》,賴聲川指導,臺灣:國立藝術學院碩士論文,1997 年。

2. 蔡宜真,《賴聲川劇場集體即興創作的來源與實踐》,馬森指導,臺灣:國立成功大學中文系碩士論文,2000 年。

3. 白泰澤,《由〈千禧夜,我們說相聲〉看賴聲川所領導的集體即興創作》,

賴聲川、朱靜美指導，臺灣：臺灣大學戲劇研究所碩士論文，2002 年。

4. 張文誠，《曼陀羅的生命旅行：賴聲川〈如夢之夢〉裏的集體重複、創傷記憶、與歷史再現》，楊莉莉指導，臺灣：國立清華大學外國語文學系碩士論文，2002 年。

5. 林盈志，《當代臺灣後設劇場研究》，石光生指導，臺灣：國立成功大學碩士論文，2002 年。

6. 鍾欣志，《威尼斯雙胞案》，賴聲川指導，臺灣：臺北藝術大學碩士論文，2003 年。

7. 汪俊彥，《戲劇歷史、表演臺灣：1984～2000 年賴聲川戲劇之戲劇場域與臺灣／中國圖像研究》，林鶴宜指導，臺灣：國立臺灣大學碩士論文，2004 年。

8. 謝如萍，《〈暗戀桃花源〉的後設元素與分析》，陳靜媚指導，臺灣：國立中正大學碩士論文，2006 年。

9. 巫永鴻，《臺灣相聲劇研究——以「表演工作坊」與「相聲瓦舍」爲例》，許子漢指導，臺灣：國立東華大學碩士論文，2008 年。

10. 王曉紅，《多元文化與臺灣現代戲劇》，第三章《當代文化反思與臺灣現代戲劇的多元發展》：第三節《文化盛宴：賴聲川的戲劇創作》，陳世雄指導，廈門大學博士論文，2008 年。

11. 楊燦燦，《「移植」中的創新——試論賴聲川的話劇意識與藝術實踐》，白楊指導，吉林大學文學院碩士論文，2008 年。

12. 吳承澤，《論臺灣實驗劇場中的烏托邦理念及其實踐（1970～1989）》，鍾明德指導，臺灣：臺北藝術大學博士論文，2009 年。

13. 沈慧敏，《臺灣現代戲劇表演團體在北京演出之研究——以表演工作坊爲例》，范錦明指導，臺灣：國立中山大學碩士論文，2009 年。

14. 邊遠，《賴聲川的舞臺劇論》，張健指導，北京師範大學文學院碩士論文，2009 年。

15. 張玲玲，《文化產業創意機制研究》，山東師範大學文藝學碩士論文，2009 年。

16. 艾杕，《〈暗戀桃花源〉的互文性研究》，上海戲劇學院戲劇戲曲學碩士論文，2009 年。

17. 方尹綸，《臺灣當地劇場跨文化改編研究（2000～2009）》，石光生指導，臺灣：國立藝術大學碩士論文，2010 年。

18. 何明燕，《七寶樓臺的光華——賴聲川舞臺劇的多重美學特徵》，胡志毅指導，浙江大學傳媒與國際文化學院美學博士論文，2012 年。

19. 蘇素珍，《賴聲川的美育思想》，李崗指導，臺灣：國立東華大學課程設

計與潛能開發學系碩士論文，2012 年。

20. 程香菱，《〈霸王別姬〉、〈戲夢人生〉與〈暗戀桃花源〉的劇場呈現與國族想像》，孫松榮指導，臺灣：國立臺南藝術大學動畫藝術與影像美學研究所碩士論文，2012 年。

21. 鄭雯琪，《從後現代文化看〈暗戀桃花源〉的舞臺魅力》，陳器文指導，臺灣：國立中興大學中國文學系碩士論文，2013 年。

22. 孫寧，《解凍天津包子──從敘事分析看〈寶島一村〉》，林東泰指導，臺灣：國立臺灣師範大學大眾傳播研究所碩士論文，2013 年。

23. 劉育寧，《論臺灣劇場世紀之交的懷舊想像》，楊莉莉指導，臺灣：國立臺北藝術大學戲劇學系碩士班碩士論文，2013 年。

24. 謝端陽，《賴聲川〈如夢之夢〉之生死關懷》，許鶴齡指導，臺灣：佛光大學宗教學系碩士班碩士論文，2013 年。

25. 李凌婧，《論賴聲川話劇的人文價值》，黃岳傑指導，杭州師範大學碩士論文，2013 年。

26. 陳蕾，《論賴聲川的戲劇及其創作實踐》，陳亞平指導，揚州大學碩士論文，2013 年。

27. 周暐閎，《探究兩岸戲劇交流──以表演工作坊為例》，牛川海指導，臺灣：中國文化大學藝術學院戲劇學系碩士論文，2014 年。

28. 馬倩，《試論賴聲川及其「表演工作坊」的喜劇創作》，宋寶珍指導，中國藝術研究院碩士論文，2014 年。

29. 蘇健，《論賴聲川集體即興的人物創造方法和故事敘事結構》，周豹娣指導，上海戲劇學院碩士論文，2014 年。

30. 朱夢圓，《賴聲川戲劇研究》，程功恩指導，安徽大學碩士論文，2014 年。

31. 冉芝贇，《賴聲川實驗戲劇美學研究》，鍾仕倫指導，四川師範大學碩士論文，2014 年。

32. 胡明華，《東西文化融合視野中的賴聲川戲劇研究》，仵從句指導，山東大學博士論文，2015 年。

33. 周愛華，《賴聲川即興創作研究》，陸軍指導，上海戲劇學院博士論文，2015 年。

34. 劉佳霓，《臺灣相聲劇表現「集體記憶」研究──以表演工作坊和相聲瓦舍為例》，林仁昱指導，臺灣：國立中興大學中國文學系碩士論文，2015 年。

35. 楊之果，《從表演工作坊早期相聲劇看外省第二代國族認同軌跡──以 1985 到 1991 為範圍》，蔡芳定指導，臺灣：世新大學中國文學系碩士論文，2015 年。

36. 秦之瑤，《賴聲川相聲劇在中國大陸的接受》，林婷指導，福建師範大學

碩士論文，2015 年。

37. 王克雍，《臺灣現代劇場的眷村再現與眷村女性形象──以〈花季未了〉、〈我妹妹〉和〈寶島一村〉為例》，林雯玲指導，臺灣：國立臺南大學戲劇創作與應用學系碩士班碩士論文，2016 年。

38. 朱雅潔，《賴聲川戲劇舞美的藝術特徵與審美效果探析》，李歡喜指導，內蒙古大學碩士論文，2016 年。

39. 仲夏，《〈思凡〉與〈暗戀桃花源〉喜劇元素運用分析》，王明理指導，貴州大學碩士論文，2017 年。

40. 王小林，《論賴聲川「悲喜劇」創作手法的舞臺魅力──以〈暗戀桃花源〉為例》，彭吉象指導，重慶大學碩士論文，2017 年。

41. Shen, Shiao-Ying(沈曉茵), Permutations of the foreign/er: a study of the works of Edward Yang, Stan Lai, Chang Yi, and Hou Hsiao-hsein, (Ph.D.) ── Cornell University, 1995.

42. Riep, Steven Le Cain, Writing the past: rereading, recovering, and rethinking history in contemporary literature from Taiwan (China), (Ph.D.) ──University of California, Los Angeles, 2001.

43. Tuan, Hsin-Chun, Feminist and intercultural approaches to the alternative theaters in Taiwan: from 1993 to 2004, (Ph.D.) University of California, Los Angeles, 2005.10。

期刊雜誌論文（大陸部分）

1. 賴聲川，《無中生有的戲劇──關於「即興創作」》，《中國戲劇》，1988 年第 8 期。

2. 曹明，《活躍在臺灣劇壇的兩大表演團體》，《臺聲》，1995 年 1 月，第 45 ～47 頁。

3. 曹明，《賴聲川及其表演工作坊》，《世界華文文學論壇》，1995 年第 1 期，第 32～35 頁。

4. 甘小二，《語言的纖體──〈暗戀桃花源〉分析》，《北京電影學院學報》，2000 年第 3 期，第 72～79 頁。

5. 宋寶珍，《從〈紅鼻子〉開始……──臺灣話劇在祖國大陸的舞臺上》，《兩岸關係》，2000 年第 8 期，第 58～60 頁。

6. 王者也，《賴聲川的劇場導演美學策略》，《戲劇》，2001 年第 2 期，第 112 ～128 頁。

7. 謝立，《看看「相聲」劇 聽聽賴聲川》，《廣東藝術》，2002 年第 1 期，第 66～67 頁。

8. 崔莉，《論〈暗戀桃花源〉中「間離」的運用》，《戲劇文學》，2002 年第

3 期，第 48～53 頁。

9. 陶慶梅，《作為社會論壇的戲劇》，《南方文壇》，2003 年第 1 期，第 68～72 頁。

10. 王曉紅，《賴聲川劇作的後現代傾向》，《上海戲劇學院學報》，2004 年第 6 期（總第 122 期），第 70～78 頁。

11. 陳世雄，《臺灣戲劇三題》，《上海戲劇學院學報》，2004 年第 6 期（總第 122 期），第 54～61 頁。

12. 袁鴻，《賴聲川影響北京劇場？》，《新聞週刊》，2004 年 10 月 10 日，第 74～75 頁。

13. 王曉紅，《臺灣當代劇場與社會禁忌》，《中央戲劇學院學報》，2005 年第 1 期總第 115 期，第 29～35 頁。

14. 李鴻祥、古秀蓉，《現場性：論賴聲川的現代劇場藝術》，《華文文學》，2005 年第 5 期（總第 70 期），第 51～55 頁。

15. 胡星亮，《論現代主義影響下的臺灣實驗戲劇》，《學術研究》，2005 年第 12 期，第 140～144 頁。

16. 徐麗淞，《賴聲川劇作的文化內涵》，《戲劇文學》，2006 年第 1 期（總第 272 期），第 43～61 頁。

17. 竇小忱，《從〈暗戀桃花源〉看電影與戲劇在結構上的融合》，《商丘師範學院學報》2006 年 2 月第 22 卷第 1 期，第 49～51 頁。

18. 孟岩，《走進賴聲川》，《劇作家》，2006 年第 2 期，第 93～94 頁。

19. 孟岩，《論賴聲川的劇場意識》，《藝術百家》，2006 年第 3 期（總第 89 期），第 52～54 頁。

20. 沐澤，《創意的智慧——臺灣著名劇作人賴聲川著作〈賴聲川的創意學〉》，《臺聲》，2006 年 11 月，第 88 頁。

21. 孫冉，《賴聲川：讓劇場回歸到文化的深處》，《中國新聞週刊》，2006 年 11 月 20 日，第 70～72 頁。

22. 孫冉，《賴聲川和他的〈暗戀桃花源〉》，《中國新聞週刊》2006 年 11 月 20 日，第 72 頁。

23. 王玨慧，《桃花源頭是春天》，《觀察與思考》，2006 年第 24 期，第 60～61 頁。

24. 胡星亮，《中西比較視野中的臺灣商業話劇》，《中央戲劇學院學報》，2007 年第 1 期（總第 123 期），第 79～90 頁。

25. 周寧，《話劇百年：從中國話劇到世界華語話劇》，《廈門大學學報（哲學社會科學版）》，2007 年第 2 期（總第 180 期），第 36～45 頁。

26. 趙輝，《聽賴聲川說賴聲川——對話臺灣先鋒戲劇大師賴聲川》，《臺聲》，

2007 年第 3 期，第 66～69 頁。

27. 王晶，《論賴聲川〈暗戀桃花源〉對傳統戲劇的突破》，《鹽城師範學院學報（人文社會科學版）》，2007 年第 5 期，第 62～66 頁。

28. 石俊，《新世紀話劇商業化進程與詰難》，《社會觀察》，2007 年第 5 期，第 27～29 頁。

29. 岳磊，《從〈暗戀桃花源〉看集體即興創作》，《劇作家》，2007 年第 6 期，第 101 頁。

30. 應妮，《賴聲川，一路向北》，《中國新聞週刊》，2007 年 10 月 15 日，第 76～77 頁。

31. 徐楠，《賴聲川：我們只是在「拓荒」》，《新世紀週刊》，2007 年第 26 期，第 114～115 頁。

32. 宋奕，《先鋒＝藝術＋人生——賴聲川的創意美學在〈暗戀桃花源〉中的體現》，《大舞臺》，2008 年第 1 期，第 16～18 頁。

33. 林婷，《傳統如何生成現代：戲劇探索兩路徑之比較》，《首都師範大學學報（社會科學版）》，2008 年第 2 期（總第 181 期），第 93～99 頁。

34. 張俊，《賴聲川與蘇州的「桃花結」》，《現代蘇州》，2008 年第 2 期，第 98～99 頁。

35. 張俊，《賴聲川與〈暗戀桃花源〉》，《現代蘇州》，2008 年第 2 期，第 94～97 頁。

36. 朱江，《淺析賴聲川戲劇的社會論壇功能》，《劇作家》，2008 年第 5 期，第 76～77 頁。

37. 阿杜，《賴聲川　敲開創意門》，《中國服裝編織》，2008 年第 5 期，第 22～23 頁。

38. 羅拉拉，《這一夜，我們看賴聲川》，《美城》，2008 年第 6 期，第 62～63 頁。

39. 孫佳，《戲劇：與生俱來的品牌性》，《上海戲劇》，2008 年第 9 期，第 30～31 頁。

40. 秦帥，《賴聲川〈暗戀桃花源〉文本策略分析》，《東方藝術》，2009 年第 S2 期，第 34～36 頁。

41. 郝濤，《從〈如夢之夢〉談賴聲川戲劇作品的幾點特質》，《大舞臺》，2009 第 3 期，第 18～21 頁。

42. 牛鴻英，《開放的舞臺創作觀念——淺析賴聲川的「集體即興創作」》，《藝苑》，2009 年第 4 期，第 11～16 頁。

43. 徐文娟，《賴聲川「拼圖」戲劇——從集體即興創作、相聲劇談起》，《戲劇叢刊》，2009 年第 5 期，第 41 頁。

44. 水晶，《歷史的鏡象，在笑聲中呈現——漫談賴聲川戲劇創作中幽默技巧的運用》，《中國圖書評論》，2009 年第 5 期，第 48～53 頁。

45. 周曉璿，《由賴聲川之〈亂民全講〉看先鋒派戲劇》，《戲劇文學》，2009 年第 12 期（總第 319 期），第 37～40 頁。

46. 李時學，《互文性：賴聲川劇場的文本策略與機制》，《集美大學學報（哲學社會科學版）》，2010 年第 1 期，第 16～21 頁。

47. 關健，《應用：戲劇功能的另一種詮釋》，《劇作家》，2010 年第 1 期，第 124～127 頁。

48. 吳薇，《聽賴聲川講眷村戲劇》，《戲劇藝術》，2010 年第 1 期，第 109 頁。

49. 牛鴻英，《超越解構，在聯結轉化中生成的精神儀式——淺論賴聲川的劇場藝術》，《當代戲劇》，2010 年第 1 期，第 28～30 頁。

50. 許芳菊，《賴聲川：每個孩子都有他開花的季節》，《家長》，2010 年 Z1 期，第 35～37 頁。

51. 胡星亮，《從封閉到開放，從寫實到後現代——當代臺灣話劇與外國戲劇關係之研究》，《文藝研究》，2010 年第 3 期，第 77 頁。

52. 石俊，《蘊藏戲劇能量的〈寶島一村〉——觀賴聲川新劇有感》，《上海戲劇》，2010 年第 3 期，第 24～25 頁。

53. 彭耀春，《集體即興、時空交錯與對立互動——論賴聲川的戲劇〈暗戀桃花源〉》，《世界華文文學論壇》，2001 年第 3 期，第 57～62 頁。

54. 任靜，《繁華落盡，終歸無奈——解讀賴聲川〈亂民全講〉的意蘊》，《文藝生活：下旬刊》，2010 年第 4 期，第 3 頁。

55. 藍天，《中華文化對賴聲川現代戲劇創作的影響》，《戲劇文學》，2010 年第 4 期（總第 323 期），第 82～86 頁。

56. 朱安如、廖俊逞，《臺灣眷村的光陰故事——訪話劇〈寶島一村〉編劇王偉忠和導演賴聲川》，《藝術評論》，2010 年第 5 期，第 9～12 頁。

57. 陳蕾，《論賴聲川戲劇與音樂結構的互通關係》，《戲劇文學》，2012 年 8 月刊，第 85～87 頁。

58. 何榮智，《賴聲川戲劇中人物所追尋的「空間」探析》，《藝苑》，2012 年第 11 期，第 39～41 頁。

59. 周愛華，《論賴聲川即興創作戲劇的藝術本質》，《上海戲劇》，2013 年 4 月期，第 26～27 頁。

60. 馮亞男，《賴聲川與尤奈斯庫的戲劇美學比較研究》，《當代戲劇》，2014 年 3 月刊，第 33～35 頁。

61. 林婷，《從曹禺到賴聲川：戲劇的變與不變》，首都師範大學學報（社會科學版），2014 年第 2 期，第 105～112 頁。

62. 張漣，《賴聲川的戲劇創作與佛教救贖之路》，《戲劇之家》，2014 年 10 月版，第 35～36 頁。

63. 劉明厚，《跨文化戲劇之演繹》，《雲南藝術學院學報》，2014 年第 4 期，第 46～49 頁。

64. 胡星亮，《論賴聲川主持的集體即興戲劇創作》，《文學評論》，2015 年第 3 期，第 128～139 頁。

65. 蔡明宏，《大陸與臺灣的文化意義審思——賴聲川戲劇的家國情懷》，《上海戲劇學院學報》，2015 年第 4 期，第 70～78 頁。

66. 胡明華，《戲劇魔法的幕後一角——賴聲川訪談》，《世界華文文學論壇》，2016 年 2 月刊，第 104～107 頁.

67. 魯丹、夏爽、李成燕，《蒙太奇手法在賴聲川戲劇中的獨特運用——以〈如夢之夢〉爲例》，《民族藝術研究》，2016 年 11 月刊，第 36～44 頁。

68. 林婷，《復眼中觀：佛教哲學與賴聲川戲劇思維的生成》，《上海戲劇學院學報》，2017 年第 4 期，第 48～56 頁。

69. 胡明華，《賴聲川新劇〈隱藏的寶藏〉創作論》，《戲劇文學》，2018 年第 6 期，第 66～72 頁。

70. 林克歡，《〈北京人〉與「北京人」》，《中國文藝評論》，2018 年第 7 期，第 91～100 頁。

期刊雜誌論文（臺灣部分）

1. 鄭寶娟，《那一夜，他們說相聲：訪賴聲川、李立群、李國修談「表演工作坊」的實驗心得》，（臺）《新書月刊》第 19 期，1985 年 4 月，第 26～33 頁。

2. 楊雅彬採訪，《爲傳統相聲注入新血：訪表演工作坊負責人賴聲川》，（臺）《自由青年》，1985 年 5 月刊，第 30～36 頁。

3. 亮軒，《一層套一層的夢》，（臺）《聯合報》第八版，1986 年 3 月 12 日。

4. 謝蓉倩，《來自「傑出表演藝術獎」的肯定：林懷民、郭小莊、賴聲川談他們的表演工作》，（臺）《中央月刊》，1986 年 12 月刊，第 80～83 頁。

5. 黃美序，《六個找劇評家的舞臺劇作者》，（臺）《中外文學》，第十六卷第三期，總 183 期，1987 年 8 月，第 106～131 頁。

6. 胡耀恒，《「夢劇」中只有呻吟，沒有梵唱：評賴聲川先生的論文》，（臺）《中外文學》第 6 期第十三卷，1989 年 11 月，第 45～48 頁。

7. 丁丁採訪整理，《劇場生態結構——洞燭機先開創劇場生命力：訪賴聲川劇場生態結構》，（臺）《幼獅文藝》，1991 年 10 月刊，第 32～37 頁。

8. 葉繪，《創作一齣舞臺劇——賴聲川的戲劇世界》，（臺）《當代青年》，1992 年 9 月刊，第 48～51 頁。

9. 張小虹、黃素卿,《性別、身體與意識型態:當代西方女性劇場與社會變革》,(臺)《中外文學》第 9 期,第 22 卷,1994 年 2 月,第 1〜17 頁。

10. 傅裕惠,《他是我兄弟——賴聲川談達裏歐・弗》,(臺)《表演藝術》第 69 期,1998 年 9 月,第 14〜15 頁。

11. 沈曉茵,《從寫實到魔幻——賴聲川的身份演繹》,(臺)《中外文學》第 9 期第二十七卷,1999 年 2 月,第 151〜164 頁。

12. 蔡宜眞,《試探當前臺灣劇場集體即興創作——以「丁丑歲末南北戲劇聯展」作爲觀察》,(臺)《雲漢學刊》第 6 期,1999 年 6 月,第 1〜34 頁。

13. 王淳美,《〈暗戀桃花源〉的劇場藝術》,(臺)《中國文化月刊》第 240 期,2000 年 3 月,第 55〜75 頁。

14. 梁文菁,《叩問生死,輪迴如夢》,(臺)《表演藝術》第 89 期,2000 年 5 月,第 16〜17 頁。

15. 熊睦群,《劇中劇結構之比較研究——〈六個尋找劇作家的劇中人〉與〈暗戀桃花源〉》,(臺)《復興崗學報》第 69 期,2000 年 6 月,第 325〜343 頁。

16. 江世芳,《抖小包袱 裝大包袱——賴聲川的相聲劇》,(臺)《表演藝術》第 96 期,2000 年 12 月,第 10〜13 頁。

17. 楊莉玲採訪撰文,《時局暗夜 賴聲川說相聲——專訪賴聲川談劇場藝術理念》,(臺)《文化視窗》第 29 期,2001 年 5 月,第 32〜35 頁。

18. 張璞方,《如夢之夢——賴聲川的劇場人生》,(臺)《光華》,2002 年 10 月刊,第 74〜81 頁。

19. 邱麗文,《用劇本寫日記的劇場拓荒者——賴聲川》,(臺)《新觀念》第 187 期,2003 年 10 月,第 24〜31 頁。

20. 李俊明,《來自六十年代的老靈魂——貼近賴聲川的異想世界》,(臺)《表演藝術》第 136 期,2004 年 4 月,第 40〜45 頁。

21. 傅裕惠、田國平整理,《〈如夢之夢〉答案問——專訪表演工作坊導演賴聲川》,(臺)《表演藝術》第 148 期,2005 年 4 月,第 24〜27 頁。

22. 鍾欣志、王序平提問,簡秀芬記錄,《〈如夢之夢〉和劇場創作——賴聲川訪談》,(臺)《戲劇學刊》第 2 期,2005 年 7 月,第 285〜302 頁。

23. 姜翠芬,《〈暗戀桃花源〉中的錯置與失落》,(臺)《中外文學》第 34 卷第 9 期,2006 年 1 月,第 121〜138 頁。

24. 王世信主持,王楡丹整理,《賴聲川劇場藝術國際學術研討會:賴聲川與藝術群座談》,(臺)《戲劇學刊》第 5 期,2007 年 1 月,第 99〜119 頁。

25. 鄭宜蘋記錄整理,《「導演的工具箱」:賴聲川與楊世彭對談》,(臺)《戲劇學刊》第 5 期,2007 年 1 月,第 71〜97 頁。

26. 葉根泉，《櫥窗與道場：賴聲川戲劇創作裏佛法的顯與不顯》，（臺）《戲劇學刊》第 5 期，2007 年 1 月，第 7～24 頁。

27. 張文誠，《曼陀羅的生命旅行：賴聲川〈如夢之夢〉的後設劇場表演》，（臺）《戲劇學刊》第 5 期，2007 年 1 月，第 25～53 頁。

28. 林於竝，《賴聲川的〈如夢之夢〉與日本的「夢幻能」關係之分析》，（臺）《戲劇學刊》第 5 期，2007 年 1 月，第 55～68 頁。

29. 鄭君仲，《〈賴聲川的創意學〉破解神秘的創意金字塔》，（臺）《經理人月刊》第 27 期，2007 年 2 月，第 134～135 頁。

30. 陳芳毓，《The movement in my life 舞臺上的創意家賴聲川：創意，就是知道什麼不能做！》，（臺）《經理人月刊》第 28 期，2007 年 3 月，第 178 頁。

31. 黃筱威記錄整理，《我們是這樣長大的——紀蔚然對談賴聲川》，（臺）《印刻文學生活誌》2007 年 11 月，第 26～38 頁。

32. 符心宜，《〈如影隨行〉——賴聲川沉潛三年新力作》，（臺）《逍遙》第 18 期，2007 年 12 月，第 12 頁。

33. 劉鳳珍，《表演工作坊藝術總監賴聲川——厲害在出題，不在解答》，（臺）《Cheers》（快樂工作人雜誌）第 95 期，2008 年 8 月，第 162～163 頁。

34. 蕭紫菡，《心，是一切創意的來源——有感於〈賴聲川的創意學〉》，（臺）《人本教育箚記》第 230 期，2008 年 8 月，第 58～60 頁。

35. 盧詩青，《〈暗戀桃花源〉中的戲內戲外敘述》，（臺）《中國語文》第 105 期，2009 年 11 月，第 73～79 頁。

36. 李加尉，《聽奧煙火下的文創觀照——訪「表演工作坊」賴聲川導演》，（臺）《明道文苑》第 405 期，2009 年 12 月，第 5～9 頁。

37. 劉景湘，《由文創產業論〈暗戀桃花源〉的創構與展演》，（臺）《通識教育學報》第 3 期，2009 年 12 月，第 105～114 頁。

38. 陳秀貞，《淺論賴聲川〈暗戀桃花源〉對〈桃花源記〉的崩解與重組～以 1999 年重演版為討論中心》，（臺）《大同技術學院學報》第 18 期，2010 年 7 月，第 97～125 頁。

39. 黃絢質，《賴聲川的創意學——〈賴聲川的創意學〉對研究法之啟發》，（臺）《中華人文社會學報》第 18 期，2010 年 9 月，第 216～219 頁。

40. 朱靜美，《賴聲川早期的「開放式集體即興創作」〈變奏巴哈〉個案研究》，（臺）《戲劇研究》第 7 期，2011 年 1 月，第 199～228 頁。

41. 葉根泉，《我們都是看這樣的戲長大的——賴聲川、汪其楣、姚一葦的戲劇創意典藏作品》，（臺）《藝術評論》第 21 期，2011 年，第 91～114 頁。

42. 蔡孟文，《從「桃花源」的意象塑造論〈桃花源記〉與〈暗戀桃花源〉呈現的思想特質》，（臺）《世新中文研究集刊》第 7 期，2011 年 7 月，第 217～234 頁。

43. 蔡佳陵，《兩種不同的凝視——李國修與賴聲川的認同書寫》，（臺）《樹德科技大學學報》第 14 卷第 1 期，2012 年 1 月，第 299～318 頁。

44. 劉育寧，《臺灣劇場跨世紀的懷舊想像》，（臺）《戲劇學刊》18 期，2013年，第 51～67 頁。

45. 遊勝冠、蔡佳陵，《從集體即興創作看賴聲川的認同書寫》，（臺）《弘光人文社會學報》第 14 期，2013 年。

46. 莊宜文，《移民經驗和遺民情懷的託寓——戰後臺灣外省族群作家作品中的「桃花源記」》，（臺）《成大中文學報》第 50 期，2015 年 9 月，第 176～180 頁。

47. 黃詩嫻，《〈寶島一村〉中眷村居民的身份認同研究》，（臺）《藝術評論》第 33 期，2017 年，第 115～141 頁。

附　錄

賴聲川相關著作及翻譯

1. Lai, Stanley Sheng-Chuan, ORIENTAL CROSSCURRENTS IN MODERN WESTERN THEATRE, University of California, Berkeley, PH.D. 1983.

2. 賴聲川,《賴聲川的創意學》,桂林:廣西師範大學出版社,2011 年 8 月版。

3. 賴聲川、王偉忠,《寶島一村》,臺北:國立中正文化中心,2011 年版。

4. 〔法〕馬修·李卡德（Matthieu Ricard）,賴聲川譯,《頂果欽哲法王傳》,臺北:橡樹林文化,2010 年 1 月版。

5. 賴聲川,《賴聲川劇場（第二輯）／這一夜,Women 說相聲&千禧夜,我們說相聲》,北京:東方出版社,2007 年 12 月版。

6. 賴聲川,《賴聲川的創意學》,臺北:天下雜誌股份有限公司,2006 年版。

7. 賴聲川,《賴聲川劇場（第一輯）／暗戀桃花源&紅色的天空》,北京:東方出版社,2007 年 8 月版。

8. 〔法〕馬修·李卡德,賴聲川、丁乃竺譯,《快樂學——修煉幸福的 24 堂課》,臺北:天下雜誌出版,2007 年 8 月版。

9. 頂果欽哲法王,賴聲川譯,《覺醒的力量》,臺北:雪潛文化出版社,2005 年 4 月版。

10. 賴聲川,表演工作坊編著,《魔幻都市:十三角關係　在那遙遠的星球,一粒沙》,臺北:群聲文化公司,2005 年 2 月版。

11. 賴聲川，表演工作坊編著，《兩夜情：那一夜，我們說相聲　這一夜，誰來說相聲？》，臺北：群聲文化公司，2005 年 2 月版。

12. 賴聲川，表演工作坊編著，《對照：暗戀桃花源　我和我和他和他》，臺北：群聲文化公司，2005 年 2 月版。

13. 賴聲川，表演工作坊編著，《世紀之音：千禧夜，我們說相聲　這一夜，Women 說相聲》，臺北：群聲文化公司，2005 年 2 月版。

14. 賴聲川，表演工作坊編著，《拼貼：紅色的天空　亂民全講》，臺北：群聲文化公司，2005 年 2 月版。

15. 〔意〕達利歐・弗（Dario Fo），賴聲川譯，《一個無政府主義者的意外死亡》，臺北：唐山出版社，2001 年版。

16. 賴聲川，《如夢之夢》，臺北：遠流出版社，2001 年 6 月版。

17. 〔法〕尚・方斯華・何維爾（Jean-Francois Revel）、〔法〕馬修・李卡德（Matthieu Ricard），賴聲川譯，《僧侶與哲學家──父子對談生命意義》，臺北：先覺出版公司，1999 年 12 月版。

18. 賴聲川，《賴聲川：劇場 1》，臺北：元尊文化公司，1999 年 1 月版。

19. 賴聲川，《賴聲川：劇場 2》，臺北：元尊文化公司，1999 年 1 月版。

20. 賴聲川，《賴聲川：劇場 3》，臺北：元尊文化公司，1999 年 1 月版。

21. 賴聲川，《賴聲川：劇場 4》，臺北：元尊文化公司，1999 年 1 月版。

賴聲川舞臺影像資料

1. 《這一夜，誰來說相聲？》，臺北：群聲出版有限公司、木棉花國際股份有限公司，1989 年。

2. 《回頭是彼岸》，臺北：群聲出版有限公司、木棉花國際股份有限公司，1989 年。

3. 《臺灣怪譚》，臺北：群聲出版有限公司、木棉花國際股份有限公司，1991 年。

4. 《那一夜，我們說相聲》（1993 版），臺北：群聲出版有限公司、木棉花國際股份有限公司，1993 年。

5. 《意外死亡（非常意外！）》，臺北：群聲出版有限公司、木棉花國際股份有限公司，1995 年。

6. 《紅色的天空》，臺北：群聲出版有限公司、木棉花國際股份有限公司，1995 年。

7. 《一夫二主》，臺北：群聲出版有限公司、木棉花國際股份有限公司，1996 年。

8. 《非要住院》，臺北：群聲出版有限公司、木棉花國際股份有限公司，1996 年。

9. 《又一夜，他們說相聲》，臺北：群聲出版有限公司、木棉花國際股份有限公司，1998 年。

10. 《絕不付帳》，臺北：群聲出版有限公司、木棉花國際股份有限公司，1998 年。

11. 《我和我和他和他》，臺北：群聲出版有限公司、木棉花國際股份有限公司，1998 年。

12. 《十三角關係》，臺北：群聲出版有限公司、木棉花國際股份有限公司，1999 年。

13. 《暗戀桃花源》，臺北：群聲出版有限公司、木棉花國際股份有限公司，1999 年。

14. 《千禧夜，我們說相聲》，臺北：群聲出版有限公司、木棉花國際股份有限公司，2001 年。

15. 《一婦五夫？！》，臺北：群聲出版有限公司、木棉花國際股份有限公司，2001 年。

16. 《亂民全講》，臺北：群聲出版有限公司、木棉花國際股份有限公司，2003 年。

17. 《出氣筒》，臺北：群聲出版有限公司、木棉花國際股份有限公司，2004 年。

18. 《威尼斯雙胞案》，臺北：群聲出版有限公司、木棉花國際股份有限公司，2004 年。

19. 《他和他的兩個老婆》，臺北：群聲出版有限公司、木棉花國際股份有限公司，2005 年。

20. 《永遠的微笑》，臺北：群聲出版有限公司、木棉花國際股份有限公司，2005 年。

21.《在那遙遠的星球，一粒沙》，臺北：豐華唱片股份有限公司，2007 年。

22.《這一夜，Women 說相聲》，臺北：群聲出版有限公司、木棉花國際股份有限公司，2007 年。

23.《如影隨形》，臺北：群聲出版有限公司、木棉花國際股份有限公司，2008 年。

賴聲川的主要話劇作品

【舞臺劇（編劇與導演）】

1. 1984 年 1 月 10 日，多幕劇《我們都是這樣長大的》，國立藝術學院戲劇系首演。

2. 1984 年 3 月 31 日，多幕劇《摘星》，蘭陵劇坊首演。

3. 1984 年 6 月 15 日，多幕劇《過客》，國立藝術學院戲劇系首演。

4. 1985 年 3 月 1 日，相聲劇《那一夜，我們說相聲》，表演工作坊首演。

5. 1985 年 6 月 11 日，多幕劇《變奏巴哈》，國立藝術學院戲劇系首演。

6. 1986 年 3 月 3 日，多幕悲喜劇《暗戀桃花源》，表演工作坊首演。

7. 1986 年 6 月 8 日，多幕劇《田園生活》，國立藝術學院戲劇系首演。

8. 1987 年 3 月 3 日，多幕劇《圓環物語》，表演工作坊首演。

9. 1989 年 5 月 4 日，多幕劇《回頭是彼岸》，表演工作坊首演。

10. 1989 年 9 月 30 日，相聲劇《這一夜，誰來說相聲》，表演工作坊首演。

11. 1991 年 4 月 25 日，單口多幕劇《臺灣怪譚》，表演工作坊首演。

12. 1994 年 9 月 7 日，多幕劇《紅色的天空》，表演工作坊首演。

13. 1997 年 4 月 18 日，多幕劇《運將、黑道、狗和他的老婆們》（後《他和他的兩個老婆》），表演工作坊首演。

14. 1997 年 8 月 28 日，相聲劇《又一夜，他們說相聲》，表演工作坊首演。

15. 1998 年 1 月 22 日，多幕劇《先生，開個門！》，香港藝術中心邀請創作並首演。

16. 1998 年 4 月 24 日，多幕劇《我和我和他和他》，表演工作坊首演。

17. 1999 年 4 月 10 日，多幕劇《十三角關係》，表演工作坊首演。

18. 2000 年 3 月 16 日，多幕劇《菩薩之三十七中修行之李爾王》，表演工作

坊首演。

19. 2000 年 5 月 18 日，多幕類史詩劇《如夢之夢》，國立藝術學院戲劇系首演。

20. 2000 年 12 月 29 日，相聲劇《千禧夜，我們說相聲》，表演工作坊首演。

21. 2003 年 5 月 9 日，多幕劇《在那遙遠的星球，一粒沙》，表演工作坊首演。

22. 2003 年 11 月 28 日，多幕劇《亂民全講》，表演工作坊首演。

23. 2004 年 6 月 4 日，多幕劇《出氣筒》，表演工作坊首演。

24. 2005 年 1 月 14 日，相聲劇《這一夜，Women 說相聲》，表演工作坊首演。

25. 2005 年 4 月 24 日，多幕類史詩劇《如夢之夢》，表演工作坊首演。

26. 2007 年 12 月 21 日，多幕劇《如影隨形》，表演工作坊首演。

27. 2008 年 9 月 25 日，多幕劇《陪我看電視》，首度大陸集體即興創作深圳首演。

28. 2008 年 12 月 5 日，多幕劇《寶島一村》，表演工作坊首演。

29. 2009 年 3 月 7 日，多幕劇《水中之書》，香港話劇團集體即興創作，香港首演。

30. 2010 年 7 月 16 日，多幕劇《快樂不用學》，表演工作坊臺灣首演。

31. 2011 年 3 月 18 日，多幕劇《那一夜，在旅途中說相聲》，表演工作坊首演。

32. 2016 年 8 月 3 日，首部兒童劇《藍馬》，上劇場首演。

33. 2018 年 4 月 26 日，首部斜角喜劇《隱藏的寶藏》，上劇場首演。

34. 2018 年 8 月 25 日，第二部親子劇《鯨魚圖書館》，上劇場首演。

【其他改編劇場作品（導演）】

1. 1988 年 5 月 24 日，多幕劇《落腳聲——古歷中的貝克特》（愛爾蘭劇作家貝克特），國立藝術學院戲劇系首演。

2. 1990 年 4 月 12 日，多幕劇《非要住院》（英國劇作家湯姆・史塔坡德），表演工作坊首演。

3. 1990 年 11 月 21 日，多幕劇《海鷗》（俄國劇作家契訶夫），國立藝術學院戲劇系首演。

4. 1991 年 12 月 30 日，多幕劇《面試》（劇作家範・意大利），國立藝術學

院戲劇系首演。

5. 1995 年 3 月 18 日，多幕喜劇《一夫二主》（意大利劇作家卡羅‧高多尼），表演工作坊首演。

6. 1995 年 11 月 12 日，多幕政治諷刺喜劇《意外死亡（非常意外！）》（意大利劇作家達里奧‧福），表演工作坊首演。

7. 1996 年 8 月 23 日，多幕劇《新世紀，天使隱藏人間》（美國劇作家東尼‧庫許納），表演工作坊首演。

8. 1998 年 9 月 17 日，多幕社會喜劇《絕不付帳！》（意大利劇作家達里奧‧福），表演工作坊首演。

9. 2001 年 5 月 11 日，多幕喜劇《一婦五夫？！》（意大利劇作家卡羅‧高多尼），表演工作坊首演。

10. 2004 年 7 月 30 日，多幕喜劇《尼斯雙胞案》（意大利劇作家卡羅‧高多尼），表演工作坊首演。

11. 2014 年 3 月 14 日，《讓我牽著你的手……》（俄國劇作家契訶夫的情書記，美國當代劇作家卡羅‧羅卡摩拉編劇），與《海鷗》（俄國劇作家契訶夫）兩戲連演，北京保利劇院首演。

12. 2015 年 1 月 16 日，《冬之旅》（中國當代劇作家萬方的《懺悔》改編），在北京保利劇院首演。

13. 2018 年 3 月 31 日，《北京人》（中國現代劇作家曹禺），北京首都劇場上演。

【電影（編劇與導演）】

1. 1992 年，《暗戀桃花源》

2. 1994 年，《飛俠阿達》

【歌劇、音樂劇（導演）】

1. 1987 年，歌舞劇《西遊記》

2. 2004 年，歌劇《唐‧喬望尼》（作曲家莫札特）

3. 2012 年，音樂劇《夢想家》（辛亥革命百年紀念演出）

【電視（編劇與導演）】

1. 1995～1997 年，《我們一家都是人》共 244 集

    （1996～1996《我們一家都是人——清流工廠》共 137 集）

    （1996～1997《我們一家都是人——臺灣精神》共 89 集）

    （1997～《我們一家都是人——清流工廠》共 18 集）

2. 2004 年，《我們兩家都是人》（共 56 集）

3. 2018 年 1 月，《王子富愁記》，情景網絡喜劇，每集 20 分鐘，第一季共 30 集

賴聲川戲劇創作史

【也說「表演工作坊」】

1984 年

11 月，賴聲川所帶領的「表演工作坊」，成立於臺灣陽明山賴聲川家客廳。

1985 年

3 月 1 日，《那一夜，我們說相聲》首演，掀起臺灣相聲風潮，創下臺灣舞臺劇演出記錄。

1986 年

3 月 3 日，《暗戀桃花源》首演，古今交錯、悲喜交融，是賴聲川經典代表作品。

1987 年

3 月 3 日，《圓環物語》首演，甲和乙，乙和丙，丙和丁，丁和戊，戊和己，己和庚，庚和甲，七個人物之間的關聯和故事、發生在臺北圓環地區的「人生圓環」，在舞臺的旋轉圓環中上演。

9 月 8 日，《今之昔》首演，表演工作坊首次演出國外翻譯劇本，紀念一段古老的友誼，回憶我們曾經的死亡。

12 月 18 日，《西遊記》首演，國家戲劇院啓用後首場演出，臺灣首部大型歌舞劇。

1988 年

10 月 1 日，《開放配偶（非常開放！)》首演，探討臺灣解嚴之後，難道婚姻也解嚴了？

1989 年

5 月 4 日，《回頭是彼岸》首演，兩岸議題，一家紛爭，武俠現實，同臺演出。

9 月 30 日，《這一夜，誰來說相聲》首演，中國人兩岸五十年來的政治與歷史的回顧。

表演工作坊再次刷新臺灣演出記錄。

1989 年到 1990 年 7 月，《這一夜，誰來說相聲》分別赴新加坡及香港演出。

1990 年

4 月 12 日，《非要住院》首演，一個非要住院，另一個非要出院，誰才是真正的病人？

9 月 1 日，《如果在冬夜一個旅人》首演，表演工作坊第一個實驗劇，從中國古典文學中尋找現代生活的價值。

10 月 3 日，《來，大家一起來跳舞》首演，一齣女人的戲，對一個變態環境的一絲希望。表演工作坊首度遠征臺灣臺東和澎湖。

1990 年，《回頭是彼岸》赴新加坡演出。

1991 年

1 月到 2 月，《暗戀桃花源》電影版拍攝，於 1992 年 9 月首映。

4 月 25 日，《臺灣怪譚》首演，李立群獨角演出兩個小時，道盡臺灣人的分裂個性。

9 月 25 日，《暗戀桃花源》』91 版演出，林青霞首度參與舞臺劇演出，扮演暗戀女主角雲之凡。

1991 年，《這一夜，誰來說相聲》赴美國東、西岸演出。

1992 年

4 月 18 日，《推銷員之死》首演，邀請「香港話劇團」藝術總監楊世彭指導世界名劇經典。

1993 年

9 月，電影《飛俠阿達》拍攝，於次年 7 月首映。

10 月 7 日，《那一夜，我們說相聲》』93 版演出，創團劇作，再度搬上舞臺。

1994 年

1 月，《那一夜，我們說相聲》93 版，美國巡迴演出。

3 月，《那一夜，我們說相聲》93 版，新加坡演出。

9 月 7 日，《紅色的天空》首演，無化妝演員，詩與音樂的結合，詮釋了老年、老化和生命尾聲之歌。

11～12 月，《紅色的天空》，在美國演出。

1995 年

3 月 18 日，《一夫二主》首演，意大利快速、瘋狂但高度精緻化的機智即興戲劇。

11 月 12 日，《意外死亡（非常意外！）》首演，意大利傳統藝術喜劇及接頭表演風格，再次將諾貝爾獎得主達里奧·福的作品搬上臺灣舞臺。

1995～1997 年，賴聲川受「超級電視臺」的邀請製作電視劇《我們一家都是人》。

1996 年

3 月 26 日，《情聖正傳》首演，將尼爾·賽門的百老匯式喜劇，從紐約搬到臺北，講述一個偷情男人爲何三次偷情？爲何三次都不成功？

8 月 23 日，《新世紀，天使隱藏人間》首演，表演工作坊的另一部百老匯大喜，表達另一種人性的關懷。

1997 年

4 月 18 日，《運將、黑道、狗和他的老婆們》首演，一個男人的兩個家，因爲牽出了黑道、八卦記者和警察的事故，而牽連在一起。

8 月 28 日，《又一夜，他們說相聲》首演，第三次相聲組合，中國人的思想大觀。

1998 年

1 月 22 日，《先生，開個門》首演，賴聲川應邀赴香港參與「華文藝術界」的『中國旅程」98』演出而做的創作。

4 月 24 日，《我和我和他和他》首演，四個人（演員）同時飾演兩個人（角色），探討「本尊」與「分身」的關係，現在和過去在四個人身上得到了交匯。

9 月 17 日，《絕不付帳！》首演，達里奧·福的作品第三次搬到臺灣舞臺上，本劇是另一齣瘋狂的社會暴動喜劇。物價太高，可以要求絕不付帳？

1998 年，賴聲川首次到香港執導《紅色的天空》。

12 月 24 日，《紅色的天空》北京版首演，開創了臺灣導演指導大陸劇團演出的先例。

1999 年

1 月，出版《賴聲川：劇場》四冊。

4 月 10 日，《十三角關係》首演，一部現代寓言，臺灣生活化又政治化的話題。

5 月，《他和他的兩個老婆》大陸首演，即《運將、黑道、狗和他的老婆們》的大陸版本。

6 月，《紅色的天空》北京版，在臺灣演出。

9 月 4 日，《暗戀桃花源》99 版首演，經典劇目，不同組合，三度上演。

2000 年

3 月 16 日，《菩薩之三十七中修行之李爾王》首演，賴聲川再度受邀參加香港「華文藝術節」之「實驗莎士比亞」演出，所做的創作。

5 月，《如夢之夢》臺北藝術大學首演，首開臺灣七小時劇場演出經驗，醫生在「自他交換」方法的指引下，去理解病患的心聲，試圖減輕臨終者的痛苦，於是一齣套一齣、一層套一層、如夢幻般的故事展開了。

4 月 20 日，《這兒是香格里拉》首演，尋找一個傳說中的美麗園地，它在哪裏？

12 月 29 日，《千禧夜，我們說相聲》首演，第四齣相聲劇，橫跨三世紀時間長河的演出。

後此劇的片段改編為「誰怕貝勒爺？」，受邀參加 2002 年大陸中央電視臺除夕夜「春節聯歡晚會」演出。

2001 年

5 月 11 日，《一婦五夫？》首演，高多尼的經典喜劇，將男人與女人的戰爭，性、政治與愛情的遊戲，搬上了舞臺。

10 月 10 日，《等待戈多》首演，貝克特的經典喜劇，賴聲川二度執導、再次上演。

11 月，《千禧夜，我們說相聲》赴北京、上海兩地演出。

2002 年

3 月，《千禧夜，我們說相聲》於北京北劇場演出，與大陸演員合作演出。

5 月 16 日，《他沒有兩個老婆》（原名《他和他的兩個老婆》）在臺北、上海同步上演，開創同樣劇本、不同演員、兩岸劇團同步演出的先例。

5 月 25 日，《張愛玲，請留言》首演，一齣古今摩登女性的對照記，一場生存者的愛情遊戲。

2002 年，賴聲川導演、香港話劇團演出《如夢之夢》，在香港演出。

12 月，賴聲川赴新加坡導演《新加坡即興》，紀念戲劇家郭寶崑先生。

2003 年

5 月 9 日，《在那遙遠的星球，一粒沙》首演，張小燕與賴聲川的宇宙冥想首部曲。

11 月 28 日，《亂民全講》首演，表演工作坊突破創新的一次全新戲劇形態。

12 月 5 日，《快樂王子 2》首演。

2004 年

1 月 31 日，《在那遙遠的星球，一粒沙》新加坡演出，新加坡「華人藝術節」的特邀演出。

6 月 4 日，《出氣筒》首演，繼《亂民全講》之後，又一部針對社會亂象的諷刺喜劇。

7 月 30 日，《尼斯雙胞案》首演，繼《一夫二主》、《一婦五夫》之後，有一齣挑戰演員極限的意大利式經典喜劇。

2005 年

1 月 14 日，《這一夜，Women 說相聲》首演，從另類思考角度出發，深入探討女性話題，相聲劇表演史上，顛覆男人說相聲的傳統，是女人的一次反串與反抗。

4 月 4 日，《如夢之夢》首次公演，為慶祝表演工作坊二十週年，再次上演經典劇目。

2006 年

9 月 1 日，《暗戀桃花源》2006 臺灣版首演，特邀明華園歌仔戲團演出「桃花源」部分，重新創作專輯的經典作品。

11 月 18 日，《暗戀桃花源》2006 北京版首演，由「北京表演工作坊」製作。

2007 年，《暗戀桃花源》2006 北京版在北京、上海、深圳、廣州、南京、成都、重慶、長沙等城市連續演出，至今（2013 年）已經演出 300 多場。

2007 年

9 月 26 日，《這一夜，Women 說相聲》大陸版在深圳首演，後赴北京、蘇州、上海等地演出。

12 月 21 日，《如影隨形》首演，揭示多少失落的靈魂，道出多少不可告人的秘密？

2008 年

9 月 25 日，《陪我看電視》深圳首演，賴聲川首度在大陸執導集體即興創作的戲劇。

12 月 5 日，《寶島一村》首演，用「寶島一村」這個眷村從無到有、從有到無的歷史，濃縮兩岸歷史。

2009 年

3 月 7 日，賴聲川帶領香港話劇團演員集體即興創作的話劇《水中之書》，於香港首演。

2010 年

7 月 16 日，《快樂不用學》（《水中之書》改名）首演，在臺北、臺南、臺中、高雄演出，賴聲川與表演工作坊又一次含淚喜劇創作。

2011 年

3 月 18 日，《那一夜，在旅途中說相聲》首演，後在北京等地巡演。

2011 年賴聲川大陸演出季，在北京、上海、杭州、深圳、長沙、武漢、昆明、合肥等城市全國巡演，演出《寶島一村》、《他和他的兩個老婆》、《那一夜，在旅途中說相聲》等劇目，共計演出 60 多場，觀眾接近 10 萬人次。

2012 年

3 月 8 日，《十三角關係》大陸版在北京首演，相繼在上海、深圳、廣州等地演出。

重新排演的《暗戀桃花源》、《寶島一村》、《那一夜，在旅途中說相聲》，

在北京、上海、深圳、廣州陸續巡演。

2013 年

4 月 1 日／2 日，表演工作坊與大陸演員重新排演的《如夢之夢》，在北京保利劇院演出，並將進行亞太巡演，地點包括北京、烏鎮、上海、臺北、深圳和新加坡。

2014 年

3 月 14 日，《讓我牽著你的手……》北京保利劇院首演，與《海鷗》採用兩戲連演的方式呈現。3 月首演後，兩劇在瀋陽遼寧大劇院、南京人民大會堂、蘇州文化藝術中心、湖南大劇院、西安索菲特人民大廈大劇院、上海東方藝術中心和上劇場等地的大劇場兩戲連演。

12 月 12～13 日，表演工作坊舞臺音樂劇《彈琴說愛》（藝術總監：賴聲川，導演：丁乃箏）在北京國家大劇院首演；

11 月 6 日晚，賴聲川執導的實景空間劇《夢遊》，在烏鎮戲劇節期間首演。

2015 年

1 月 16 日，賴聲川導演的《冬之旅》，在北京保利劇院首演。之後，在上海、福州、鄭州、南京、杭州、深圳、長沙、廣州、大連、武漢、重慶、西安等 13 地、兩輪全國巡演。

12 月 5 日，表演工作坊在上海建立「上劇場」。劇場命名的初衷，其一是上劇場在商場五樓，要往上走才能找到；第二，它在上海；第三，它是個動詞，賴聲川希望有一天，人們上劇場看戲如同下館子般得日常。

2016 年

8 月 3 日，賴聲川與女兒賴仙耘、外孫女裴頓天共同編劇，賴聲川導演的第一部兒童劇《藍馬》，在上劇場首演。

2017 年

12 月 12 日，《戀戀香格里拉》（由 2000 年首演的《這兒是香格里拉》改編）在上海上劇場演出，在 17 年後的編排後再次上演。

2018 年

3 月 31 日，曹禺編劇、萬方為文學顧問、賴聲川導演的三幕話劇《北京人》，在北京首都劇場上演；之後，5 月、6 月在上海保利大劇院、南京人民

大會堂等地全國巡演。

4月26日，首部斜角喜劇《隱藏的寶藏》在上海上劇場首演，也是繼《暗戀桃花源》之後的第二部關於「劇場」的戲劇。

8月25日，賴聲川的第二部親子劇《鯨魚圖書館》，在上劇場首演。

後　記

　　一直覺得每本書籍的後記，都飽含著作者的眞情吐露。那是拋開了理性思維，最有人情味道的部分。如今自己要耕犁這一方田地，卻又唯恐時間倉促，「急就章」不能完全表達內心細膩的感受。到了要準備答辯的前幾日夜裏，才靜下心來，緩緩地整理思緒，把自己和戲劇的相遇相識、與恩師的情感再細細體會一番。權當作爲即將逝去的學習青春致一個意味深長的敬禮！

　　回望自己對於戲劇的感情，萌芽於大學時代的源泉劇社。在長長短短的話劇編排和公演中，那群青澀的同仁們一起快樂地體驗戲劇的樂趣、初嘗藝術的魅力。轉身十幾年後的今天，社團裏的劇友 Anna、大國、小馬都成了人生的紅顏和藍顏知己，散落在上海、澳門、青島等地不同的大學教職舞臺上。只不過有的博士畢業後轉向研究語言學，有的專攻詩歌研究。做大學行政的也還不忘思考抽象的文藝理論，與我一般，面對一半是工作的海水，一半是讀博的火焰，周轉在冷靜理性與火熱感性之間。我的幸運在於，在戲劇重鎭北京繼續做了三年戲劇相伴的夢，畢業後一邊在校園裏工作，一邊繼續關注戲劇、時常觀戲，並且在工作的第二年獲得了繼續與戲劇一起造夢的博士學習機會。更幸運的是，恩師張健教授捕捉到我帶學院本科生赴臺灣進行古典詩詞吟唱交流的機會，提醒我在臺灣戲劇研究領域中深入做賴聲川研究的可能性。於是，從第一次在臺北掃蕩了一個音響店裏所有「表演工作坊」出品的影碟，到第二次蹭學術交流團到臺大和臺灣國家圖書館細查、下載和複印各種研究資料，直到今天賴聲川戲劇眞的成爲我博士學位論文研究的對象。似乎也應了賴聲川的如夢之夢，這層層故事之間的緣分妙不可言。

　　而這一路走來，和恩師們的影響密不可分。本科學習期間青島大學的袁泉系主任將我帶入了戲劇表演和評論研究的殿堂。畢業之後，先生時常和我書信念及的「何時再來，憑窗觀海」，總是我心底一抹溫暖的師生情誼。從本科生畢業論文開始，因爲受到張健老師在現代喜劇研究的影響試探著開啓了戲劇研究的一小角，以「笑在喜劇中的角色分析」爲題目做了本科畢業論文，以「中國當代八九十年代先鋒戲劇語言比較研究」爲題做碩士畢業論文，今天則以「賴聲川戲劇研究」爲博士畢業論文題目。這些題目如同一扇扇窗戶，爲我打開了一個個嶄新的世界。隨著時間的推移，這些幾乎陌生的謎語在我的視線裏從迷離到逐漸清晰，也讓我初嘗了學術思考帶來的豐富味道。

　　這些撥開迷霧的過程，是在糾結中摸索、在黑暗中期待黎明的過程，更是幾次遭遇瓶頸、幾次嘗試打破瓶頸的過程。西壩河寓所書房的牆壁上，貼著好幾層爲了讓自己思路清醒描繪的路線圖。多少個時針越過 12 點的晚上，睜著眼睛看著黑屋子一遍遍地試探可能的論文結構而不得入眠。與同宿舍的小鷗師妹、燕芹師妹，甚至是與理科出身的愛人節淞討論，都會讓我有不少啓發。開題答辯、預答辯上，張健老師、張清華老師和張檸老師都給予了很多寶貴建議，結構也隨之進行了兩次大調整。大工程的轉換，讓論文的修改工作持續了數月。在思路陷入困境的時候，《文藝報》的徐健師弟會隔空鼓勵我，遠在澳門大學的志國兄也在網絡上給我傳資料、提想法，學生工作的戰友們不時傳遞來鼓勵的問候。經由藝術傳媒學院張同道老師和王宜文老師的推薦，我與賴聲川先生還有過課程交流的機會。所有的這些，都支持著我繼續思考，跟跟蹌蹌走到今天。曾經在寫作初期，自嘲自己正在做一個關於「寫博士論文能不能把人寫抑鬱」的活體試驗，而試驗還沒有到最後，我就已經知曉了答案，沒有親朋好友的愛與支持，抑鬱是必然、不抑鬱是偶然。

　　而今，從 2009 年 9 月入學開啓博士階段學習，到 2013 年的 5 月將近四年的時間，搜集了臺灣和大陸的一手書籍和光盤資料，也讓我收穫了難得的研究驚喜和思考心得。這期間我還有一年時間接受學校的安排到內蒙古呼和浩特市下屬的貧困縣清水河縣進行工作支持和鍛鍊。人生中的經歷應該都不是白白經過，雖然這一年對於博士論文寫作是一種障礙，但對我關於人生和社會的理解與體會，卻更加深入了一層。誰能說這一年的艱苦生活相比一年艱苦的科學研究所具有的價值而言，是微不足道的呢？感謝給予我深刻記憶

的黃土地、黃窯洞、黃河，給我力量的奶酪、土豆和小香米。我是帶著泥土中的質樸，回到北京、繼續進行黃土地上的人們所無法想像到的戲劇研究的。

　　戲劇研究的空間，是張健老師引領我一步步探索的。回憶與張健恩師的結識，源於楊聚臣老師一次無意的推薦，電話裏那句「我可能今年不招碩士，要不你聯繫下張健老師」促成了我與恩師十多年來的緣分。在大四畢業時候，儘管年級綜合排名第一，一心到師大繼續學習的我，還是放棄了推薦公務員的機會。與青大保研擦肩而過後，決意只給自己一次機會而放棄了青島的一家銀行，進入有圖書館和給宿舍住的重點學校，只為了可以課後閱讀作品和繼續學習。課程講授的任務，終於逼迫每天學習到 12 點、白天一周 16 節課的我，扛過了教務主任的白眼和唾沫，毅然決然辭職。而那時候，距離考試還有兩個多月。回到青大繼續學習的我，笑稱自己是「寂寞英雄」，很少話、很少笑、很少覺。最困難的時候，給張健老師的去信在寒冬裏收到了回信，讀著恩師鼓勵我繼續努力學習和拼搏的字句，我躲在傳達室旁邊的一顆大松樹身後嚎啕大哭……艱苦的日子裏，恩師的鼓勵是支持我繼續走下去的一大動力。幸運的是，那年準備的兩個大考都順利通過，在清華大學和師大之間，我選擇了後者。往事已如斯，何必苦苦相念？或許要贅述這一段的根本，更多的是要提醒自己在未來的道路上不論遇到什麼困難與挫折，都多去想想原本的掙扎與幸運，會對來之不易的學習生涯體會更深。

　　快樂而忙碌的研究生生活和緊張又辛苦的學院工作裏，時常聽恩師講起過去的求學經歷，被他們那一輩人對學術的執著、熱情與敬畏心所折服。至今也還特意保存著一本《師大教工》雜誌，因為封面人物就是獲得「北京市師德標兵」的張老師。在我前行的道路上，恩師是喜笑顏開鼓勵我成長的人，也是出謀劃策給我支持的人，還是能給我狂風暴雨般鞭策的人。研究所裏的另外兩位張老師，一位是騰格爾般厚重寬闊的山東漢子清華老師，一位是睿智犀利的非典型江西男子張檸老師，三位張老師都是可愛又可敬。除了三張老師，還有現代文學所李怡老師總是開朗豁達，給我不少開題後的修改建議。博士教務李秋月、康麗蓉老師，也總不時鞭策我趕上大部隊，細緻認真地對待我的每一個小問題……所有這些，都讓我這個始終忐忑的學術孩子，漸漸找到了一點做學問的感覺，覺得自己可以嘗試著發出自己的聲音。這些也都成為我與師大產生聯結的情感力量，也影響著我不斷努力，陪伴學生一起成長為更有愛、更好的自己。

　　2003 到今天，我在師大的日子已經十年，漸漸開始體會林崇德先生的「生是師大的人，死是師大的鬼」所包含的師大情。每每走到辦公樓前的氣定心寧，也很本能地告訴我，師大是給我支點的地方，是我服務學生的舞臺。

　　自知平生愚鈍，加上 2006 年碩士畢業踏上學校的學生服務工作，少有戲劇研究的學術思維鍛鍊，所以論文寫作的進度緩慢又艱難。愛人節淞一直在身邊陪伴與加油，並且毫無怨言。一年的基層鍛鍊、又近一年的宿舍生活，讓我很愧對照顧家庭的部分。而愛人在我困難時候的一通電話、一次牽手、一句加油、一個支持，都讓我銘記家庭的患難與共。父母雙親、哥嫂弟妹，親朋好友們都在默默注視著我的每一次小小的進步。他們都是我不斷發現自己和戰勝困難的力量源泉。

　　囉嗦絮叨如此之多，好像在和自己進行內心溝通，算是為即將結束的學生生涯畫一個逗點，吾生繼續學習的道路才剛剛鋪開一段新的里程。未來或許有更多可能，或許自己的研究業力確實相差甚遠，以後無法繼續專心投入戲劇研究，也許我在拆發博士論文過程中發現自己或許能夠在這藍海中繼續試試水，更也許我在心理與戲劇中間找到了那個合適的結合點「心理劇」，並且全情投入？

　　人生那麼奇妙，誰說下一站不是我和戲劇的又一次約會呢？借用我在微博中告慰自己的話，「生命的驚喜，來源於從陌生到熟悉，再到陌生、到熟悉，又來到陌生，循環往復的過程」。至少未來可以確認，戲劇不可能從我的人生中走開，我還可以繼續欣賞與體會戲劇藝術的魅力。

　　我笑著，期待著，奇妙人生的到來！

胡志峰

2013 年 5 月 20 日

北師大女研究生樓 739#

後記又記

　　通過恩師的推薦，得以有機會通過花木蘭事業有限公司將自己的拙作得以付幀，內心幸福又興奮。但同時有覺得，論文在 2013 年收筆，時間過去了 5 年。這五年當中，2015 年賴聲川攜表演工作坊在上海找到「上劇場」一方天地，在大陸的影響日益顯著。戲，每年出新；研究論文，同樣層出不窮。如果對這些新形勢或者新問題置若罔聞，科研的那部分認真勁讓自己坐臥難安。於是，拜託艾師姐的學生，抽出寶貴的在臺灣交流的學習時間，幫忙查找了六年來的研究新資料，電子論文、新版書籍；自己再查找大陸這幾年的研究新進展。果然不出所料，隨著創作的不斷添丁，賴聲川研究的熱度和關注度持續升溫。

　　我做了一下整理，以賴聲川戲劇為研究主題的碩博士論文約有 43 篇，新世紀以來大陸約有近 20 篇碩博士論文以賴聲川戲劇為相關研究主題，其中 2012～2018 年六年間的創作就有 16 篇。也就是說，近年來的研究熱度已經使得賴聲川及其戲劇創作成為戲劇研究的顯學。

　　遺憾的是，自己在緊張的工作生活中精力和時間有限，沒有辦法將近六年的研究和創作一一囊括做全新的添加。只能先將可以參考的文獻部分加入到文末，以供後面的研究者繼續推進科研時參考。主要的論述還是圍繞上世紀八十年代中期到 2012 年的創作。也請各位尊敬的看客們原諒，也邀請後續研究者推進更深一步的新近研究。

　　轉眼遠離博士論文答辯結束，已匆匆五年過去，身邊人、周遭事，總是有些變化。

　　上段文字提到的燕芹師妹，不幸在博士論文答辯後的夏天，身患肺癌，因為急性肺栓塞離開了我們。每每想到燕芹，總有一種惋惜和憐愛湧上心頭。那麼一位如同春光般爛漫的女子，怎麼可能沒有打聲招呼就走了？！一同審閱過的博士論文得以印刷，也想通過文字，向遠在另一個世界依然微笑著的小師妹問好，送上我溫暖的問候！和我一起修改論文的小鷗師妹博士後畢業後，也回到了青島，那個滋養她的地方，大婚、安家、生子。在工作之餘，她對於青少年教育和寫作的熱忱，讓她繼續做著文學教育者的工作。

　　對於我和我的家庭而言，一個小生命的到來，也讓我們收穫了格外多的歡樂與幸福。謝謝你，我親愛的女兒，我的小天使陳薈聞！媽媽願意用平生第一本專著，表達對你的愛！爸爸媽媽給予你的愛綿長又深邃，願她可以一直陪伴你一生！

　　站在 2018 年，回看從相識賴聲川和他的創作以來的近 10 年時光，我也從一位臺灣戲劇的初識者，到逐漸試著將戲劇和育人育心工作相結合的實踐者。六年的時間裏，我不停地學習，如何用戲劇的方法，發展人、影響人。戲劇治療、即興戲劇、心理劇、戲劇教育、一人一故事、戲劇如何幫助抑鬱／焦慮／強迫的來訪者……這些議題，都和我的「大學心理」課堂，和我每周的心理諮詢工作，和我所帶領的戲劇療育團體密不可分。或許，恰恰是從賴聲川戲劇的集體即興創作的魅力中獲得了靈感，戲劇之與創作者，戲劇之與成長者，有著很多故事值得去探究。我也越來越篤定，戲劇和我的關係，不止是藝術和欣賞者的關係，還可以有很多重……

　　書籍能夠得以出版，還是要特別感謝恩師張健老師的推介，感謝同門師弟《文藝報》青年戲劇評論家徐健的鼓勵。師姐首師大文學院副教授艾尤給予我生活上、發展上的叮嚀，師妹《中國校園文學》副主編姬小琴的奮鬥與達觀給我很多力量。家人的陪伴與付出，讓我有了更多時間躲進「文學小樓」修改文字。更要謝謝花木蘭文化事業有限公司的楊嘉樂一直在鞭策和鼓舞，沒有許郁翎編輯，這位年輕老朋友的幫助，書籍出版也不會如願順利，再謝各位親朋的支持！

　　同樣懷著期待，憧憬著未來！

胡志峰
於新街口外大街十九號
2018 年 9 月 22 日